基于持续竞争优势的企业文化作用机理研究

Research on Corporate Culture Mechanism Based on Sustainable Competitive Advantage

王德胜　著

山东大学出版社

图书在版编目(CIP)数据

基于持续竞争优势的企业文化作用机理研究/王德胜著.—济南:山东大学出版社,2020.3

ISBN 978-7-5607-6609-6

Ⅰ.①基… Ⅱ.①王… Ⅲ.①企业文化—研究
Ⅳ.①F272-05

中国版本图书馆 CIP 数据核字(2020)第 036546 号

策划编辑:张晓林
责任编辑:刘森文
封面设计:张　荔

出版发行:山东大学出版社
社　址　山东省济南市山大南路 20 号
邮　编　250100
电　话　市场部(0531)88363008
经　销:山东省新华书店
印　刷:山东和平商务有限公司
规　格:720 毫米×1000 毫米　1/16
19 印张　290 千字
版　次:2020 年 3 月第 1 版
印　次:2020 年 3 月第 1 印刷
定　价:58.00 元

前 言

21世纪以来，经济全球化、竞争国际化、信息网络化、技术发展快速化的特征表现得更加突出，企业面临着更加动态、复杂和不确定的环境，知识经济时代的到来在为企业发展提供更大发展空间的同时，也为企业的发展带来了更加严峻的压力与挑战。一是非线性的数字化趋势日益明显。技术的力量正以指数级的速度迅速向外扩充，行业变迁的速度越来越快，企业的寿命、产品的生命周期、争夺用户和行业更替的时间窗口都在以前所未有的速度缩短。二是商业的智能化趋势日益明显。商业不再是静态的，而是在不断动态迭代，产品变成了“产品＋数据＋内容＋服务”，市场在发生根本性的变化。三是产业的无边界竞争趋势日益明显。数字化的非线性演进与商业智能化的飞跃发展，使传统的产业边界越来越模糊，我们即将面临的是一个无边界竞争的时代。四是组织生态系统的共赢趋势日益明显。企业正在打开边界，保持开放，做出更多的跨界、融合，并在跨界、融合的过程中获取更多的能力。被誉为“数字经济之父”的美国唐·泰普斯科特(Ton Tapscott)在《宏观维基经济学》中指出：“我们正在走向这样一个世界——知识、权力和生产能力将比历史上任何时候更加分散，价值创造更快，流动性更好，变动更快。这是一个只有相互联系才能生存的世界。权力正在转移，一条新的商业规则正在出现：要么利用新的合作方式，要么被淘汰掉。未能掌握这些新的合作方式的人，由于和分享、调整以及更新知识以创造价值的网络相隔绝而发现自身更加孤单。”①

在这样的趋势下，企业能否保持持续竞争优势以及如何保持持续竞

---

① [美]唐·科普斯科特等：《宏观维基经济学：重启商业和世界》，胡泳等译，中国青年出版社2012年版，第140页。

争优势，就成为当今企业面临的比管理效率更难实现的目标。与此同时，企业持续竞争优势的主流理论在深化发展的过程中日益显示出引入企业文化或价值观因素的必然性，成功企业的实践更加显示出优秀企业文化对于企业持续发展的重要性。人们逐渐认识到企业本身不仅仅是赚取利润的经济组织，还是一种文化载体或文化共同体，共同的价值理念在企业内部本身就是一种稀缺的战略性资源、一种独特的难以模仿和替代的能力、一种积极进取的创新精神和一种隐性的默会知识。因此，探究企业文化对企业持续竞争优势的作用机理就具有了很强的现实必要性，这也恰好作为本书的选题来源。本书在研究过程中，既注重理论演化的逻辑性、严谨性，又立足于企业永续发展的实际需要，在进行理论借鉴和整合的同时，也为企业的文化构建和价值性展现开辟了新的研究方向。

与此同时，当今随着信息技术的迅猛发展，全球已进入互联网时代，经济技术范式的不断变革呈现出网络经济的新特点。网络经济时代的管理理念、组织架构、员工需求和心理都在发生变化。所有这些无不要求企业文化不断变革，以匹配的文化特质作为企业持续竞争优势的根本动力和源泉。因此，如何把握互联网时代的企业文化建设的新特点，并探索推进企业文化建设新的路径和方法，也是当前理论界和实务界应该深入思考的问题。

本书的结构为：第 1 章为基于持续竞争优势的企业文化作用机理研究概述，主要介绍了研究的背景、意义以及研究的内容和方法。第 2 章对企业持续竞争优势与企业文化的相关理论进行了综述，并对二者之间关系的主要研究视角进行了阐述。第 3 章在整合持续竞争优势理论的基础上，提出了分析的框架和驱动企业持续竞争优势的能力组合；通过对企业文化特质的测量，分析了不同特质的企业文化对企业能力的影响机理，并以能力为中间变量构建了企业文化对持续竞争优势作用的理论模型。第 4 章通过问卷调查和访谈，对企业文化之于持续竞争优势作用的模型进行了实证检验。第 5 章阐述了企业文化变革的类型与路径，分析了企业变革的动因、阻力及对策;探讨了互联网背景下企业文化的构建以及知识型员工的管理。第 6 章从组织管理、品牌管理、企业创新的视角分析了企业的文化管理和实际运用。第 7 章以高成长性企业为例,运用丹尼森模型对样本企业的文化特征进行了分析,进一步验证了本书提出的观点和结论。第 8 章为总结与展望。

在研究过程中取得的创新性成果是:首先,在理论上对企业持续竞争优势的主流理论进行了整合,构建了具有内在一致性的分析框架,初步实现了竞争优势理论研究的规范化;提出了企业文化的特质并进行了测量,避免了对企业文化泛泛而谈的欠缺,通过企业能力这一"介质",论述了企业文化对企业持续竞争优势的作用机理。其次,综合运用了规范研究、实证研究和多案例研究的方法,对本书中所得出的观点和结论进行了较为充分的定性分析和定量研究。再次,阐述了基于持续竞争优势的企业文化构建内容,从企业组织能力提升、市场影响力打造和企业创新等关键要素等视角探讨了企业文化管理的对策。最后,本书结合互联网时代的特点,对互联网背景下企业文化的构建提出了初步的对策和建议,为企业家重视企业文化的适应性、价值性、创新性提供了思路。

王德胜

2019 年 12 月 31 日于山东大学管理学院

目　录

第1章 基于持续竞争优势的企业文化作用机理研究概述

人类进入21世纪，企业面临的环境就变得更加动态、复杂和不确定，企业的持续发展成为理论界、产业界、企业界越来越关注的焦点问题。而这一问题的关键则是企业如何获取和保持竞争优势。优秀和成熟企业的实践表明，在探索企业持续竞争优势的进程中，企业文化的价值性日益凸现，企业文化作为企业的重要战略资源，在企业经营和管理的各个方面发挥着不可或缺的重要作用。企业文化对于企业获得和保持竞争优势，看起来不是最直接的因素，却是最欠缺的因素，尤其是在互联网背景下，企业的文化建设面临着许多新的特点和要求，如何把握新时代的新变化，增强企业文化对持续竞争优势的适应型和创新性，也成为重要的研究课题。

本章主要内容：

●研究背景和研究目的

●研究概况评述

●研究内容、意义和方法

●研究的创新点

1.1 问题的提出

1.1.1 研究背景

自20世纪90年代始，企业发展面临着全球化的经营环境。全球经济一体化使国家的边界变得模糊，信息技术和网络化的迅猛发展使行业界限变得模糊，由此导致企业的存续面临更加激烈的市场竞争环境。进入21世纪，新经济时代的特征日渐明显，经济全球化、竞争国际化和信息技术发展的快速化特征表现得更加突出，企业面临着更加动态、复杂和不确定性的环境。知识经济时代的到来在为企业发展带来更大发展空间的同时，也为企业发展带来了更加严峻的压力和挑战。

动态复杂环境下企业面临的压力和挑战来源主要表现在以下几个方面：一是“过剩经济”引发的市场承载力的有限性。随着买方市场的形成和信息透明条件下竞争壁垒的降低，一种产品或服务进入市场后，很快就达到饱和过剩，产品的生命周期大大缩短，企业很快又面临着重新选择产品及市场定位的压力。二是全球经济一体化引发的企业之间的超竞争性。随着全球经济一体化趋势的加快和渗透，对任何企业而言，竞争对手、竞争范围、竞争规则、竞争形式等都发生了巨大变化。企业之间的竞争由区域竞争、国内竞争演变为全球竞争，每个企业都会面对着竞争对手现实的或潜在的威胁。三是资源的稀缺性引发的企业发展的制约性。对稀缺资源的争夺，已成为企业生存和发展的关键；而资源的稀缺性、市场性和流动性，决定了企业难以获取所需的全部资源，特别是决定企业持续发展的战略性资源，甚至可能因不可轻易获取或某些资源得而复失，导致企业的生存危机。四是技术发展引发的企业不确定性。技术的飞速发展不断颠覆人们的生活方式、工作方式、社交方式，并且改变着商业世界的竞争规则与态势。在技术呈现指数型增长的时代，企业产生差异的速度越来越快，市场处于不断变化的非均衡状态，企业保持原有竞争优势的时间窗口正急剧缩短，企业的寿命、产品的生命周期以及争夺用户的时间窗口都在快速缩短。[①] 因此，如何在激烈的市场环境中不断获得企业所需资源，形成资源占有优势，保持企业的差异化，获得企业的可持续发展，是企业的持久性压力和挑战。

在不确定环境下的种种压力和挑战面前，企业的永续发展就成为理论界和实践界日益关注的焦点问题。毋庸讳言，在国内外的管理实践中，把企业发展为长寿公司几乎是所有企业家的最大追求和美好愿望。然而，在激

---

① 参见王德胜：《企业危机预警管理模式》，山东人民出版社 2001 年版，第 31～32 页。

烈的市场竞争中,企业发展难以持续却是一个普遍存在的现象。美国波士顿咨询公司对《财富》杂志评选出的世界500强企业的研究表明,20世纪50年代的世界500强企业在20世纪90年代已有近一半消失了。根据荷兰斯特拉提克斯集团的爱伦·德·鲁吉的研究,在日本和欧洲,企业的平均生命周期为12.5年。在美国,有62%的企业平均生命周期不到5年,存活时间超过20年的企业只占企业总数的10%,只有2%的企业能活50年。据国内学者的研究,中国企业的寿命与发达国家企业的寿命比较起来更短,大集团公司平均寿命在78年,一般中小企业只有3.5年。据统计,全国每年新成立约15万家民营企业,同时又倒闭10万多家,有60%的企业在5年内破产,85%的企业在10年内倒闭,企业平均寿命只有2.9年,而近几年企业的平均寿命大约是3.5年。

众所周知,竞争是构成市场经济的最基本要素之一,企业与其他组织的关键区别之一在于竞争性,即企业的成长与发展是以市场竞争为基本前提的。市场竞争力决定了企业的生存与发展,而竞争力来自于企业的竞争优势,这意味着企业能否持续成长取决于企业是否具有持续的竞争优势。基于这样的认识,经济学和管理学中有关企业竞争优势和持续竞争优势的理论研究都是试图回答以下三个方面的问题:一是什么给企业带来竞争优势,即企业竞争优势“源”的问题;二是产生企业竞争优势的因素与企业绩效之间有着怎样的内在逻辑关系,即企业竞争优势的“内在逻辑”问题;三是企业竞争优势的可持续问题,即影响竞争优势可持续性的因素有哪些?怎样获得可持续性竞争优势。

在探索企业持续竞争优势的过程中,学者们开始重新审视企业竞争力的构成要素,从对硬件资源的重视转向对软件资源的开发培育,企业文化的重要价值被不断发掘。比如,有学者认为企业文化作为全体成员信奉和倡导的价值理念,在企业经营管理的各个方面发挥着不可或缺的重要作用。企业文化作为企业实践的结果,又影响未来的实践。企业文化的核心是组织成员的思想观念,它决定着组织成员的思维方式和行为方式。企业文化对于一个企业的成长来说，看起来不是最直接的因素，却是最持久的决定因素。①

近年来，企业文化也得到了企业界的高度重视。在20世纪70年代，询问任何一家美国公司的总裁“在公司内扮演的最重要的角色是什么”这一问题时，大多数人的回答是指挥者、决策者和战略家。而到了20世纪90年代，哈佛商学院进行的一项调查结果却表明，那些业绩最好的领导者，把自己首先看作是某种特定文化的塑造者和支持者。他们认为，优秀的组织文化是公司领先于竞争对手的一种独一无二的关键性力量。② 党的十九大报告中指出：“文化是一个国家、一个民族的灵魂。”对于不确定性环境下的企业来说更是如此，企业文化是企业发展之魂，是企业获得长远发展的关键和根本。华为的任正非说：”世界上一切资源都可能枯竭，只有一种资源可以生生不息，那就是文化。”③阿里巴巴集团的马云说：“企业文化就是企业发展的DNA，它决定了一个公司的性格和命运。”④海尔集团的张瑞敏认为：“企业文化就是企业的灵魂，是企业的价值观，是企业的基因。如果企业有一个好基因，那么这个企业就可以代代传承。就像一个人一样，如果这个人只是四肢发达，头脑简单，可能不会长久。企业也是这样，企业文化是企业生存兴旺、可持续发展的关键，世界百年老店都有一个非常好的基因。”⑤

企业文化之所以引起学术界和企业界的广泛关注，根本原因不仅在于企业文化理论的兴起，提供了思考和分析企业持续发展的一个全新视角，而且还是企业文化能够影响和作用于企业的持续竞争优势。因此，基于这样的实践和理论背景，探讨企业文化与持续竞争优势之间的关系，分析企业文化对持续竞争优势的作用机理，就会给企业的持续健康发展带来启迪和思考。

---

① 参见罗珉：《管理理论的新发展》，西南财经大学出版社2003年版，第223页。

② 参见张旭：《企业文化对持续竞争优势的影响机理研究》，大连理工大学博士学位论文，2007年。

③ 秦勇、李东进主编：《企业管理学》，中国发展出版社2016年版，第354页。

④ 曹建辉：《卓越领导者如何领导企业持续成功》，中国经济出版社2015年版，第148页。

⑤ 杨华：《海尔，全球白色家电领导品牌：海尔是如何成功的》，广东经济出版社2018年版，第173页。

1.1.2　研究目的

从表面上看，企业文化与企业持续竞争优势探讨的不是同一个层面的问题，但二者之间确实存在着密切的联系。人们往往看不到企业文化与持续竞争优势的内在联系，也并不清楚二者的关系，原因在于这二者的关系是间接的、潜移默化的。因此，寻找二者之间的联系纽带，就成了研究的核心题，即有必要找到其中哪些因素或变量将它们联系起来，使间接的、潜移默化的影响转化为直接的、显而易见的影响。为此，首先就要探询企业持续竞争优势最直接的驱动因素有哪些，分析企业文化如何影响这些因素，进而影响到企业的持续竞争优势。围绕着企业文化对企业持续竞争优势的影响作用，本书的研究具体要实现以下几个目的：(1)通过对文献的梳理，对企业持续竞争优势内生论的各种理论流派进行比较，以整合的视角，分析其内在的一致性，构建企业持续竞争优势的理论分析框架。(2)根据企业持续竞争优势的理论框架，结合企业发展的实际需要，找出企业持续竞争优势的驱动能力，并分析彼此的逻辑关系。(3)把企业持续竞争优势的驱动能力作为企业文化影响和作用持续竞争优势的中间变量，在测量企业文化特质的基础上，分析企业文化对企业能力的作用，亦即企业文化对持续竞争优势的作用。(4)在分析企业文化对企业获得持续竞争优势的基础上，提出企业文化管理的策略和建议；通过分析互联网时代的特点，阐述互联网背景下企业文化的构建策略。(5)通过实证和多案例研究，进一步验证研究结论，并依据研究结论，提出基于持续竞争优势的企业文化变革与构建对策。需要说明的是，第一，企业文化具有“双刃剑”的作用，优秀的企业文化有利于企业持续竞争优势的维持和获得；而不良的企业文化不利于企业的发展，甚至导致企业走向衰败，即企业文化除了具有刚性或路径依赖性，还具有负功能。[①] 因此，本书的重点是从正面的角度研究企业文化如何影响和作用企业的持续竞争优势。第二，本书强调企业文化对企业的持续竞争优势的作用机理，并没有也不否认其他要素的重要作用，更不是“唯文化决定论”；而是认为，企业文化

① 参见石伟：《组织文化》，复旦大学出版社 2004 年版，第 150 页。

对企业持续竞争优势起到重要的影响作用，且其功能的发挥是通过“能力”这一“介质”来实现。第三，这一研究思路和目的的基本设想是：没有企业文化的稳固支撑，企业的发展是难以永续的，即使企业朝预定的方向发也是难以巩固的。这里存在着简明的作用机理：企业的持续发展最终是人的行为选择的结果，而人的行为是受其思想意识、价值观念、精神状态等文化因素支配和制约的。正如美国著名管理学家杰夫里·普费弗(Jeffrey Pfeffer)所言，传统的竞争优势之源——产品和工艺技术、受保护或被管制的市场、融资渠道和规模经济等等，虽然还在市场竞争中发挥着作用，但都已退居次要地位，相比之下只剩下与人有关的部分。

1.2 国内外现有研究的不足

关于企业文化对企业持续竞争优势影响及其作用，国内外学者在早期的研究中并没有直接对应的阐述，只是从不同的角度强调了企业文化对企业成长发展的作用。但尽管学者们研究的侧重点不同、使用的术语各异、研究方法也不同，但都有着共同的结论：所有的企业都有着自己的文化，这些文化因素对企业的发展及业绩均产生重要的影响作用。

国内外学者从不同的角度出发研究企业文化与企业竞争优势或企业绩效的关系问题，为我们构建了企业文化对持续竞争优势发生作用的经验内存。然而，从现有的文献来看，学术界对企业文化的研究，更侧重于企业文化的内容结构、层次类型、表现形式的研究；而对企业文化如何作用于持续竞争优势的理解，则因为理论观点的不同而分歧较大。由此导致在探讨二者的关系时要么泛泛而谈，简单对应，要么遵循单一逻辑关系进行推论。主要表现在：

一是对影响和驱动企业持续竞争优势的因素和企业文化的内涵理解不一致，导致观点不一致，各抒己见。

二是更多的学者分析的是二者的相关关系，没有分析内在的机理，尤其是尚未深入地探究企业文化如何能够影响到企业的持续竞争优势。

三是国内一些学者只是经验性地给出了二者之间关系的证明，模糊地暗示了企业文化与持续竞争优势之间的关系，缺乏全面科学的实证研究；或者只是通过简单的问卷调查而进行实证，缺乏严谨而细致的理论演绎。

四是缺少对互联网背景下企业文化建设出现的新特点、新趋势的探讨，对如何增强新时代企业文化的外部适应性研究不足。

西方组织文化研究的重要学者埃德加·沙因(Edgar H. Schein, 1984)曾提出过文化研究的“综合化”想法。鉴于此，本书试图在前人研究的基础上，通过“综合化”的方法，分析企业文化影响和作用企业持续竞争优势的内在机理，从而揭示出企业文化对企业成长的根源性影响。

1.3 研究的意义

1.3.1 研究的理论意义

1. 研究企业文化与企业持续竞争优势的关系，本身存在着多维度进行理论整合的必要，因此能够有助于理论研究者对二者关系的多视角和更加全面的理解，丰富这方面理论研究的有价值的参考文献，同时为今后相关理论研究提供一些基础。

2. 研究企业文化对企业持续竞争优势的影响机理，一方面可以检验各种理论流派能否解释和预期企业竞争优势的判断依据，另一方面也可以进一步拓展企业文化理论研究的范围与视野。

3. 通过构建以驱动企业持续竞争优势的各种能力为中间变量的企业文化与竞争优势关系模型，有助于人们对不同企业文化特质对企业员工思维方式和行为方式影响机理的理解，从而更好地把握未来企业管理灵魂和本质——企业文化管理。

4. 在互联网、大数据、人工智能等技术背景下，企业的内外部环境都发生了巨大的变化。企业外部的环境动态复杂，组织边界逐渐消失，共生共赢的生态环境正在形成；在企业内部，知识型员工、年轻一代的员工越来越多，需求的多样化、复合化特征日益明显。如何构建新型的企业文化，以此激活组织、激活个体，增强企业的内外部适应性，也是企业文化建设的紧迫课题。

1.3.2 研究的实践意义

1. 本书的理论分析会使企业管理者认识到，不仅企业的物质资本、技术资本、人力资本的组合能够带来企业的竞争优势，企业的文化资本更能够为企业建立和保持持续的竞争优势做出贡献。

2.本书的实证检验结果会使企业管理者了解到企业文化的特质、作用以及哪些组织变量显示了不同模式的企业文化。这将进一步使管理者清楚,调节哪些组织因素能够更好地发挥不同特质企业文化的作用以及如何发挥作用,从而构建与企业持续发展需求相匹配的企业文化。

3.本书通过对企业文化对持续竞争优势的作用机理探讨,进一步明晰了企业文化管理的应用,同时通过对互联网时代网络经济的特点分析,提出了互联网背景下企业文化建设的对策和建议,对于企业在新时代的文化变革与转型提供思路。

4.本书的多案例分析,一方面为其他企业的文化建设确立了标杆;另一方面会使企业管理者明白,具有优秀企业文化的企业具有不可复制的竞争优势,企业的竞争越来越突出地体现在文化层面上。要想在激烈的市场竞争中使企业永续发展,就必须构建具有独特个性和富有价值性的优秀企业文化。

1.4 研究内容及方法

1.4.1 研究内容

在本书的整体研究中,主要思路和技术路线是:首先,在系统分析和全面梳理国内外相关研究成果的基础上,试图整合企业持续竞争优势的不同理论流派,从而探究驱动企业持续竞争优势的能力组合;其次,对企业文化特质进行了测量,通过分析企业文化特质对企业能力的作用,构建了企业文化对企业持续竞争优势作用的理论模型,揭示出不同文化特质的企业文化通过企业能力最终影响企业的持续竞争优势;最后,再通过实证研究和高成长性企业的多案例分析,进一步检验这种理论探究和实践结论的合理性,并简要提出企业文化变革和构建的对策。如图 1-1 所示:

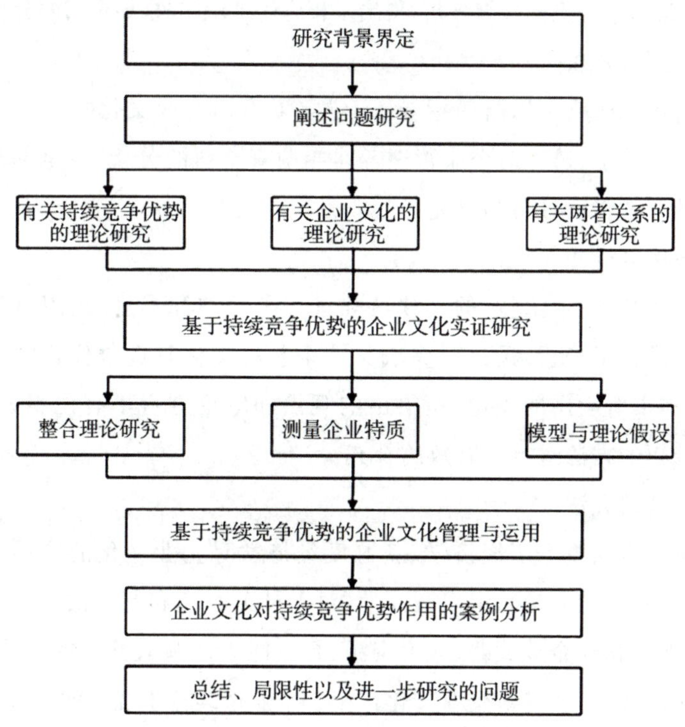

图1-1　本书研究的主要思路和技术路线

1.4.2　研究方法

研究的内容决定了研究所采取的方法。一般而言，研究项目分为两大类：一类是纯理论研究，对尚未开发的知识领域进行研究，通常不涉及应用问题；另一类是应用研究，其目的在于解决实际问题，或给予决策者实践上的启示。本书的命题“基于持续竞争优势的企业文化作用机理研究”决定了本书“理论＋应用”的特性，也就决定了本书所采用的研究方法。

1.规范研究法

规范研究法是与实证研究法相对应的一种研究方法。如果说实证研究回答的是“是什么”的问题，规范研究回答的就是“应该是什么”的问题。本书在梳理相关文献的基础上，从理论上对企业文化与企业能力及竞争优势的本质联系进行了理论推导与分析，得出了相应的结论，并指导全书的分析。

2.实证研究法

本书在总体研究思路的指导下，建立了不同企业文化特质与企业能力之间的内在关系，通过对企业管理者问卷调查资料的分析，对全部假说和结构模型进行了实证分析和研究。

3.案例分析法

本书对高成长性企业的文化特征进行了归纳和提炼，运用丹尼森组织文化模型进行了分析，通过对高成长性企业的文化对竞争优势的支撑作用分析，对本书所运用的理论、所得出的观点和结论进行了有说服力的检验，对数量分析的方法进行了有效的补充。

4.整合研究法

本书一方面整合了经济学(新制度经济学对企业文化的论述)、人类文化学(关于文化的界定)、组织行为学(对于员工心理和行为的论述)、管理学(关于企业文化与企业战略、人力资源、企业能力及绩效管理的论述)等学科的相关研究成果，尝试对企业文化作用于企业持续竞争优势的机理进行多层次的审视和评估；另一方面对企业持续竞争优势的理论观点及驱动能力进行了整合研究，为人们提供了分析企业文化与持续竞争优势关系的新视角。

1.5　研究的创新点

1.理论层面的创新

首先，本书在理论上完成了对企业资源理论、企业核心能力理论、动态能力理论、组织学习和知识管理理论的整合，构建了企业持续竞争优势的理论分析框架，初步实现了持续竞争优势理论研究走向规范化的必经之“步”，并提出了驱动企业持续竞争优势的能力组合。其次，在界定企业文化概念和内涵的基础上，提出了企业文化“特质理论”，并进行了测量，避免了以往对企业文化泛泛而谈的缺陷。再次，提出并建立了企业文化如何影响企业能力进而影响企业持续竞争优势的较为完整的理论体系。最后，初步探讨了互联网背景下企业文化的新要求与新特点。

2. 实践层面的创新

本书的研究结论表明：无论是新领域、新行业中的新兴企业，还是网络经济环境下的传统行业，都需要根据环境变化和自身成长的需要，及时调整和变革企业文化的定位，将文化力转化为企业发展的动力，提升企业的持续竞争优势。多案例的分析，为企业家理性思考企业文化建设方面的差距以及寻找缩小差距的标准提供了有价值的贡献。同时结合互联网企业的文化特质分析，给出了企业文化构建的重点内容。

3. 方法论层面的创新

本书研究的落脚点最终归于企业文化这一主题，而传统意义上对企业化的研究方法不外乎定性研究和定量研究两种。桑格曼（Sackmann，1991）认为，“问卷方法需要对文化的深入理解，没有多少经验知识支撑这种研究，问卷不过是揭示了更多作者及其理论上的偏见，对文化预设的揭示很少。自然，这类方法的客观性、可靠性也由于个人主观的影响而难以得到保证”。“定性研究能够提供更丰富的、更深刻的文化特点，当然其最终确定则在于‘主观性’，从而影响到结论的可靠性”；“定量研究往往容易忽视文化的整体性，而只是反映了研究者（片面）的文化认识，更何况定量研究对行为的‘意义’无从下手”。[①]

为克服以上的尴尬，本书综合运用了规范研究、实证研究和多案例研究的方法，试图在方法论上予以创新。

1.6　本章小结

本章通过分析企业在动态复杂环境下面临的压力与挑战，指出保持持续竞争优势成为企业永续发展的关键；而企业文化在企业持续竞争优势的获取中日益凸显其价值性，二者的关系便成为研究的核心问题。在此前提下，本章简要介绍和评述了国内外学者在该领域的研究概况，阐明了研究意义、内容和方法，并从理论层面、实践层面和方法论层面归纳了研究的创新点。

① 转引自刘静：《基于沙因企业文化理论的基因分析法研究——以蒙牛集团为例》，中国社会科学院硕士学位论文，2006 年。

第2章 企业持续竞争优势与企业文化理论综述

时代是思想之母,实践是理论之源。理论的发展,尤其是具有很强实践性的管理理论的发展,是随着社会和经济环境的变化而演变的,任何一种管理理论都是与当时产生的历史背景相适应的。而对企业文化与企业竞争优势及其关系这样一个富有实践意义的课题,经济学界、管理学界的很多学者基于不同的理论假设对此进行了深入广泛的理论分析与实证研究。通过对这些经典理论的回顾和分析,一方面可以加深对理论本身的内涵和前提的理解,从而在理论层面对竞争优势和企业文化的来源及其内涵有一个全面深入的认识,另一方面也为理论整合构思寻求科学严谨的理论分析工具。

本章主要内容:

●企业持续竞争的相关理论

●企业持续竞争优势研究新进展

●企业文化的相关理论

●企业文化与竞争优势关系的相关研究

2.1 企业持续竞争优势理论综述

2.1.1 基本概念辨析

1.竞争力、核心竞争力与竞争优势

1)关于竞争力的界定

竞争是市场经济的基本规律,在市场经济条件下,每一个经济主体为了自身的利益而需要竞争有限的资源。企业作为独立的经济主体,为了其自身的经济利益的最大化，必然要与其他企业进行竞争，只有构建和维护其强大的竞争力，才能立足于市场，获取更多的利益和进一步的发展。

企业竞争力是一个直观含义明显但又难以准确定义的概念，国内外许多专家学者都从不同角度予以阐释。国外学者的主要观点有：(1)世界经济论坛(WEF)1985 年《关于竞争力的报告》中指出，企业的国际竞争力是指"企业在目前和未来，在各自的环境中以比它们国内和国外的竞争者更有价格和质量优势来进行设计生产并销售货物以及提供服务的能力和机会"。这一界定说明了三个方面的内涵：一是企业竞争力受环境影响；二是价格和质量是竞争力的关键；三是竞争力既是一种能力，也是一种机会。① (2)菲利·科特勒(Philip Kotler，1993)认为企业竞争力就是比竞争者更有效能和效率地满足消费者的需求。② (3)托马斯和马丁(Thomas and Martin，1992)认为企业竞争力由三部分构成，即快速反应能力、产出加快能力和资源效果能力。③ (4)斯科特和洛奇(Scott and Lodge，1984)认为企业竞争力泛指企业在与其他企业公开竞争中，使用人力和资金资源以使企业保持持续发展的能力。④ (5)美国竞争力委员会主席菲什(Fish，1989)认为，竞争力是企业较其竞争对手更有能力去创造、获取、应用知识或技术的能力。⑤ (6)日本东京大学教授藤本隆宏认为，企业竞争力可以从三个层次来考察，即静态能力、改善能力和进化能力。静态的能力是指实际上企业已经达到的竞争能力水平；改善能力是指不断地维持和提高竞争力的能力；进化能力是指建立前二者能力的能力。⑥

国内学者关于企业竞争力的主要观点包括：(1)金碚指出，企业竞争力

① 参见瞿艳萍：《企业竞争力理论：一个文献综述》，《江汉论坛》2009 年第 12 期。

② 参见于建原等：《管理营销悖论与营销范式转变——从管理营销、关系营销到反应营销》，《中国软科学》2007 年第 9 期。

③ 参见张玉利、金明律：《企业竞争力研究的层次结构与研究原则》，《科学管理研究》1996 年第 1 期。

④ 参见马刚：《企业竞争优势的内涵界定及其相关理论评述》，《经济评论》2006 年第 1 期。

⑤ 参见张玉利、金明律：《企业竞争力研究的层次结构与研究原则》，《科学管理研究》1996 年第 1 期。

⑥ 参见余祖德、陈俊芳：《企业竞争力来源的理论综述及评述》，《科技管理研究》2009 年第 6 期。

是指在竞争性市场中，一个企业所具有的能够持续地比其他企业更有效地向市场（消费者，包括生产性消费者）提供产品或服务，并获得盈利和自身发展的综合素质。[①] （2）瞿艳平认为，企业竞争力是作为独立经济实体的企业，在市场竞争过程中，通过自身要素的优化及与外部环境的有机交互，在有限的市场资源配置中占有相对优势，进而处于良性循环的可持续发展的能力。[②] （3）韩之俊认为，竞争是竞争者与竞争对手持续抗衡的活动，企业竞争力是指对竞争态势的洞察能力，也即对竞争信号的感应能力，对竞争态势的分析、判断，并作出对策的决策能力，以及在此基础上有针对性地创造、改善、发挥自身竞争优势以形成本企业独特性的能力。[③] （4）范晓屏认为，企业竞争力是基于企业自身的竞争优势和竞争资源在过去和现在的市场中表现出优良业绩的内部支撑力。[④]

从国内外学者对企业竞争力的认识来看，其本质内涵是指获得相对优势地位的综合能力，而不是表征层面显而易见的优势。相当于企业竞争优势理论中企业独特资源、能力或核心能力在功能上的具体化。

2）关于核心竞争力的界定

美国战略管理学家普拉哈拉德和哈默尔（Prahalad and Hamel）于1990年在《哈佛商业评论》上发表了一篇具有标志性的文章，首次运用了"核心竞争力"（Core Competence）一词（又译作"企业核心能力"）。[⑤] 这标志着企业竞争力定义进入了一个新的发展阶段，此后关于企业竞争力定义基本上是围绕"核心""稀缺"和"独特"等关键词语，比较抽象和综合。典型的定义有：

普拉哈拉德和哈默尔把核心竞争力定义为技能和能力的集合，定义为

---

① 参见金碚：《企业竞争力测评的理论与方法》，《中国工业经济》2003年第3期。

② 参见瞿艳萍：《企业竞争力理论：一个文献综述》，《江汉论坛》2009年第12期。

③ 参见韩之俊：《论当代先进管理模式——六西格玛管理》，《南京理工大学学报》（社会科学版）2003年第4期。

④ 参见范晓屏：《关于企业竞争力内涵与构成的探讨》，《浙江大学学报》（人文社会科学版）1999年第6期。

⑤ C. Prahalad, G. Hamel, "The core competence of the corporation," *Harvard Business Review*, vol. 68, no. 3, 1990, pp. 79-91.

知识的集体学习，特别是学习如何协调各种各样的生产技能及整合多种技术的能力；其后又认为核心竞争力是使企业提供附加价值给客户的一组独特的技能和技术。是“关于组织工作和提供价值”，是“沟通、参与和致力于跨越组织边界的工作，它涉及多层次的人员和职能”。这一定义有三层含义：(1)以“生产技能和技术知识”的形式描述能力，能力与资源的概念接近，能力是能够发挥特殊职能的资源集合体，能力的发展明显依赖于资源的有效利用；(2)能力不只是卓有成效地利用资源的功能，能力还与组织结构密切相关，组织资本和社会资本在联结组织结构和能力方面具有重要作用；(3)能力会随着使用而磨损，反而会因为得到应用和分享而增强。与此同时，美国学者罗伯特·奎因等(Robert E. Qumn et al. ,1990)则从投资和学习积累的角度进一步阐述了核心竞争力。他们认为，核心竞争力的积累与企业的持续发展，特别是企业核心产品与核心技术的发展过程息息相关。① 由于产品与技术平台是需要通过长期的学习和积累才能建立的，因此，核心竞争力是企业以往的投资和学习行为中所积累的、独特的企业专长(历史性的且难以模仿的知识集合)。

后来的一些学者和机构从各个角度进一步深化了对核心竞争力的理解和认知，发展了核心竞争力理论。梅约和厄特巴克(Meyer and Utterback)认为，核心竞争力特指企业价值活动各个环节所蕴含的，区别于竞争对手的独特能力，如研究开发能力、生产制造能力和市场营销能力等。② 这些能力往往直接映射为企业在产品系列创新、新产品上市推广、对广泛资源的组织协调等方面的独特能力(个体化的且难以仿效的运作能力)。鲍哥纳和托马斯(Bogner and Thomas)在《核心竞争力和竞争优势》一文中认为，核心竞争力是企业的专有技能和与竞争对手相比能够更好地指导企业实现尽可能高的顾客满意的认知③，这些认知包括：(1)解决非结构问题的秘诀和组织规则；(2)在特别环境下指导企业行动的共享价值观；(3)关于技术组织动态和

① 参见徐希燕：《企业竞争力的新诠释》，《经济管理》2003 年第 5 期。

② 参见葛金田、刘卫国：《对企业核心竞争力理论的再认识》，《山东社会科学》2008 年第 12 期。

③ 参见游达明、颜建军：《知识管理与企业核心竞争力的形成》，《统计与决策》2006 年第 19 期。

产品市场相互作用的隐性理解。二者所谓认知性知识其实是企业中的隐含性知识和价值观系统，所以，在这个核心竞争力的定义中，应包括技能、隐含性知识和企业价值观。[①] 伦纳德·巴顿(Leonard Barton,2000)认为，核心竞争力是一个系统，包括员工的技能、物理体系中的知识、管理系统和价值观四种形式的技术竞争力。[②] 核心竞争力是使企业独具特色并为企业带来竞争优势的知识体系，它取决于四个维度间的强烈相互作用：技巧和知识基础、技术系统、管理系统、价值观系统，而不易为其他企业所模仿。[③] 2001年，麦肯锡咨询公司的发布的《公司的核心竞争力是否只是一个幻影》一文中从技能、知识和组合角度分析核心竞争力，认为它是全体或团队中根深蒂固的、互相弥补的一系列技能和知识的组合，它具有一定的特异性，借助该能力，能够按世界一流水平实施到多项核心流程中。这一提法，强化了核心能力以知识的形式存在于企业各个方面的能力中的观点。[④]

我国学者在引进和消化企业核心竞争力理论的基础上，根据我国企业的实际情况，提出了企业核心竞争力的定义：

彭丽红提出，企业的核心能力是在一定环境中支撑企业持久生存与发展的力量，这种力量来自企业持续拥有的、有价值的、稀缺的超群性和独特性资产形成的产品或服务优势。[⑤]

周叔莲等认为，企业核心竞争能力是在一定制度的框架下，企业所拥有的、基于独特知识技术积累的一种竞争能力。他们还认为企业核心能力是企业能够做好什么以及为什么能够做得那么好的能力。[⑥]

李海舰、聂辉华认为，核心能力是一种整合企业内外部资源(技术或知识)的能力。整合不是简单的综合，而是以我为主，将有利于自身发展的各种驱动因素联为一体。企业在发展过程中，不仅要善于整合内部资源，更要

---

① 参见赵国浩：《企业核心竞争力理论与实务》，机械工业出版社2005年版，第4页。
② 转引自邹国庆、徐庆仑：《核心能力的构成维度及其特性》，《中国工业经济》2005年第5期。
③ 参见王金圣：《企业竞争力衰退及其治理》，上海财经大学出版社2007年版，第50页。
④ 参见王金圣：《企业竞争力衰退及其治理》，上海财经大学出版社2007年版，第50页。
⑤ 参见彭丽红：《大企业的国际竞争力还不行》，《管理科学文摘》2000年第10期。
⑥ 参见周叔莲、王伟光：《中国企业如何提高核心竞争能力》，《经济管理》2002年第21期。

善于整合外部资源。[①]

左建军认为，企业体制与制度是企业最基础的核心竞争力，企业体制和制度是生产关系，能保证企业具有永久的活力、决定的科学性、企业发展方向的正确性，是企业最基础的核心竞争力所在，是企业发展其他竞争力的原动力和支持平台，其他竞争力知识在此平台上的延伸，与核心竞争力共同组成了核心竞争力系统。[②]

虞群娥和蒙宇从合力的角度归纳认为，企业核心竞争力归根结底是在企业内部借助一种高效率的机制，充分有效地调动各种资源并使其协调运行，通过提升产品使用价值来实现企业在市场上超越同行业对手，获得竞争优势的合力。[③]

从以上国内外学者的论述可以看出，企业核心竞争力是一个内涵非常丰富的概念，可以从技术、资金、知识、文化、制度等角度向外延展或以此为基础向其他学派衍生，且其研究和发展将从单一的子系统转向不同子系统的有机整合。

3)关于竞争优势的界定

竞争优势的概念最早是 1939 年由英国经济学家张伯伦(Chamberlin)在其著作《垄断竞争理论》中提出的。从词义上来看，韦氏英语词典将“优势”定义为一种优越的位置或情形，或者由于某种行为而产生的利益。关于“竞争”的概念问题，在《新帕尔格雷夫经济学大辞典》中，诺贝尔经济学奖获得者、美国竞争理论大师乔治·斯蒂格勒(George J. Stigler)认为：“竞争系个人(或集团或国家)(间的角逐；凡两方或多方力图取得并非各方均能获得的某些东西时，就会有竞争。”既然竞争是一种排他性的经济行为，那么肯定有一些企业在竞争中获胜，也就是相对其他企业而言表现出一定的优势。这种优势应该是竞争的结果，而不是过程，其所表现的是一种相对优越的

① 参见李海舰、聂辉华：《企业的竞争优势来源及其战略选择》，《中国工业经济》2002 年第 9 期。

② 参见左建军：《浅谈企业核心竞争力》，《长江论坛》2000 年第 5 期。

③ 参见虞群娥、蒙宇：《企业核心竞争力研究评述及展望》，《财经论丛(浙江财经学院学报)》2004 年第 4 期。

状态。

20 世纪 60～70 年代，战略理论设计学派和计划学派的代表人物钱德勒和安索夫(Chandler and Ansoff)提出了战略管理的基本分析框架——SWOT 分析框架，较早地提出了企业优势的概念，强调从企业所处的环境及自身拥有的资源中寻找企业相对优势。① 迈克尔·波特(Michael E. Poter)从创造客户价值的角度认为，企业竞争优势“来源于企业为客户创造的超过其成本的价值。价值是客户愿意支付的价钱，而超额价值产生于以低于对手的价格提供同等的效益，或者所提供的独特效益补偿高价而有余”。② 贝赞可等认为“当一个企业的表现超出该产业的平均水平，就可以说它具有了竞争优势”③。巴尼从战略实施的角度表示，“当一个企业能够实施某种价值创造战略而其他任何现有和潜在的竞争者都不能同时实施时，就可以说该企业拥有竞争优势”④。格兰特(Grant，2001)则从利润获得的角度，认为当两个或更多的企业在同一个市场上竞争时，如果其中一个企业能够持续地获得高于竞争对手的利润率或具有这种潜能，那么这个企业就拥有了竞争优势。⑤ 很明显，竞争优势就是在企业的基本经营目标——盈利水平上具有超越竞争对手的能力。

国内学者对企业竞争优势的概念界定大都建立在上述国外学者的研究基础上。蒋学伟对各种表述作了一个概括，认为“企业竞争优势就是指一个企业在有效的可竞争市场上，向消费者提供具有某种价值的产品或服务的过程中所表现出来的超越或胜过其他竞争对手，并且能够在一定时期之内创造市场主导权和超额利润或高于所在产业盈利率的属性或能力”⑥。周晓

① 参见周辉：《企业持续竞争优势源泉》，知识出版社 2008 年版，第 49 页。

② [美]迈克尔·波特：《竞争优势》，陈小悦译.华夏出版社 1997 年版，第 2 页。

③ [美]戴维·贝赞可、戴维·德雷诺夫、马克·尚利：《公司战略经济学》，吴亚军译，北京大学出版社 1999 年版，第 372 页。

④ J. Barney, “Resources and Sustained Competitive Advantage,” *Journal of Management*, vol. 17, no. 1, 1991, pp. 99-120.

⑤ 参见刘二亮、纪艳彬：《基于动态能力理论的企业持续竞争优势研究》，《西南交通大学学报》(社会科学版)2009 年第 5 期。

⑥ 蒋学伟：《持续竞争优势》，复旦大学出版社 2002 年版，第 3 页。

东、项保华认为,竞争优势是指企业在较长时期内,在关系到全局经营成败和带根本性的方面所拥有的优势地位和实力。[①] 由此可见,国内学者对竞争优势的看法主要有两种代表性提法:一种观点认为,企业竞争优势本质上是一种战略优势;另一种观点认为,企业竞争优势就是指企业优于同行业竞争者的业绩而出众的获利能力。

尽管上述关于企业竞争优势的定义或概念在表述上有所差别,但是其基本内涵却是一致的,即企业竞争优势就是指一个企业在市场竞争中所表现出来的超越或胜过其他竞争对手,并且能够在一定时期内创造超额利润或获取高于所在行业平均盈利率水平的属性或能力。

2. 企业竞争力、核心能力与竞争优势的关系

本书研究的内容之一是企业的持续竞争优势,在此有必要先对企业竞争力、企业核心能力和企业竞争优势的相互关系进行界定和梳理,理清彼此之间的逻辑关系,这样才能更全面地认识企业的竞争优势问题。

从逻辑上说,竞争力的产生和核心竞争力的形成都是建立在资源和能力的基础之上的。关于什么是资源,什么是能力,争论也较大,定义也较多。具有代表性的资源广义定义包括:沃纳菲尔特(Wernerfelt,1984)将资源定义为企业强项或者弱项所拥有的一切,包括物质资源、人力资源和组织资源;巴尼(1991)则认为,企业所有的资产、能力、组织程序、企业特性、信息、知识等都是企业资源;阿米特等人(Amit et al. ,1993)在文章中将资源定义为企业所拥有的或者是控制的不同要素的总称。[②] 关于能力的定义包括:理查德森(Richardson,1972)在《工业组织》一文中,认为能力是指企业的知识、服务和技能;埃里克森和米克尔森(Ericsson and Mickelson, 1998)认为企业的能力是组织资本和社会资本的混合体;科利斯(Corless,1994)将能力定义为一种能够有效地将企业输入转化为输出的社会性的复杂惯例。[③] 温特

① 参见周晓东、项保华:《复杂动态环境、动态能力及战略与环境的匹配关系》,《经济管理》2003 年第 20 期。

② 参见袁泽沛:《超竞争下组织学习与企业持久竞争优势研究》,科学出版社 2008 年版,第 1 页。

③ 参见袁泽沛:《超竞争下组织学习与企业持久竞争优势研究》,科学出版社 2008 年版,第 17 页。

(Winter,2002)从组织惯例这个宽广的概念定义了组织能力的概念:一种组织的能力是一种高层次的惯例,在提供企业输入的同时,提供能够生产一种特定形式的显著输出的组织的一系列管理决策。①

核心能力包含在竞争力之中,核心能力是企业多方面能力和资源的有机融合,是不同技术管理系统及技能的结合,核心能力是在竞争力的基础之上发展和提升而来的。没有一定的竞争力作为基础,也就无从培育核心能力。所以核心能力的形成是在原来竞争力的基础上将资源和能力相互结合后进一步提升而来的,它是含在竞争力之中,在资源和能力之上。

竞争优势是企业竞争力相比较而衍生的一个概念,它可以通过一系列的具有外显性的量化指标加以衡量,如市场占有率、销售利润率、资产报酬率等。周辉认为,竞争优势与竞争力的关系类似于物理学中的"势"与"力",势是潜在的能力,力是一种现实的力量。也就是说,竞争力是竞争优势的外在表现,竞争优势是竞争力的支撑,正是由于企业存在独特的竞争优势,企业才得以在市场上占据有利的市场地位,并表现出卓越的获利能力,竞争力是企业竞争优势的综合体现。也可以说,竞争优势是"因",竞争力是"果",竞争优势的强弱最终要通过它的市场表现体现出来。②

2.1.2 企业持续竞争优势的界定

学者们对于竞争优势的理解及相应理论,都是基于一种相对稳定的社会环境,带有一定倾向的静态特征。但是,自20世纪90年代以来,由于技术和市场的快速变化,企业面临的环境充满不确定性。在急剧变动的环境中,技术创新、消费者偏好的改变等都会使企业原有的竞争优势荡然无存。同时,企业竞争优势从它确定的那一时刻起,就一直处于模仿者与革新者的强烈冲击和破坏之下。这些因素都使企业很难长期维持已经建立的竞争优势。所以,社会经济环境直接影响甚至决定了企业行为的意义和效果。因此,现在必须基于动态复杂环境的角度理解竞争优势,并使之能够长期持

① 参见孟晓斌等:《企业组织变革中的动态能力多层适应性探析》,《外国经济与管理》2008年第2期。

② 参见周辉:《企业持续竞争优势源泉》,知识出版社2008年版,第26页。

续。这样就产生了持续竞争优势/持久竞争优势（Sustamable/Sustamed Competitive Advantage，SCA）的概念。

1.企业持续竞争优势的文献综述

关于企业的持续竞争优势，战略管理理论主要是基于行业对企业绩效的影响而进行研究。传统战略管理理论一般认为，竞争优势的持续就是指某种既定形式的竞争优势在更长的时间内的延续和保持，就是指能够在长期（日历时间）内一直存在或维持的竞争优势。波特认为，一个企业只要能够长时间维持高于其所在产业平均水平的经营业绩，就可以说这个企业具有持续竞争优势。

巴尼认为，当一个企业实施能创造价值的战略，而同时其他任何企业和潜在的竞争对手无法实施该战略时就拥有了竞争优势；但可持续竞争优势除了满足这些条件外，还应包括“竞争对手无法复制此战略的优势”这一条件。[①] 巴尼关于持续竞争优势的定义是：持续竞争优势就是公司采取某些价值创造战略来获取长期收益，而该公司现有或潜在的竞争对手没有实施该战略或者即使采取这种战略也不能获得相同收益。巴尼在提出企业竞争优势和可持续竞争优势的同时，也对此作了几点说明：(1)竞争优势必须同时考虑现存的对手和潜在的竞争对手；(2)持续性不是一个“日历时间”概念，而是一个“逻辑时间”的概念，即竞争者复制、模仿与替代的容易程度；(3)竞争优势的持续性并不意味着它将永远的存在，只是意味着它将不会由于其他企业的快速复制而使企业被竞争出局。巴尼根据其对可持续竞争优势的定义，进一步指出可持续竞争优势的源泉应该满足四个条件，即价值性（valuable）、稀缺性（rare）、不可模仿性（inimitable）、不可替代性（lack of substitute）。巴尼认为，优势企业的能力是在一定历史条件下发展起来的，一个企业要用经济手段创造一种能力，必须依赖于“特定的时间与地点”。如果这种特定的时间和地点发生了变化，再创造出这种能力的可能性就非常小，

---

① J. Barney，“Firm resources and sustained competitive advantage”，*Journal of Management*，vol. 17，no. 1，1991，pp. 99-120.

这就是独特的历史条件。企业能力的社会复杂性则包括企业文化、企业在顾客和供货商中的声誉或者企业的可信度。这些因素使企业能够建立有价值的战略伙伴关系。因果模糊性则是指企业的能力和其绩效之间的关系是无法明确表达的。它包括关联模糊性和特征模糊性。前者是指决策者对能力和竞争优势关系认知的模糊性;后者则是指能力的特征与竞争优势之间关系的模糊性。因为企业的能力是存在于企业中潜在的品质,拥有这些“潜在品质”的企业具有竞争优势;但是由于这些“潜在品质”是无形的,其他企业很难弄明白企业究竟需要做什么去开创这些能力。因此,因果模糊性的逻辑有效防止了竞争者模仿,从而确保了企业的可持续竞争优势。巴尼关于企业可持续竞争优势的阐释和鲁梅尔特(Rumelt,1982,1984)的观点是一致的。然而这却与雅各布森(Jacobsen,1988)和波特(1985)的观点不同,他们认为持续性就是简单地持续了一段很长的日历时间。[①] 福斯(Foss,1998)也认为,以均衡法来定义可持续竞争优势意味着失去了和现实的直接联系,即持久性不再是“日历时间”,而是均衡模型中的“逻辑时间”,亦不能直接转化为现实时间。[②]

国内学者项保华认为,“竞争优势可以是一种短期临时状态,也可以是一种长期存在状态,能够长期存在的竞争优势称为持续竞争优势”[③]。蒋学伟认为,“企业持续竞争优势是指在各种市场环境中(包括相对稳定和急剧变动的市场环境),当一个企业能够适时地实施相应的创造高度市场价值的战略,而其他任何现有的和潜在的竞争者都无法同时成功地实施这些战略,且缺乏进行模仿或复制企业战略所带来的全部收益的信息与能力时,就可以认为该企业具有持续竞争优势”[④]。邹国庆对比了一些竞争优势和持续竞争优势的概念,认为“持续竞争优势是一个非均衡的新优势的持续不断的交

① 参见马刚:《企业竞争优势的内涵界定及其相关理论评述》,《经济评论》2006 年第 1 期。

② 参见贺小刚:《企业可持续竞争优势》,《经济管理》2002 年第 14 期。

③ 项保华:《企业战略管理若干问题试析》,《南开管理评论》1999 年第 4 期。

④ 蒋学伟:《持续竞争优势》,复旦大学出版社 2002 年版,第 26-27 页。

替过程”[①]。

2. 企业持续竞争优势衡量方法的研究文献综述

对企业可持续竞争优势的衡量方法主要从财务资源和非财务资源两个角度进行(吴应宇、赵震翔,2001)。[②] 从企业财务资源角度看,企业可持续竞争优势是指在不需耗尽财务资源的情况下,公司销售额预期增长的最大比率与实际增长比率之间的差额。该差额越小,表明企业基于财务资源的可持续竞争优势水平越高;而该差额越大,则表明企业基于财务资源的可持续竞争优势水平越低。国外财务界一般采用两个较为流行的可持续增长财务管理模型。一个是霍恩(Honre)提出的可持续增长模型,另一个是希金斯(Higgins)提出的强调可持续增长的模型。两者都认为是负债和权益的增长决定了资产所能扩张的速度,而资产扩张的速度反过来又限制了销售额的增长率,因为销售的增加必然会增加诸如库存、应收账款等资产以及生产能力。

从企业非财务资源角度出发,对企业可持续竞争优势进行衡量和管理一直是理论界关心的热点问题。袁泽沛认为,目前实践中最流行的四个衡量系统分别是人力资源、会计、经济附加值法/市场附加值法、平衡计分卡、智力资本。[③]

国内更多的学者在研究企业竞争优势的表现时,更多地采用企业绩效的概念,且通常用市场绩效和财务绩效两个方面加以衡量。前者主要包括销售成长率、产品成功率、顾客维持率、销售额水平、目标市场占有率等指标与主要竞争对手进行比较;后者则主要包括收入增长速度、成本减少速度、资产利用率等指标与主要竞争对手比较。

---

① 邹国庆:《持续竞争优势:企业能力与环境的融合进化》,《吉林大学社会科学学报》2003 年第 5 期。

② 参见吴应宇、赵震翔:《企业可持续竞争优势衡量方法研究综述》,《外国经济与管理》2001 年第 9 期。

③ 参见袁泽沛:《超竞争下组织学习与企业持久竞争优势研究》,科学出版社 2008 年版,第 14 页。

2.1.3 企业竞争优势理论的演化路径

1. 竞争优势外生论

1)经济学视角的竞争优势外生论

在传统经济理论中，企业仅仅被抽象为利润最大化的生产者，企业间的绩效差异源于外部市场结构，市场的进入和企业模仿将导致租金的耗散，使得企业的经济利润趋于零。20 世纪 30 年代，哈佛大学的梅森(Masson)、贝恩(Bain)、谢勒(Scherer)等人在张伯伦(Chamberlin)、罗宾逊(Robinson)等人的竞争——垄断理论的基础上，提出了现代产业组织理论的三个基本范畴：市场结构(structure)—市场行为(conduct)—市场绩效(performance)的 SCP 分析框架。[①] SCP 分析框架注意到了企业的异质性和企业间效率的差异，认为这种企业绩效的差异是由市场结构和市场行为所决定的。该框架认为市场结构、厂商行为和市场运行绩效之间存在着确定的相关性。由于市场结构、市场行为存在于企业之外，因此，企业的绩效是由市场结构确定的。由此可以推论出企业的绩效(竞争优势)是外生的。

2)战略管理中的竞争优势外生论

在战略管理理论中，处于主流地位的波特的竞争战略理论指出，企业获得长期竞争优势与两个因素密切相关：其一是企业所在的产业的内在盈利能力，也就是说各个产业所提供的盈利能力并不相同，一个企业所属产业的内在盈利能力是决定该企业能否获利的一个因素。波特的理论认为，其一是产业中决定超额利润的因素来源于五种力量：供方砍价、买方砍价、新进入者威胁、替代威胁和同业竞争者。企业的竞争优势来源于企业外部，即能为企业创造持久竞争优势与超额利益机会的产业结构。其二是企业在产业内所占据的位势。即使在一个非常有吸引力的产业里，如果一个企业不能占据有利的竞争地位，仍然不能得到充分发展。为了分析具体企业的竞争地位的确定，同时弥补五种竞争力框架的不足，波特引入了价值链的分析工

① J. Barney, "Firm resources and sustained competitive advantage," *Journal of Management*, vol. 17, no. 1, 1991, pp. 99-120.

具，企业的价值链以独特的方式连接着九种基本的活动类别，包括内部后勤、生产作业、外部后勤、市场和销售、服务等五种基本活动以及采购、技术开发、人力资源管理、企业基础设施四种辅助活动。一个企业的价值链可能在竞争范围上与其竞争对手不同，这种差异构成了企业潜在的竞争优势。企业实现竞争优势的具体战略主要包括两种途径，即差异化和低成本。也就是说，在相同成本前提下，企业所创造的顾客可觉察价值要远大于其竞争对手；或者在创造相同价值前提下，具有远低于竞争对手的成本。

竞争优势外生论的缺陷在于过分强调企业外部因素的作用。首先，“企业黑箱论”的前提假设，与实际中的企业特征明显不符，对企业内部条件事项的忽略，导致其对企业竞争战略的竞争力分析框架带有局限性，很可能诱导企业进入一些看似利润很高，但与自身行业无关或缺乏竞争优势的产业。其次，它并未很好地解释同一行业中企业盈利率存在差异的根本原因。鲁梅尔特(1982)的实证研究表明，产业长期利润率的分散程度比产业间的分散程度要大得多。[①] 统计资料显示，产业内企业之间的利润率分散程度是产业间的 3—5 倍。由此可以推论：企业表现为超额利润的竞争优势并非来自外部市场力量，而来自企业自身的某种因素。

2. 竞争优势的内生论

所谓企业竞争优势内生论是指企业的竞争优势主要来自于企业内部的异质性资源和能力。20 世纪 80 年代以来，在承认企业竞争优势内生于企业的前提下，探究企业竞争优势根源的理论经历企业资源—企业能力—企业知识的过程，认识逐渐深化。其理论前提是解构作为生产函数的“企业黑箱”，深入企业内部，认为资源、能力和知识在不同企业内部的分布是异质的，这种差异性具有持续性，特别强调有些资源和能力没有供给弹性(Wernerfelt，1984；Barney，1986、1991；Peteraf，1993)，无法通过市场交易获得，只能通过企业内部积累。

① 转引自余光胜：《企业竞争优势根源的理论演进》，《经济管理》2002 年第 20 期。

1)基于资源基础的竞争优势理论

资源基础观理论以彭罗斯(Penrose,1959)的企业基础观为基础,以沃纳菲尔特(Wernerfelt)1984年在《战略管理杂志》上发表的《企业资源观》为起始标志,经过巴尼(Barney,1991、2001)、申德尔(Schendel,1989)、库尔(Cool,1989)、迪瑞克斯(Dierickx,1989)、科纳(Conner,1991)、皮特瑞夫(Peteraf,1983)、柯利斯(Colls,1995)、蒙哥马利(Montgmery,1995)等人的发展,成为一个比较完整的理论体系。①

企业被假定为难以模仿的资源的结合体,企业资源异质性观点是该理论的基础,核心企业是一系列资源和能力构成的资源集。企业应如何创造和维持竞争优势。企业竞争优势产生于企业所拥有的资源的异质性,企业竞争优势的持续源来自于可以维持企业资源异质性的机制,诸如"隔绝机制"等。

沃纳菲尔特的出发点是源于当时传统的资源位势(强项与弱项)以及产品一市场的分析工具而提出的,即如果根据不同产品市场,在对企业规模进行具体化后,则可以推导出最低资源需求量;反之,对企业资源具体化后,则同样可以理解最优的产品一市场活动。沃纳菲尔特认为,具有吸引力的资源,是指那些能建立位势的、使其他企业难以获得的资源,且这种位势壁垒经常是企业自我再造而产生的(selfre producing),比如设备运作能力、顾客忠诚、生产经验、技术领先等。②

巴尼将资源界定为企业所能控制的,并使其能够制定和执行改进效率和效能之战略的所有资产、能力、组织过程、企业特性、信息和知识等,但只有在这种战略资源市场具有不完全性时,才有可能为企业带来超额价值。巴尼在其发表的论文《企业资源与可持续竞争优势》中具体指出能够为企业带来可持续竞争优势的资源的特性:有价值的、稀缺的、不可完全模仿的、难

① 参见傅慧等:《基于知识和学习能力的企业竞争优势研究》,经济科学出版社2009年版,第11页。

② B. Wernerfelt, "A resources-based view of the firm," *Strategic Management Journal* , vol. 5, no. 2, 1993, pp. 171-180.

以替代的。① 他认为，这些资源包括企业的管理技能、组织过程和组织惯例，企业所能控制的信息和知识，并且提出了获取战略资源的主要途径：一是从外部的战略要素市场获取；二是内部积累和培育。

迪瑞克斯认为，企业关键资源来自于企业内部积累而非从外部市场购买获得。② 企业资产位势的可持续性取决于企业资产是否容易被替代或者被模仿。资产积聚的模仿性与资产积聚的特征相关：时间压缩的非经济性③、资产聚合效应、资产存量的相互关联性、资产腐蚀性以及因果关系不明等。企业应该将注意力集中在如何获取“独特”的技能和资源上而非竞争环境上。

皮特瑞夫将沃纳菲尔特(1984)、巴尼(1991)等人的观点进行整合，建立了一个竞争优势来源模型，指出形成企业持续竞争优势所必需的四个条件，认为资源的异质性、事后竞争限制、资源的不完全流动性、事前竞争限制这四个条件同时满足，才能形成企业的持续竞争优势。④ 资源的异质性可以产生李嘉图租金或垄断资金，事后竞争限制可以使租金维持下去，资源的不完全流动性可以使租金在企业内部持续留存，事前竞争限制可以使租金不被所耗费的成本削减。

柯利斯等人指出，企业资源评估在模仿性、持久性、可获得性、替代性和竞争优势方面有五项标准。企业及其竞争优势是建立在所拥有的独特资源及它在特定的竞争环境中配置这些资源的方式的基础之上的。⑤

巴尼(2001)等人在其论文《企业资源与可持续竞争优势》发表十年之后，重新审视企业资源观。他认为，在1991年到2001年这十年间，资源观在战略管理领域的影响是巨大而且充满争议的，取得了一系列理论进展和实

① J. Barney, “Firm resources and sustained competitive advantage,” *Journal of Management*, vol. 17, no. 1, 1991, pp. 99-120.

② I. Dierickx, K. Cool, “Asset stock accumulation and sustainability of competitive advantage,” Management science, vol. 35, no. 12, 1989, pp. 1504-1511.

③ 参见傅慧等：《基于知识和学习能力的企业竞争优势研究》，经济科学出版社2009年版，第12页。

④ M. Peterf, “The cornerstone of competitive advantage: A resources-based view,” *Strategic Management journal*, vol. 14, no. 3, 1993, pp. 179-191.

⑤ D. J. Collis, Montgomery C. A., “Competing on Resource: Strategy in the 1990s,” *Harvard Business Review*, vol. 73, no. 4, 1995, pp. 118-128.

证检验。

资源基础观学派在发掘企业的竞争优势来源方面做出了巨大的贡献，同时资源基础观对其他一些相关领域的研究也起到了一定的促进作用。资源观理论对于人力资源管理的发展起到了一定的促进作用，把人作为具有战略重要性的资源，使企业将人力资源管理与战略管理相合，认为随着时间而在企业内形成。[①]

2)基于核心能力的竞争优势理论

关于核心能力的理论及其观点，最早提出者是普拉哈拉德和哈默尔。他们认为，企业的竞争优势是由企业的核心能力带来的，具体观点如下：

第一，普拉哈拉德和哈默尔(1990)遵循内生化竞争优势研究思路，认为企业竞争优势来源于企业内部内生的“核心能力”。核心能力是“组织中的积累性学识，特别是关于如何协调不同的生产技能和有机结合多种技术流派的学识”，是“关于组织工作和提供价值”，是“沟通、参与和致力于跨越组织边界的工作，它涉及多层次的人员和职能”。

第二，普拉哈拉德和哈默尔进而又提出了分层次全面竞争的核心能力分析框架，核心产品是联结核心能力和终端产品的中间环节，是对终端产品价值有实际贡献的元件和组件，是核心能力的物质体现。核心能力通过系统地组织学习来获得(见图 2-1)。核心产品是企业竞争优势的源泉，最终产品是核心能力的市场表现，核心产品是核心能力的物质载体。

第三，在基于资源基础竞争优势理论的基础上，普拉哈拉德和哈默尔(1990)提出了评价作为组织知识和技能的核心能力标准：(1)应具有延伸到更广阔产品市场的可能性，具有范围经济效应；(2)对终端顾客所关注的核心价值有关键性贡献；(3)竞争者难以模仿。从核心能力三个标准可以进一步看出，核心能力并不是个别核心技术，而是整合、协调一个组织所拥有的各种技术和技能的能力，包括企业某些特长，在某一领域的具体能力，有关组织内部协调和学习的整体模式等。

① 参见傅慧等：《基于知识和学习能力的企业竞争优势研究》，经济科学出版社 2009 年版，第 11 页。

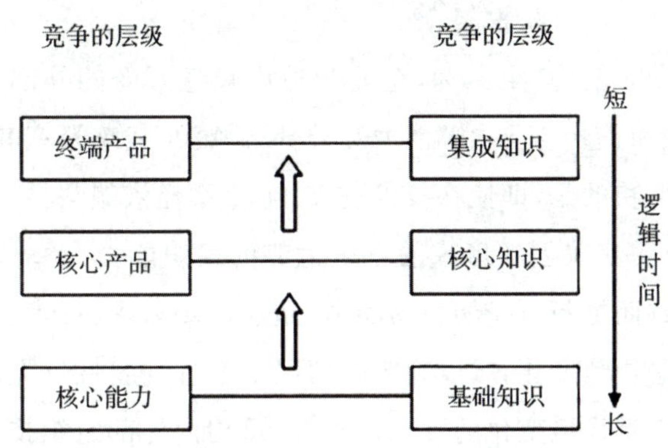

图 2-1　分层次全面竞争的核心能力分析框架

第四，核心能力与传统经济学市场结构理论中所主张的，通过政府垄断、卡特尔和价格联盟等不正当手段榨取消费者剩余的方式不同。具有核心能力的企业通过快速适应变化的市场环境，不断满足顾客的需求，才能在顾客心目中将企业与竞争对手区别开来。凭借自身独特的、有价值的、根植于企业组织内部的核心能力获得高于平均利润的利润，保持持续的竞争优势。

3)基于动态能力的竞争优势理论

动态能力理论是在竞争优势的资源观和核心能力观的基础上，为适应快速发展变化的市场环境而发展起来的。因此，其理论假设除与企业竞争优势内生轮的理论前提一致外，还认为企业的动态能力能够适应环境变化，从而获得竞争优势。

技术的快速变化和不确定性产生激烈竞争，客观上要求企业能够快速的适应市场环境。巴顿(1992)提出核心能力存在核心刚性的问题，致使企业无法适应快速发展变化的市场环境。核心能力和资源观的局限以及外部市场环境的变化使得动态能力理论得以兴起和发展。蒂斯等(Teece et al.，1997)从“外部环境一组织能力”的层面，将演化经济学资源观和核心能力理论结合起来，分析了高度竞争环境下企业竞争优势的源泉问题，并提出了一个动态能力战略观的分析框架。①

第一，将“动态能力”定义为，企业为适应瞬息万变的外部竞争环境，而重新配置、创建和整合企业内部能力和外部的资源、战略资产和互补性资产的能力。其所反映的是，即使在技术进步、企业路径依赖与核心刚性的不利条件下，企业成功获取创新形式的竞争优势的组织能力。“动态”是指为与环境变化相一致而更新自身能力的能力，是在市场需求、技术变革以及未来竞争和市场格局快速变化，难以确定的情况下某种创新性反应；“能力”是指战略管理在为满足环境变化的要求而整合、重构内外部组织技巧、资源与功能性能力过程中的关键作用。

第二，动态能力理论认为，企业是能利用其能力从事组织活动的组织。这种能力不能完全通过市场组织起来，即不能通过市场交易和复制完成蒂斯(1993)。管理层的管理能力是区别市场和企业的关键，因为企业内部以非交易方式组织的管理行动所形成的组织能力，恰恰是无法通过市场交易来复制的。基于此，蒂斯等(1997)提出了决定竞争优势的动态能力分析框架，如表 2-1 所示：

第三，从上述动态能力维度的内涵我们可以看出，动态能力模型的基本逻辑是，企业竞争优势来源于在企业内部运行的、由过程和位置所决定的高绩效的惯例，其演进的方向受路径依赖(包括递增的收益)、技术机会的影响。因为以组织惯例、技能和互补性资产为基础的组织能力，包含大量的企业特定的隐性知识。此外，由于价值倾向、文化和组织经验等“软”资产的难以交易性，所以企业的组织能力难以复制、模仿。组织能力一般来说是无法买到的，只能在长期过程中被发展出来。

① 参见马刚：《企业竞争优势的内涵界定及其相关理论评述》，《经济评论》2006 年第 1 期。

表 2-1　动态能力维度

动态能力维度	内涵
组织与管理过程	分为三个过程:协调/整合、学习、重构转型
位置	企业现有的特定的资产,包括技术资产、互补资产、财务资产、声誉资产、关系资产和区位资产情况
路径	将“路径”分为“路径依赖”“技术机会”两个方面

动态能力理论在熊彼特(Schumpeter)“创造性毁灭”的前提下,认为外部环境瞬息万变,市场竞争实质上是创新的竞争,从而不是价格的竞争。而创新主要是通过在一个不确定性很高或者非常复杂的环境中风险承受和独创性洞见来获得。创新才是企业超额利润的真正源泉,因而企业的动态能力更具有租金的价值。可以认为,这种租金主要是熊彼特式的,即基于创新产生的租金。

4)基于企业知识管理的竞争优势理论

从 20 世纪 90 年代开始,国外学者开始研究知识管理与企业竞争优势的关系,人们意识到知识管理日益成为企业核心竞争优势的源泉。企业知识理论认为企业的核心是知识,隐藏在企业的资源和能力背后并对能力有决定作用的是企业掌握的知识。企业的异质性决定了企业知识、知识结构和认知能力的差异,正是由于各企业所吸纳的人员知识专业化方向和程度是不同的,并且各类人员之间相互作用的过程和时间也不相同,从而导致企业所积累的知识和能力具有差异性,最终决定了企业异质性。既然核心能力是企业持久竞争优势的源泉,而核心能力具有难以模仿、复制和交易等特征,那么与核心能力对应的知识应是不可交流或者可交流但经济上不适合交流的那类知识。

具体而言,知识的分类是比较复杂的,可以按照不同的标准划分为各种类型。斯彭德(Spender,1995,1996)引入一个“多重认识论”,试图抓住组织运用的不同类型的知识。[①] 他从两个维度对组织知识进行了划分：一方面，他认为组织知识既包括隐性知识也包括显性知识；另一方面，他认为知识既分布在个人层面，也分布在集体层面。这样就产生了四种类型的组织知识：知觉知识（个人拥有的清晰知识）、客观知识（被组织拥有的清晰知识）、自动知识（潜意识的个人知识）、集体知识（与环境高度相关的知识，以组织实践的形式表述出来）。其中组织知识是作为行动催化剂以及创造潜在竞争优势的组织集体知识。"客观知识"代表的是知识的集合体——以科学团队为代表，而且经常被看作是知识的最高形式（Boisot）。[②] 目前，很多组织投资与开发这样的客观化知识，试图存储、分享和杠杆化他们所能分配的知识和智力（Quinn and Anderson）。[③] "集体知识"代表的是从根本上嵌入企业内部而且以制度惯例存在的隐性经验和集体行动方案（Brown and Duguld）。[④] 这样的知识和知道能力相对而言，更隐藏于个人自身之内，需要通过知识的互动来获得。正是这种类型的知识使得富有经验的团队取得卓越的绩效，这种共享的知识被称为"惯例"。

关于企业知识与竞争优势的关系，巴尼指出，知识是维持竞争优势的基础。[⑤] 奥桑和诺利亚（Hausen and Nohria）等人提出，组织可以通过编码化和人物化这两种知识管理来获得竞争优势。[⑥] 布莱德格和索尔兹伯里（Bloodgood and Salisbury）认为，组织可以根据自己的变化战略，采取相应的知识

---

① 参见傅慧等：《基于知识和学习能力的企业竞争优势研究》，经济科学出版社 2009 年版，第 18 页。

② M. H. Boisot. "Is Your Firm a Creative Destroyer? Competitive Learning and Knowledge Flows in the Techological Strategies of Firms," *Rerearch Policy*, vol. 24, no. 4, 1995, pp. 489-506.

③ J. B. Quinn, P. Anderson, "Leveraging Intellect," *Academy of Management Perspectives*, vol. 10, no. 3, 1996, pp. 7-27

④ J. S. Brown, P. Duguid, "Organizational Learning and Communities-of-Practice: Touard a Unified View of Working Learning, and Innovation," *Oranization Science*, vol 2, no. 1, 1991, pp. 40-57.

⑤ J. Barney, "Firm Resources and Sustained Competitive advantage," *Journal of Management*, vol. 17, no. 1991, pp. 99-120.

⑥ 转引自杜维等：《知识管理战略前因及后果：人力资源的影响》，《科研管理》2009 年第 5 期。

管理战略，从而支持组织的竞争优势。①

学者们一般认为，要从知识分析角度识别企业的核心能力和竞争优势，可采用以下三个步骤：一是对企业知识的整体运行机制进行分析；二是寻找对企业的价值创造起到关键作用的知识，判断这些知识是不是企业内部的、特有的、隐性的蕴含于整个企业组织之中；三是寻找对企业知识本身的创造、融合和内部交流起重要作用的知识，这种能创新企业特有知识的知识是难以模仿复制的重要原因，是企业拥有核心能力的内在基础，也正是竞争优势的持久性的基础。

2.2　企业持续竞争优势研究新进展

在经济全球化浪潮和信息技术飞速发展推动下，企业面临的是技术创新日新月异、产品更新换代频繁以及消费偏好多变的市场环境。任何企业都不可能仅依赖某种领先技术或优势产品保持长久竞争优势，在激烈的竞争中固守原有竞争体系显然无法满足企业长远发展要求。企业须依据市场环境变化及时调整产品、技术、人力甚至是组织结构、战略等。因此，企业如何在多变的环境中获得竞争优势并保持长久竞争优势是理论界普遍关注的热点问题。近年来大量关于企业持续竞争优势的相关研究涌现，在基于外生与内生视角的竞争优势研究基础之上衍生出了新视界、新趋势，值得理论界进一步关注。

全球竞争新趋势新常态为企业竞争力提升与竞争优势保持产生很大影响，在传统资源观、能力观基础上建立起企业竞争优势理论得到拓展。近年来，国内外学者基于不同研究视角，结合不同理论对企业竞争优势论研究进行了研究，本书从复合观、生态链、知识管理、战略四大视角，对近年来相关研究进展进行分析。

---

① J. M. Bloodgood, W. D. Salisbury, "Understanding the influence of organizational change strategies on information technology and knowledge management strategies," Decision Suppert systems, vol. 31, no. 1, 2001, pp. 55-69.

2.2.1 基于复合视角的持续竞争优势研究

关于企业如何赢得竞争优势，传统竞争优势外生理论认为企业竞争优势主要源于市场价格机制、市场结构、产业政策等外部变量，企业竞争优势被看作为一种适应性的竞争优势。

例如：基于经济学视角的竞争优势外生论认为企业是被抽象为利润最大化的生产者，企业间绩效差异源于外部市场结构；以波特为代表的战略管理中的竞争优势外生论则指出，企业能否获得长期竞争优势主要与所在产业的内在盈利能力相关。企业竞争优势内生论认为企业竞争优势主要来自于企业内部异质性资源和能力。其根源理论经历了企业资源—企业能力—企业知识的过程。基于资源基础的竞争优势理论认为企业竞争优势产生于企业所拥有的资源异质性，其持续源来自于可以维持企业资源异质性的机制；基于核心能力的竞争优势理论认为企业的竞争优势是由企业的核心能力带来的；动态能力视角下的竞争优势理论，其理论假设除与企业竞争优势内生论的理论前提一致外，还认为企业动态能力能够适应环境的变化，从而获得竞争优势；基于企业知识管理的竞争优势理论认为企业的核心是知识，隐藏在企业资源和能力背后并对能力有决定作用的是企业掌握的知识。既有的复合视角下的研究存在以下问题：仅考察了关键资源对竞争优势的影响，忽略了资源整合对竞争优势的作用；基于不同情境提出的新概念或命题与此前研究无本质区别；把竞争优势与绩效混为一谈且仅关注资源、能力与绩效之间的关系，并没有把竞争优势纳入研究体系等。复合视角下的企业持续竞争优势研究主要体现在以下三个方面。

1.基于整合视角的企业持续竞争优势理论模型

王德胜从理论整合和实践的视角，将企业文化的整合性、适应性、激励性、共享性作为影响企业持续竞争优势的驱动能力、资源配置能力、核心能力、创新能力、学习能力的主要特质，进而分析了四种特性通过影响驱动能力作用于企业持续竞争优势的机理，并建立了企业文化对持续竞争优势的作用模型。①

资源基础观和核心能力观对竞争优势的研究遵循的是“杠杆逻辑”，强调持续竞争优势形成于相对稳定的核心能力及其对企业内部和外部的其他资源与能力的杠杆作用。基于动态能力的持续竞争优势研究遵循的是“机会逻辑”，强调给定路径依赖和市场位势条件下，以市场机会导向，通过改变资源与能力基础及其组合方式，获得新的或创新性形式的竞争优势。白景坤通过对竞争优势理论研究范式比较，发现对“机会逻辑”和“杠杆逻辑”下的竞争优势形成机理的混淆，是现阶段动态能力与竞争优势关系机理不清的主要原因；发现尽管动态能力强调对现有位势和路径的“有意偏离”，但资源与能力的构建需以充分发挥组织现有的位势和路径优势为前提，如果组织在短期内对组织原有的资源与能力均进行根本性改变，就势必增加企业衰败的概率。② 董保宝、李全喜较为系统地提出了企业竞争优势整合研究框架，但研究以成熟企业为研究对象，但也忽视了初创企业的竞争优势来源、构建等问题研究。③

2.基于复合基础观的企业持续竞争优势研究

战略管理理论研究已经从关注外部产业组织结构向内部如何构建核心竞争力转变。对于新兴市场国家中缺乏核心竞争力的企业而言，尤其是缺乏独特资源的中小微企业，其竞争优势不可能皆源自于自身核心竞争力，更有可能是通过对企业已有的“一般”资源进行创新、整合而创造出独特的竞争优势或发展路径。关于企业持续竞争优势的复合基础观，哪些资源可以带来何种竞争优势？资源与竞争优势之间作用的过程等依然是值得研究的“黑箱”。

陆亚东、孙金云认为，复合基础观是指企业通过对自身拥有或外部可购

① 参见王德胜：《企业文化、企业能力与持续竞争优势》，《东岳论丛》2012年第7期。

② 参见白景坤：《机会逻辑下企业持续竞争优势的形成机理——动态能力多重观点的整合与拓展》，《经济管理》2014年第3期。

③ 参见董保宝、李全喜：《竞争优势研究脉络梳理与整合研究框架构建——基于资源与能力视角》，《外国经济与管理》2013年第3期。

买的资源与能力进行创新、整合地运用，提供具有复合功能特征的产品或服务，用复合竞争的手段获取、创造出独特的竞争优势或发展路径。[①] 复合基础观并不否认资源尤其是核心能力对于竞争优势的贡献，却更加重视对于资源的特征、构建逻辑以及由此对于业务战略选择影响的探讨，因而并不是对于资源基础观下简单的资源或能力的合并或加总。焦凯认为，复合基础观是指企业对文化、吸收能力与模仿式创新、隐性知识以及战略同盟等资源进行整合，构建企业组织能力，从而形成企业独特的竞争优势。同时指出，复合基础观强调的不是用多么强大的资源开发出独特的产品，而是对企业竞争手段和能力的独创性集成、整合，其常见的结果是性价比高、市场反应快、规模经济性强。复合基础观关注的重点不是静态的资源和能力，而是强调资源和能力是通过何种方式为企业竞争优势带来贡献，是企业的一种动态能力。[②] 陆亚东、孙金云提出了复合式战略，包括复合式提供、复合式竞争和复合式能力三方面，认为外部资源的可获取性和顾客需求的变化是影响企业采用复合式战略的两个重要外部动因，企业家能力和合作导向是影响企业采用复合式战略的两个关键内部动因，复合式战略能够为企业带来特殊的竞争优势，即成本优势和速度优势。[③] 企业在发展中模仿其他优势企业的发展方式将更难于落实。

复合式视角下构建企业竞争优势为企业提供了完全不同的发展思路，基于企业现有资源和能力进行创新整合，显然更加符合大多数中国企业尤其是中小企业发展的实际。

3.基于双元能力的企业长期绩效研究

双元能力理论已广泛地应用于组织学习、技术创新、组织适应、战略管理和组织设计等领域。张玉利、李乾文认为，从创业机会观视角看，机会探

---

① 参见陆亚东、孙金云：《复合基础观的动因及其对竞争优势的影响研究》，《管理世界》2014 年第 7 期。

② 参见焦凯：《复合基础观视角下中小企业竞争优势生成路径分析》，《经济论坛》2014 年第 11 期。

③ 参见陆亚东、孙金云：《中国企业成长战略新视角：复合基础观的概念、内涵与方法》，《管理世界》2013 年第 10 期。

索能力和开发能力虽然均可能是导致组织绩效提升的重要原因，但由于企业竞争资源的相对稀缺性，两种能力同时都具备的企业在实践中却是很少，而更为普遍的现象要么是企业的机会探索能力很强，但开发能力有限，要么是企业的机会开发能力很强，但新机会的探索能力很弱。① 焦豪基于组织和战略管理领域中的动态能力理论，通过利用式创新和探索式创新来构建双元型组织以提升短期财务绩效和长期竞争优势的机制和路径，认为利用式创新与探索式创新对短期财务绩效和长期竞争优势都有显著的正向影响关系；利用式创新和探索式创新的平衡效应在一定程度上能增强企业的长期竞争优势，二者平衡匹配才能产生协同效应。② 赵杰等认为，在中国时下特定情景中，竞争优势影响的因素呈现二元制结构，即外生要素与内生要素交互影响企业竞争结果。外生要素具有不可控性，以“组织文化、动态组织能力、互补资产”为基础培育内生竞争要素，是企业获得内生竞争优势的路径。③

学者们从不同视角提出了双元能力的多种内部维度，然而现有各领域的双元能力概念都是单维度的概念，不是多维度的构思，这忽视了双元能力本身内涵的丰富性，限制了对它的理解和应用。双元能力是企业长期绩效的关键驱动力，然而实证分析结果却没有得出一致结论，双元能力与企业绩效之间联系的复杂性仍需要进一步探究。

2.2.2 基于生态链的持续竞争优势研究

在互联网经济背景下，越来越多的企业通过生态圈战略实现转型发展，在无边界发展趋势、去中介化改革、消费者个性化等挑战下逆势而生，获取新的竞争优势。生态圈不仅包括纵向的产业链关系，也包括横向的合作关系。价值链是生态链的一部分，包括生产链、供应链、研发链等。当前企业

① 参见张玉利、李乾文：《公司创业导向、双元能力与组织绩效》，《管理科学学报》2009 年第 12 期。

② 参见焦豪：《双元型组织竞争优势的构建路径：基于动态能力理论的实证研究》，《管理世界》2011 年第 11 期。

③ 参见赵杰等：《制造业中小企业内生优势生成路径分析——一个典型案例透视》，《管理世界》2013 年第 4 期。

多在不同环节下足功夫，以期在激烈的竞争环境中获得竞争优势。

1.市场导向与企业竞争优势的关系

作为市场营销的核心理念早在20世纪50年代就已基本确立。市场导向强调当企业面对不断变化的市场需求和营销环境时，若要保证顾客满意，就必须跟踪和预见市场需求的变化并做出快速的反应。蒋天颖等认为，市场导向作为特定企业文化模式和价值取向，能使企业更有效地回应顾客需求和竞争威胁，在市场竞争中处于有利位置，继而获得竞争优势。① 刘泉宏、王涛探讨了在市场导向与企业绩效的关系中，营销能力和环境不确定性所发挥的作用。市场导向可以为企业带来持续的竞争优势。② 这种竞争优势能通过拥有营销能力这种关键的资产和能力来体现。

2.价值网与企业竞争优势的关系

陈占夺等研究发现，不同的复杂产品系企业有各自特有的核心价值链节，进而形成超越竞争对手的优势，这解释了企业在经济增长阶段取得成功的原因；复杂产品系统企业应该在研发、生产设计、制造三个环节考虑如何培育自己的价值链节，以获取竞争优势，同时要特别注意环境变化对自身价值网络的影响。③ 肖远飞、张诚基于资源共享性与战略行动的意识性两个维度，提出了一个基于关系资源的竞争优势模型，认为核心企业关系资源隔离机制认为因果关系的模糊性、形成过程的历史依赖、联盟资源的稀缺性、关系资源的不可分离性以及社会关系的复杂性构成了关系资源的隔离层，该隔离体系的完备性决定了其竞争优势的持续性。④ 刘向东等提出“零售企业能够且应当通过价值活动提高自我中心网络中的联系强度，从而提升网络

① 参见蒋天颖等：《基于市场导向的中小微企业竞争优势形成机理——以知识整合和组织创新为中介》，《科研管理》2013年第6期。

② 参见刘泉宏、汪涛：《市场导向如何影响企业绩效：基于营销能力与环境不确定性的整合研究》，《华南理工大学学报》（社会科学版）2015年第3期。

③ 参见陈占夺等：《价值网络视角的复杂产品系统企业竞争优势研究——一个双案例的探索性研究》，《管理世界》2013年第10期。

④ 参见肖远飞、张诚：《联盟网络与持续竞争优势：基于关系资源的视角》，《科技进步与对策》2011年第12期。

中心性水平”以及“结构洞位置带来的信息优势和控制优势是零售企业潜在的资源，零售企业竞争优势源自于其利用这一资源提升联系强度和网络中心性的能力”两个命题，结合社会网络理论和波特的竞争优势理论，提出了中国传统零售企业转型策略模型。①

3. 供应链与企业竞争优势的关系

与供应商建立长期、互惠互利的战略伙伴关系，有利于制造商借助供应商的资源与技术提升自身核心竞争力，最终形成成本和利润优势并获得新市场竞争力。

在这方面的研究，李晓明等指出供应商整合、内部整合和客户整合在提高企业绩效方面各自发挥作用的同时，内部整合还起到了调节作用，即在高的内部整合度下，外部整合提高企业绩效的作用更强，而低的内部整合度会限制外部整合作用的发挥。② 冯泰文、孙林岩的研究表明，供应商参与对企业财务绩效有显著的正向影响，对企业运作绩效的影响不显著，客户参与对企业运作绩效和财务绩效的提升都有显著的推动作用。③ 张颖等认为，采购是关系到企业战略的核心业务，加强采购管理，将采购提升到战略地位对提高企业在市场竞争中占据优势非常重大。④ 战略采购使公司重新定义与供应商交易方式，是整合公司和供应商战略目标和经营活动的纽带。许德惠等认为，供应商关注和供应商交流显著提升运作绩效，而仅供应商关注正向改善财务绩效。企业要构建有效的供应链整合，首先要从努力提高内部整合度开始。⑤

供应链整合的全面实现是分阶段的，不顾内部整合度的提高而盲目开

① 参见刘向东等:《中国零售企业竞争优势的构建路径——一个社会网络视角下的探索性案例》,《中国流通经济》2016 年第 8 期。

② 参见李晓明等:《供应链整合与企业绩效间的关系研究——基于中国制造企业的实证研究》,《当代经济科学》2013 年第 2 期。

③ 参见冯泰文、孙林岩:《新产品开发过程中的外部参与对企业绩效的影响》,《管理科学》2013 年第 2 期。

④ 参见张颖等:《供应商合作与企业竞争优势的关系研究》,《管理学报》2014 年第 3 期。

⑤ 参见许德惠、冯泰文、赵刚:《供应商整合与企业绩效:IT 能力的调节作用》,《工业工程与管理》2015 年第 1 期。

展供应商整合和客户整合，不但会极大地限制住外部整合作用的发挥，而且这种没有以内部整合作为基础的外部整合也将是短暂的。王立荣等指出，客户集中度与销售费用率呈显著负相关，与财务费用率、总资产周转率呈显著正相关。客户集中度与企业绩效显著正相关，而供应商集中度对企业整体绩效影响不明显。①

2.2.3 基于知识创新的持续竞争优势研究

企业持续竞争优势不仅取决于企业是否拥有知识创新和重用机制，更重要的是取决于企业知识创新的速度、效率和知识重用的程度与效果。在这方面，学者们开始尝试基于知识创新的企业持续竞争优势的研究。

王明华、王长征提出市场知识能力是决定企业竞争优势的一种核心组织能力。而要发展市场知识能力，则必须在企业中培育市场导向文化和企业家精神，提高管理层对市场知识能力重要性的认识，同时通过完善企业的组织结构和激励制度，来引导、鼓励员工和集体的学习与创新。②

卜毅然、姚超研究发现，优秀的商业模式能够产生高绩效和竞争优势，但是其带来的竞争优势具有难以维持的特征。依靠创新商业模式获得成功的企业，一方面应积极投资和积累其他不易被模仿的核心能力，另一方面应持续对商业模式进行创新，这样才能有助于企业的长期生存和持续获得超额利润。③

赵道致、纪方认为，突破性创新行为带给企业先发者优势，而先发者如何利用该优势并在企业竞争中保持持续性竞争优势，则需要企业通过分析自身特点来进行组织结构变动，发展并利用有效的组织结构来形成特殊组织资源。拥有优秀组织资源的企业往往会成为战略创新者，从而成为持续创新的执行者。④

---

① 参见王立荣等:《供应商、客户集中度对企业绩效的影响——基于高端制造业上市公司的实证研究》,《南京财经大学学报》2017 年第 1 期。

② 参见王明华、王长征:《市场知识能力与企业竞争优势》,《中国软科学》2004 年第 10 期。

③ 参见卜毅然、姚超:《商业模式与可持续竞争优势关系分析》,《财经问题研究》2011 年第 11 期。

④ 参见赵道致、纪方:《创新型企业获取持续性竞争优势研究》,《天津师范大学学报》(社会科学版)2011 年第 1 期。

沈灏、魏泽龙指出并阐明了在转型经济环境下，企业同时从事管理创新和技术创新将有利于提升组织学习水平和获取长期竞争优势；对管理者而言，这意味着在通过提升创新能力促进实验式学习水平和竞争优势建立的过程中，需要谨慎识别不同创新组合下不同实验式学习维度的差异性；充分发挥突破性技术创新优势的职能型组织结构，能够更好地利用突破性技术，发展突破性技术创新，不断进入良性循环，更好地开发利用新市场，企业可以保持持续性竞争优势。[①]

2.2.4　基于战略的持续竞争优势研究

于思远等由战略性即兴行为所产生的结果演化而来的组织记忆帮助企业降低生产运营成本，为顾客创造更多价值，获得优异的企业绩效，是企业竞争优势的一个重要来源。[②] 邵兴东、孟宪忠认为，企业通过战略性履行企业社会责任所形成的具有价值创造性、优越于竞争对手相对稀缺的、难以模仿和复制的企业声誉等异质性资源，是符合企业资源基础论视角下企业持续竞争优势来源要求的企业战略性资源。[③] 因此可以说，企业的社会责任行为不是一个孤立行为，而应该是同企业战略相结合的战略性的系统性的企业行为，在这个行为的战略分析、规划、选择、实施和控制的过程中，企业高管，特别是 CEO 的重视、参与和组织是将企业社会责任上升为战略性社会责任的关键。

有学者也着重研究占率人力资源与企业持续竞争优势的关系。张艳丽等认为，内开型人力资本对企业持续竞争优势的正向影响非常显著，外取型人力资本对企业持续竞争优势正向影响非常显著；外取型人力资本对企业持续竞争优势的影响比内开型人力资本对企业持续竞争优势的影响小，这是因为内开型人力资本具有稀缺性和难以模仿性，可以使企业不断地创造

① 参见沈灏、魏泽龙：《不同创新组合情境下的组织学习与竞争优势》，《经济管理》2013 年第 3 期。

② 参见于思远等：《为了全局"随机应变"：战略性即兴行为与竞争优势形成机制》，《外国经济与管理》2018 年第 3 期。

③ 参见邵兴东、孟宪忠：《战略性社会责任行为与企业持续竞争优势来源的关系——企业资源基础论视角下的研究》，《经济管理》2015 年第 6 期。

新的优势资源。①

对于新创企业竞争优势保持方面，杨波、张卫国认为新创企业由于存在“新创立劣势”很难获得竞争优势，知识、能力和战略是影响新创企业竞争优势的三个关键因素，需要结合起来综合考虑。知识和能力是无形的、独特的、不易复制、难以模仿的关键资源，新创企业能力的形成和提升过程即是企业知识形成和演进的过程。②

郭润萍、蔡莉指出，战略试验对新企业竞争优势具有积极影响。机会识别能力对于战略试验和新企业竞争优势关系具有部分中介作用。以战略试验为手段构建创业能力是转型经济背景下新企业获取持续竞争优势的关键。③

宋鸿、刘伟认为，根据利基市场(Niche Market)理论，任何市场总会存在大中型企业的触角伸不到的市场缝隙，微型企业应该在明确自身特点和市场定位的前提下，在利基市场中争取成为领先者，并在此基础上不断进行价值创新，以形成差异化并创造进入壁垒，获得竞争优势。④ 也就是说，在微型企业竞争优势的培育过程中，市场定位是前提，价值创新是保障，选择并保卫利基是关键和根本。

2.3 企业文化理论综述

2.3.1 企业文化的内涵界定

1. 文化的含义

在西方，“文化”一词源于拉丁文“cultural”，英文中为“culture”，原意指耕作、培育、教习、开化，即由人造出来的事物，是一种同“自然存在”相对而

---

① 参见张艳丽等:《战略人力资本与企业持续竞争优势关系研究——外部环境的调节作用》,《天津大学学报》(社会科学版)2013 年第 4 期。

② 参见杨波、张卫国:《新创企业持续竞争优势的 KCS 模式研究》,《重庆大学学报》(社会科学版)2012 年第 2 期。

③ 参见郭润萍、蔡莉:《转型经济背景下战略试验、创业能力与新企业竞争优势关系的实证研究》,《外国经济与管理》2014 年第 12 期。

④ 参见宋鸿、刘伟:《市场定位、价值创新与微型企业的竞争优势探究——基于利基市场理论》,《内蒙古财经学院学报》2012 年第 5 期。

言的存在。古罗马时期,文化被理解为培养公民参加政治活动的能力,而在启蒙运动时期,法国启蒙思想家和德国古典哲学家将文化同人类理性的发展联系起来。在我国,文化的概念很早就有,《周易・贲卦・彖传》说:“观乎人文,以化成天下。”这里的“人文”“化成”即含有文化的意义。西汉的刘向《说苑・指武》指出:“圣人之治天下也,先文德后武力。凡武之兴,为不服也,文化不改,然后加诛。”这里把“文化”和“武力”对立起来,文化被理解为文治教化。1920 年,梁漱溟把文化定义为“人类生活的样法”。1922 年,梁启超把文化定义为“人类心能所开释出来有价值的共业也”。1926 年,胡适对文化下了一个定义:“第一,文明是一个民族应付她的环境的总成绩;第二,文化是文明所形成的生活方式。”可见,中国学者对文化定义的理解,大都和对环境改造与一定生活方式的形成联系起来。①

对文化的理解是随着社会学、人类学的发展而不断廓清的。文化,按新韦氏学院字典的定义,是“包括思想、言论、行动以及现象在内的人类行为的综合模式,并有赖于人的学习知识和把知识传递给后代的能力”。英国“人类学之父”爱德华・泰勒于 1871 年出版的《原始文化》中将文化作为一个中心概念提出,定义为:“文化,或文明,就其广泛的民族学意义来说,是包括全部的知识、信仰、艺术、道德、法律、风俗以及作为社会成员的人所掌握和接受的任何其他的才能和习惯的复合体。”②这也是最为流行的经典定义,在人类学以及随后的文化研究中有着重要的影响。在人类学上,对于文化的定义,有多少个学派,就有多少个定义。

自泰勒之后,学者们又对文化做出了众多的定义和阐释。主要类型和代表性人物及观点如表 2-2 所示。

我国人类学家对文化比较一致的看法是:文化就是人们的生活方式和认识世界的方式。人们总是遵循他们已经习惯了的行为方式,这些方式决定了他们生活中特定规则的内涵和模型,社会的不同就在于他们文化模式

① 参见陈维政等:《转型时期的中国企业文化研究》,大连理工大学出版社 2005 年版,第 2 页。

② [英]爱德华・泰勒:《原始文化》,连树声译,上海文艺出版社 1992 年版,第 1 页。

的不同。从一般意义上说，文化可以定义和表示为人们的态度和行为，它是由一代代传下来的对于存在、价值和行动的共识。文化是由特定的群体成员共同形成的，成为社会与人们共同生活的基础。社会生活在很大程度上依赖于人们的共识，这种共识就构成了特定的文化。如中国人民大学沙莲香教授把文化定义为：所谓文化是凝聚在一个民族的世世代代的人的身上和全部财富中的生活方式之总体。生活方式包括行为方式和思考方式，而文化是各种行为方式和思考方式的整体，作为文化的生活方式，代表民族特点。[①]

表 2-2　西方学者关于文化的定义类型

类型	主要观点	代表性人物
列举和描述性的	文化包括一个社区中所有社会成员个人对其生活之社会习惯之反应以及由此而决定的人类活动	博厄斯(F. Boas)
历史性的	作为普通名词时，“文化”指人类的全部“社会遗传”，视为专有名词时，它的本质则指“社会遗传的某一特殊素质”	林顿(Linton)
规范性的	文化是一种具有特色的生活方式，或是具有动力的规范观念及其影响	林纳勃格(O. Lineburg)
心理性的	文化是满足欲求、解决问题和调适环境以及人际关系的制度	福德(C. S. Ford)
结构性的	一种文化乃历史上源起于为求生存所作的明显或含蓄之设计体系，此体系为此一群体之全部成员，或某部分之成员所共有	克拉克洪和凯利(C. Kluckhohu and W. I. Kelly)
遗传性的	文化的本质是通过团体中过去行为而累积与传授的	卡尔(L. J. Carl)

注：此表根据 A. L. 克娄伯(Kroeber)和 C. 克拉克洪(1952)的观点整理而成。

① 参见沙莲香：《二次战后美国社会心理学的发展与我国社会心理学建设》，《社会学研究》1986 年第 6 期。

2. 企业文化的内涵

如同文化的定义一样，到目前为止，企业文化尚无公认的定义。在英语中由于其出现的场合不同而有几种不同的称谓：organizational culture（组织文化）、corporate culture（公司文化）、enterprise culture （企业文化）、firm culture（公司文化）、company culture（公司文化）等。"企业文化"作为专业术语，最初出自 20 世纪 80 年代初的西方管理学界。

1）西方学者关于企业文化的定义

迪尔和肯尼迪（Dea l and Kennedy, 1982）认为，企业文化是各个层次上的员工的价值观和行为的总体及由此表现出的企业外在形象。[①] 企业文化由五个方面的要素组成：①企业环境，这是对企业文化的形成和发展具有关键影响的因素；②价值观，是企业文化构成的核心因素；③英雄人物，他们将企业价值观人格化，为员工提供了楷模；④典礼和仪式，即企业的日常惯例和常规，向员工表明了所期望他们的行为模式；⑤文化网络，即企业内部的"非正式"的信息传播渠道，是企业价值观和英雄人物传奇的"运载媒介"。

沙因（Schein，1985）出版了《组织文化与领导力》一书。在书中，沙因把企业文化描述为"一套基本假设"，即"企业文化是企业（群体）在解决外在适应性与内部整合性问题时，习得的一组共享假定。因为它们运作得很好，而被视为有效，因此传授给其成员，作为遇到这些问题时，如何去知觉、思考及感觉的正确方法"。[②]

霍夫斯泰德（Hofstede，1980）认为，企业文化是一种"企业心理"及组织的潜意识，它一方面在组织成员们的行为中产生影响，另一方面又作为"共同的心理特质"引导这些成员的行为。[③] 谢里顿和斯特恩（Sherridon and Stern，1996）认为，企业文化包含了由企业员工所共有的观念、价值取向以及

---

① 转引自范广垠：《企业文化的新界定与企业文化管理模型》，《华东经济管理》2009 年第 2 期。

② 参见［美］埃德加・沙因：《组织文化与领导力》（第四版），章凯等译，中国人民大学出版社 2014 年版，第 3 页。

③ G. Hofstede, " Culture and Organizations," *International Studies of Management &Organization* ,vol. 10,no. 4,1980,pp. 15-41.

行为等表现形式。这些外在表现形式以及传统可能与政治、经济或社会习俗有关,他们可能是围绕客户与员工的关系、社会地位、职业道德、坦率程度、个人与集体的关系以及工作方法而定的。①

戈夫曼(Goffman, 1979)认为,企业文化是人们相互作用而共同遵循的行为规范,例如使用的语言和行为的礼仪。②

霍恩斯(Horns,1980)认为,企业文化是员工在工作团体中逐渐形成的规范。③

布莱谢(Bleicher,1991)认为,文化赋予了一个企业与众不同、不容混淆的内外识别系统,组织文化对系统内每个成员的未来行为提出了期望,一定程度上就像自动驾驶一样,在社会生活中引导着人们的行为并不为人察觉。④

密克(Meek,1992)认为,文化应被理解成组织是什么,而不是组织有什么。⑤

2)国内学者对企业文化的定义

刘光明认为,企业文化是在一种从事经济活动的组织之中形成的组织文化,它所包含的价值观念、行为准则等意识形态和物质形态均为该组织成员所共同认可。⑥

陈维政等认为,企业文化就是一种以全体员工为中心,以培养具有管理功能的、系统的、完善的、适应性的精神文化为内容,以形成企业具有高度凝聚力的经营性理念为目标,使企业增强对外的竞争力和生存力,增强对内的向心力和活力的管理思想制度和方法。⑦

---

① 参见石伟:《组织文化》,复旦大学出版社2004年版,第11页。

② 转引自王庆燕、石金涛:《组织气氛与组织文化的研究脉络与异同》,《中国软科学》2005年第9期。

③ 转引自孔宪福、王静:《组织文化及其效能的心理学研究》,《西北师范大学学报》(社会科学版),2010年第5期。

④ 转引自艾亮:《企业文化建设研究》,天津大学博士学位论文,2012年。

⑤ 转引自张凌云:《西方文化(产业园)区利益相关方研究》,山东大学博士学位论文,2012年。

⑥ 参见刘光明:《组织文化与竞争力》,《经济管理》2002年第17期。

⑦ 参见陈维政等:《转型时期的中国企业文化研究》,大连理工大学出版社2005年版,第9~11页。

石伟认为,企业文化是组织在其内外环境中长期形成的以价值观为核心的行为规范、制度规范和外部形象的总和。①

陈丽琳认为,企业文化是一个由管理者引导,全体员工创造的一个不断发展的信息循环系统,是企业在一定价值观基础上形成的群体意识和长期的、稳定的、一贯的行为方式的总和,是由企业思想、信息网络、行为规范、企业形象等层次形成的系统架构。②

《中国文化组织大辞典》把中国学者和企业家对企业文化的认识划分为三大类:第一类是"总和说",即认为企业文化是企业物质财富和精神财富的总和。第二类是"同心圆说"或"三层次说",认为企业文化包括三个同心圆或三个层次,外层为物质文化、中间层为制度文化、内层为精神文化。第三类是"意识形态说",认为企业文化是企业的意识形态,是相对于大文化而言的企业微观文化。

3)企业文化定义的比较和研究视角分析

综合国内外学者对企业文化内涵的界定,对企业文化的理解,可以归纳为两大观点:一是从广义上说,企业文化是企业在其发展过程中创造的一切物质财富和精神财富的总和;二是从狭义上说,企业文化主要是企业以共同价值观为核心的经营管理的理念体系。前者以西方学者为代表,更强调企业文化是企业员工的价值观念,极其注重企业中的软环境;后者以中国部分学者为代表,经常把企业的硬文化包括进企业文化中去,认为企业文化也应包括企业物质环境、生产的产品等外层的物质文化。

综观中外学者对企业文化的定义,可以将其研究视角归为三类③:一是从文化人类学的角度理解的企业文化。这是一种广义的理解。它指出,企业文化是社会文化系统中的一种亚文化形态,同时企业文化本身又与社会文化系统的其他亚文化系统有区别。因此,企业文化是一种相对独立的子

① 参见石伟:《组织文化》,复旦大学出版社 2004 年版,第 242 页。

② 参见陈丽琳:《企业文化建设与导入 CIS 的区别——兼论企业文化管理的含义与结构建设》,《西南民族大学学报》(人文社科版)2005 年第 10 期。

③ 参见陈维政等:《转型时期的中国企业文化研究》,大连理工大学出版社 2005 年版,第 9～11 页。

系统文化。从这个角度理解,企业文化就是受企业经济活动及社会文化系统制约的,与其他子系统文化相互影响的,由企业生产经营人员共同创造的物质文化、精神文化、行为文化和制度文化等构成的复合体。二是从管理学的角度理解的企业文化。这是一种狭义的理解,它指出管理就是一种文化现象。企业体现在管理的硬件手段(组织结构、正式控制制度等)和软件手段(管理思想等)无一不是一种文化的凝结。从这个意义上说,企业文化是在企业管理过程中形成的组织制度、规章制度及共同的文化观念、价值准则、生活信念和发展目标以及由这些因素所形成的企业整体氛围、员工对这种文化氛围进行体会和认识之后所表现出来的行为等。在这里,把企业文化同企业的管理功能密切联系在一起。正如德鲁克指出的:"企业管理不仅是一门学科,还应是一种文化,即有它的价值观、信仰、工具语言的一种文化。"①三是从企业管理思想演变的角度理解的企业文化。这是对企业文化的特殊理解。它指出企业文化是企业管理思想演变过程中,适应现今时代要求而产生的一种新的管理思想和管理制度。与把人当机器来管理和物管人的思想不同,企业文化是以人为中心的管理思想,是以灵魂塑造为中心的管理思想,是以文化引导为根本手段,激发企业员工自动投入创造,自己不断创新的管理思想,是造成赢得企业成功的特殊个性的管理思想。正因为如此,托马斯·彼得斯(Thomas Peters)反复强调企业文化只是"一种全新的管理理论和方法"。②

2.3.2 企业文化理论的产生和发展

1.企业文化理论的产生

20世纪70年代末,日本经济实力的强大对美国乃至西欧经济形成了挑战,在这种形势下,人们注意到日美企业管理模式的不同。其中发现,理性化管理缺乏灵活性,不利于发挥人们的创造性和与企业长期共存的信念,而塑造一种有利于创新和将价值与心理因素整合的文化,才能真正对企业长

---

① 参见[美]彼得·德鲁克:《卓有成效的管理者》,许是祥译,机械工业出版社2020年版,第13页。

② 转引自曹晋彰:《二十世纪西方文化生产理论研究》,山东大学博士学位论文,2019年。

经营业绩和企业的发展起着潜在的却又至关重要的作用。

1981 年，美国加利福尼亚大学美籍日裔教授威廉·大内(William Ouchi)出版了他的专著《Z 理论——美国企业界怎样迎接日本企业的挑战》，该书分析了企业管理和文化的关系，提出了“Z 型文化”“Z 型组织”等概念，认为企业的控制机制是完全被文化所包容的。书中写道：“一个公司的文化是由其传统和风气所构成的。此外，文化还包含一个公司的价值观，如进取性、保守性、灵活性，即确定活动、意见和行动模式的价值观。经理们从雇员们的事例中提炼出这种模式，并把它传递给后代的工人。Z 理论文化具有一套独特的价值观，其中包含长期雇佣、信任以及亲密的个人关系。一家 Z 型公司的所有领域或方面，从其战略到人事，没有不涉及这种文化的，即使其产品也是由这些价值观所决定的。在所有这些价值观中，最重要的是 Z 型文化对其员工所施加的影响。事实上，一种 Z 型文化的人道化因素还扩展到公司之外。”①

1982 年，同样受日本经验的启发，美国哈佛大学教授迪尔(Deal)和麦金斯管理咨询公司的专家肯尼迪(Kennedy)在 20 世纪 70 年代末 80 年代初调查了近 100 家美国优秀企业，在此基础上写成了著名的《企业文化》一书。他们提出，杰出而成功的公司大都有强有力的企业文化，作者在书中把企业文化的构成归纳为五大要素：企业环境、价值观、英雄人物、文化礼仪和文化网络。其中，价值观是核心要素。该书还提出了企业文化的分析方法，应当运用管理咨询的方法，先从表面开始，然后逐步深入观察公司的无意识行为。

1982 年，美国著名管理学家彼得斯和沃特曼(Peters and Waterman)合著的《追求卓越》一书出版。书中研究并总结了 33 家优秀的革新性组织的管理，发现这些公司都以企业文化为动力、方向和控制手段，因而取得了惊人的成就，这就是企业文化的力量。该书译者讲到：在西方，越来越多的管理工作者发现，在经营的最成功的企业里，居第一位的并不是严格的规章制度

① [美]威廉·大内：《Z 理论——美国企业界怎样迎接日本企业的挑战》，孙耀君、王祖融译，中国社会科学出版社 1984 年版，第 169 页。

或利润指标，更不是计算机或任何一种管理工具、方法、手段，甚至也不是科学技术，而是企业文化。

除了上述三本经典著作外，美国管理学界1982年还出版了帕斯卡尔和阿索斯(Pascale and Athos)的《日本的管理艺术》一书。书中认为企业管理要抓住七个变量：战略(strategy)、结构(structure)、制度(system)、人员(staff)、作风(style)、技能(skills)、崇高目标(superor-dinate goals)，通常亦称之为“7S模式”。日本企业对一些软性的因素，如人员、作风、崇高目标相当重视，这是日本企业文化的独特之处，也是西方企业理论中相对较少涉及之处。①

上述四本几乎在同一时间出版的畅销著作，奏响了企业文化的最强音，被称为企业文化的“新潮四重奏”。这四本书的出版，标志着企业文化理论的诞生和企业文化研究的兴起。

企业文化研究在20世纪80年代就出现了两种方法的派别。一派是以美国麻省理工学院的沙因为代表的定性化研究，他们对企业文化的概念和深层结构进行了系统的探讨，也曾提出进行现场观察、现场访谈以及对企业文化评估的步骤等。但是由于这种方法难以进行客观的测量，在探讨组织文化与组织行为和组织绩效的关系时，难以进行比较研究，因而受到批评。另一派是以密歇根大学工商管理学院的奎因(Qumn)为代表的定量化研究，他们认为组织文化可以通过一定的特征和不同的维度进行研究，因此，他们提出了一些关于组织文化的模型，这些模型可以用于组织文化的测量、评估和诊断。但是，这种方法被归为现象学的方法，认为只是研究组织文化的表层，而不能深入组织文化的深层意义和结构。

1984年，奎因和肯伯雷(Kimberly)将奎因提出的用于分析组织内部冲突与竞争紧张性的竞争价值理论模型扩展到对组织文化的测查，以探查组织文化的深层结构和与组织的价值、领导、决策、组织发展策略有关的基本假设。该理论模型有两个主要维度：一是反映竞争需要的维度，即变化与稳

① 参见王水嫩：《企业文化理论与实务》，北京大学出版社2009年版，第24页。

定性;另一个是产生冲突的维度,即组织内部管理与外部环境。在这两个维度的交互作用下,出现了四种类型的组织文化:群体性文化、发展型文化、理性化文化和官僚式文化。竞争价值理论模型为后来组织文化的测量、评估和诊断提供了重要的理论基础。

1984 年,沙因教授发表了《对企业文化的新认识》一文,1985 年又出版了其专著《企业文化与领导》。他对组织文化的概念进行了系统的阐述,认为企业文化是在企业成员相互作用的过程中形成的,为大多数成员所认同的,并用来教育新成员的一套价值体系。沙因教授还提出了关于企业文化的发展、功能和变化以及建构企业文化的基本理论,他把组织文化划分为三种水平:(1)表面层,指组织的明显品质和物理特征(如建筑、文件、标语等可见特征);(2)应然层,位于表层下面,主要指价值观;(3)实然层,位于最内部,是组织用以对付环境的实际方式。沙因提出的关于企业文化的概念和理论为大多数研究者所接受,沙因也因此成为企业文化的研究的权威。[①]

2. 企业文化理论的发展

20 世纪 90 年代,随着企业文化的普及,企业组织越来越意识到规范的企业文化对其发展的重要意义,并在此基础上,以企业文化为驱动力推动企业发展。与此同时,企业文化研究在 20 世纪 80 年代理论探讨的基础上,由理论研究向应用研究和量化研究的方面发展,出现了理论研究的深入探讨、企业文化测量、企业文化诊断和评估的研究。

1)关于企业文化理论的深入研究

20 世纪 90 年代,西方企业面临着更为激烈的竞争和挑战,因此,企业文化的理论研究从对企业文化的概念和结构的探讨发展到企业文化在管理过程中发生作用的内在机制的研究,如企业文化与组织气氛(Schneider,1990)、企业文化与人力资源管理(Yeung,1991)、企业文化与企业环境(Has－sell,1998)、企业文化与企业创新(Birgitta,1997)等,其中具有代表性的有以下几种。

① 参见王水嫩:《企业文化理论与实务》,北京大学出版社 2009 年版,第 25 页。

1990 年，本杰明·斯奈德(Beenjamin Scheider)出版了他的专著《组织气氛与文化》，其中提出了一个关于社会文化、组织文化、组织气氛与管理过程、员工的工作态度、工作行为和组织效益关系的模型。在这个模型中，组织文化通过影响人力资源的管理实践、影响组织气氛，进而影响员工的工作态度、工作行为以及对组织的奉献精神，最终影响组织的生产效益。其中，人力资源管理对组织效益也有着直接的影响。

1990 年，霍夫斯塔德及其同事将他提出的民族工作文化的四个特征(权力范围、个人主义—集体主义、男性化—女性化和不确定性回避)扩展到对组织文化的研究，通过定性和定量结合的方法增加了几个附加维度，构成了一个企业文化研究量表。

1997 年，沙因的《组织文化与领导力》(第 2 版)出版，在这一版中，沙因增加了在组织发展各个阶段如何培育、塑造组织文化，组织主要领导如何应用文化规则领导组织达成组织目标、完成组织使命等内容，他还研究了组织中的亚文化。1999 年，沙因与本尼斯(Bennis)出版了他们的专著《企业文化生存指南》，其中用大量的案例说明了在企业发展的不同阶段企业文化的发展变化过程。

1999 年，迪尔和肯尼迪再次合作，出版了《新企业文化》，认为稳定的企业文化很重要，他们探寻企业领导在使企业保持竞争力和满足工人作为人的需求之间维持平衡的的途径。他们还认为，企业经理和企业领导面临的挑战是如何建立和谐的企业运行机制，汲取著名创新型公司的经验，激励员工，提高企业经营业绩，迎接 21 世纪的挑战。

2)关于企业文化的测量

1991 年，英国 JAI 出版公司的《组织变革与发展》第 5 卷刊出了 5 篇关于组织文化的论文，其中，有关企业文化测量的论文有 3 篇：①密歇根大学工商管理学院的丹尼森和斯伯莱茨(Denison and Spreitzer)发表了《组织文化和组织发展：竞争价值的方法》一文，主要介绍了竞争价值框架，描述在此框架下所定义的四种主要的文化取向，目的在于探讨竞争价值模型对于研究组织文化的作用；②科罗拉多大学工商研究生院和华盛顿美国医学院学会的学者们发表了《组织文化的定性研究和定量研究》一文，他们用聚类分析的方法提供了混合研究的范例；③密歇根大学工商管理学院的沙因和斯伯莱茨发表了《竞争价值文化量表的心理测验和关于组织文化对生活质量影响的分析》一文，阐明了不同文化类型与生活质量之间的密切关系。

1997年，皮埃尔·迪布瓦 & 联合公司(Pierre DuBois & Assocates Inc)出版的一套组织文化测量和优化量表(Organizational Culture Mea-surencnt and Optimization)，其中包括用于组织分析的模型和用于组织文化研究的步骤。其模型包括七个方面：①社会一经济环境(包括社会文化环境和市场竞争等)；②管理哲学(包括使命、价值观、原则等)；③对工作情景的组织(包括企业组织结构、决策过程等)；④对工作情景的知觉(包括对工作的知觉和管理的知觉)；⑤反应组织行为(包括工作满意度、工作压力、工作动机和归属感等)；⑥企业经营业绩(质和量两方面)；⑦个人和组织变量(包括年龄、职位、个人价值观等)。

3)企业文化的诊断和评估

1992年，哈里森和斯托克斯(Harrison and Stokes)在《诊断企业文化——量表和训练者手册》中确定了大部分组织共同具有的四种文化，在此基础上，针对不同企业进行相应的变化，这种诊断可用于团队建设、组织建设、组织发展、提高产量等。

1998年，基姆·卡梅伦(Kim S. Cameraon)和奎因出版的《诊断和改变企业文化：基于竞争价值理论模型》专著为诊断组织文化和管理能力提供了有效的测量工具，为理解企业文化提供了理论框架，同时也为改变组织文化和个人行为方式提供了系统的策略和方法。

2000年7月3～7日，沙因教授在美国的科德角(Cape Cod)2000论坛举办为期一周的讲座，其主题为“过程咨询、对话和组织文化”。

4)“互联网+”企业文化的研究

互联网和移动互联网的兴起，极大地推动了组织管理的变革，同时也给企业文化的发展与变革带来了契机，提出了崭新的课题。“互联网+”企业文化，必然对企业文化的管理方式、变革方式和传播方式带了新的变化。

有关互联网时代企业文化的创新，学者们开始进行研究和探索。宋伟和潘力较早注意到互联网对企业组织变革的影响，从网络时代企业经营环境新变化出发，提出了应加强高度信任文化、开放合作文化、学习型文化、团队文化和灵活适应性文化的建设。[①] 谢梅在分析企业文化与网络经济本质内涵的基础上，提出了企业文化与员工行为的互动模型和企业文化再造模型。[②] 杨洁指出，在互联网时代，应增强企业文化各要素传播的完整性、针对性和互动性。[③] 韩树杰认为应对互联网时代挑战，企业文化应在变与不变中寻找平衡，企业核心价值观必须建立在深刻理解人性、为用户创造价值的基础上，企业精神内核的外化形式应是多样化的，能够且与时俱进。[④] 王成荣提出，在开放的社会环境中互联网和移动互联网的普及应用，以其系统的开放性、内容的共享性、成本的低廉性、传播的交互性、竞争的公平性、沟通的有效性和速度的快捷性等优势，大大推动了企业的社会化和民主化进程，彻底改变了企业文化生态。[⑤]

2.3.3 企业文化的类型与功能

1. 企业文化的类型

企业文化的类型是企业文化理论的重要内容之一。自企业文化理论诞生之日起，专家学者们就对其进行了大量的研究。但由于企业文化内容涵盖甚广，影响因素较多，文化特征各异，因此，学者们对企业文化分类的角度、方法各异，研究结果也各不相同。

(1)哈佛大学教授迪尔和麦肯锡公司的管家肯尼迪在他们合著的《企业文化——企业生存的习俗和礼仪》(1982)一书中，根据企业经营活动的风险程度及雇员工作绩效的回馈速度，划分了四种类的企业文化：强人文化、“拼命干，尽情玩”文化、赌博文化、过程文化。如图 2-2 所示：

---

① 参见宋伟、潘力：《网络经济条件下企业文化的新发展》，《西南民族学院学报》(哲学社会科学版)2002 年第 1 期。

② 参见谢梅：《网络下的组织结构创新》，《经济月刊》2002 年第 6 期。

③ 参见杨洁：《企业文化建设过程中心理契约违背的治理研究》，《中国市场》2008 年第 13 期。

④ 参见韩树杰：《互联网时代企业文化的变与不变》，《中国人力资源开发》2014 年第 20 期。

⑤ 参见王成荣：《互联网冲击下的企业文化管理新视界》，《中外企业文化》2014 年第 4 期。

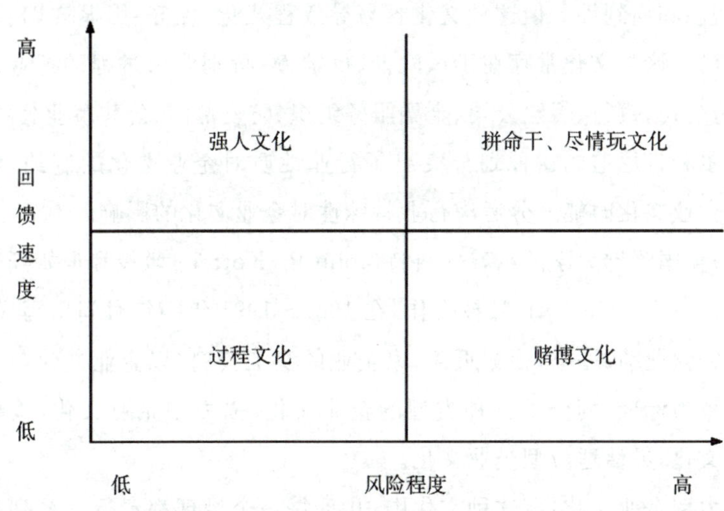

图 2-2　迪尔和肯尼迪的企业文化类型

强人文化：员工们敢于冒险，都想成就大事业，对于所采取的行动的正确与否，能迅速获得反馈。其优点是对高风险的事业和环境有较强的适应性和承受力，不怕失败，敢于决断，动力十足；缺点是追求短期行为和效益，争做个人英雄，公司价值观必须服从个人的价值观。强人文化存在于高风险、快回馈的行业，如证券、广告、影视、公关、体育活动等行业。

“拼命干，尽情玩”文化：这是一种工作和娱乐并重型文化。员工们对于工作和生活都很重视、很认真、行动迅速，群体协作精神很强，适合于完成工作量大且反复调整的工作。这种文化存在于行业风险小，但绩效反馈极快的企业，如房地产经纪公司、计算机公司、汽车批发商、大众消费公司等。

赌博文化：这种文化表现为决策过程的反复权衡和深思熟虑，一旦决策做出便坚持到底，强力推进。在没有反馈的情况下也必须坚持到底，就此一搏。这种企业文化适用于高风险、反馈慢的环境，如石油开采、矿产开采、航空航天、原创性新产品开发等行业。

过程文化：过程文化的优点是强调过程的重要性，它养成了文化的细致性、周密性和周到性。但这种文化容易导致程式化、保守、因循守旧、烦琐和忘记大局。这类文化常存在于风险低、反馈慢,特别要求过程的行业。如学校、制药公司、银行、保险公司、金融服务组织、防疫部门、公共事业公司等。

迪尔和肯尼迪的这种划分突出了行业性质对企业文化的制约,使企业在培育企业文化时能充分考虑行业特殊性对企业文化的影响。

(2)美国哈佛大学的约翰·科特(John P. Kotter)教授和詹姆斯·赫斯克特(James L. Heskett)教授合作,在 1987～1991 年四年时间里写成《企业文化与经营业绩》一书,根据近 40 家企业的实证资料,以企业文化与企业业绩的关系为标准,划分了三种类型的企业文化:强力型企业文化,策略合理型企业文化,灵活适应型企业文化。

强力型企业文化:在这种文化中,几乎每一个经理都奉行一系列基本一致的共同价值观念和经营方法,企业新成员们也会很快接受这些观念、方法。拥有强力型企业文化的公司,其员工方向明确,步调一致,共同的价值观念和行为方式使他们愿意为企业出力。在这些公司中存在着一些具有十分普遍的特点的行为方式,这种行为方式使员工觉得劳有所获。约翰·科特和詹姆斯·赫斯克特经过大量的研究得出结论:强力型企业文化和企业良好的经营业绩并没有必然的因果联系,因为企业文化的旗手既可能将文化引向成功,也可能将企业带向衰败。

策略合理型企业文化:这类企业强调企业文化的适应性。企业中不存在抽象的、好的企业文化的内涵,也不存在任何四海皆准、适应所有企业的克敌制胜的企业文化。只有当企业文化“适应”企业环境,这种文化才是好的、有效地文化。策略合理型文化认为,与企业良好业绩相关联的企业文化,必须是与企业环境、企业经营策略相适应的文化。企业文化的适应性越强,企业经营业绩越好;而企业文化的适应性越弱,企业经营业绩越差。

灵活适应型企业文化:这种文化是指那些能够使企业适应市场环境变化,并在这一适应过程中领先于其他企业的企业文化,才会在较长时间与企业经营业绩相联系。科特引用美国管理学家拉尔夫·基尔曼(RalphKilman)的观点,认为市场适应程度高的企业文化必须具有在公司员工个人生活中和公司企业生活中都提倡信心和信赖感、不惧风险、注重行为方式等特点；企业员工之间相互支持，勇于发现问题、解决问题；公司员工彼此相互信赖、相互信任、互不猜疑，具有能够排除一切困难、迎接各种机遇的能力；企业员工工作热情高，具有愿意为公司发展牺牲一切的精神；公司员工还敢于变革，对变革持欢迎态度。

约翰·科特和詹姆斯·赫斯克特对上述企业文化三种类型的分析，表明各种类型的企业文化都有优势，应该把它们结合起来。他们进而强调，促进企业经营业绩增长的企业文化在开始建立时，至少有两点十分关键：一是企业家必须拥有（或创立）与市场环境相适应的企业文化、与核心价值观相符的经营指导思想；二是必须制定一个能够适应市场经营环境并能带来经营成就的企业经营策略，从而使企业家在特定的消费群体中具有很高的信誉程度。

(3)密歇根大学的奎因和卡梅伦(1980)从企业文化角度考虑影响企业效率的关键问题，从而提出"竞争性文化价值模型"。他们认为组织弹性—稳定性—外部导向—内部导向这两个维度能够有效地衡量出企业文化的差异及对企业效率的影响，据此，可以划分出四种类型企业文化。如图 2-3 所示：

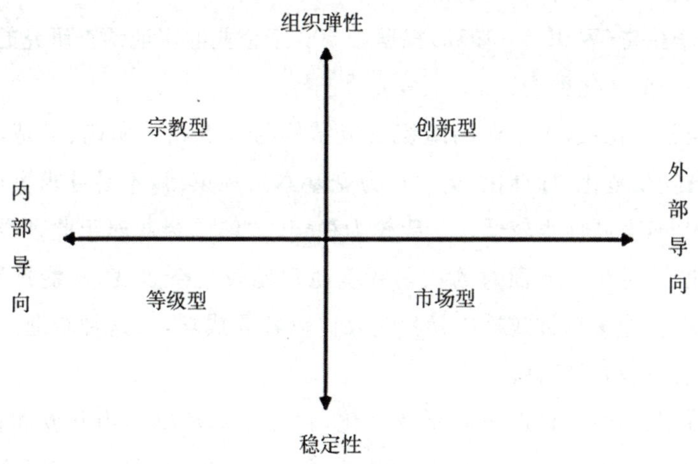

图 2-3　奎因和卡梅伦的企业文化分类

等级型文化:具有规范化、结构化的工作场所以及稳定式的工作方式。企业领导在其中扮演协调者、控制者的角色,重视企业的和谐运作。人们更关心企业长远的稳定,尽量避免未来的不确定性,习惯于遵守企业中的各种制度和规范。

市场型文化:指企业的运作方式和市场一致。这类企业的核心价值观在于强调竞争力和生产率,更关注外部环境的变化,企业要在市场中生存,只有不断提升自己的竞争优势。因此,市场型文化中往往有一个明确的发展目标和主动进攻的战略姿态。

宗教型文化:宗教型文化有着共同的目标和价值观,讲究和谐、参与和个性自由,这类企业更像是家庭组织的延伸。认为外部环境能够通过团队的力量来控制,而顾客则是最好的伙伴。日本很多企业属于这种类型,他们认为企业存在的重要目的在于提供一个人文的工作环境,而管理的主要内容则只是如何激发员工的热情,如何为员工提供一个民主参与的机会。

创新型文化:创新型文化的基本观点认为,创新与尝试引领成功。为了明天的竞争优势,企业要不断创造出新思维、新方法和新产品,而管理的主要内容就是推动创新。在这类企业中,项目团队是主要的工作方式,组织结构时刻随着项目的变化而改变。

(4)华拉奇(Wallach,1983)根据对 500 家企业的实证调查研究的结果提出了三种企业文化类型:

官僚型文化:这类企业的组织层级结构与权责相当明确、清楚,工作内容大都已经规范化、标准化,员工行为受基本法规束缚,不易寻求突破,因此适应性较弱,发展性也较低。一般较为稳定、成熟的企业属于此种类型。创新型文化:此种企业所面对的竞争环境通常比较复杂多变,不能预测,充满风险,具有企业家精神或雄心勃勃的人比较容易成功,在这种企业文化下工作较有创造性和风险性。

支持型文化:这种形态的企业文化,它的组织环境相当开放和自由,整个气氛相当和谐,具有一家人的感觉,在这个整体的组织中具有高度的支持与信任，相当注重人际关系。[①]

除了上述的企业文化分类，德国慕尼黑大学教授海内姆(Hemem，1987)还指出了企业文化的 16 种类型。他用了三个标准划分：一是企业作为一个控制系统的强弱；二是企业文化自身在企业中的牢固程度和一致程度；三是企业文化和现有领导系统的关系。日本学者河野义弘(1992)在调查了上百家企业后，将企业文化归为五种类型，日本野村综合研究所(1986)以组织与环境相互关系为标准，区分了四种文化类型。日本的渔泽正和上野征洋以行动基本方向为横坐标，以对待环境的态度为纵坐标，把企业文化类型分为自发革新型、重视分析型、重视同感型和重视真理型四种。[②] 布莱克和莫顿(Blakeand Mouton)发展了领导风格的二维观点，在"关心人"和"关心生产"的基础上提出了管理方格论，布莱克和莫顿选取和阐释了五种具有代表性的类型，认为不同的管理风格表现出来不同的企业文化特征。高菲与琼斯(Goffee and Jones，2003)将企业文化用社交性与团结性这两个维度来表达，提供实际的解决方法，帮助管理者了解、评估、重塑企业的文化。此架构运用两个已完全确立的社会学概念——社交性(Sociability)及团结性(Solidarity)，他们描述两种一般形态人类关系，导出了"双 S 立方体"的模型。[③]

2. 企业文化的功能

企业文化的功能是指企业文化发生作用的能力，也即企业在这一系统、组织文化导向下进行生产、经营、管理中的作用。

1)国外学者关于企业文化功能的观点

(1)哈罗里格等人(Hellriegal et. al. ，1989)认为，企业文化可以发挥四个方面的功能：[④]

第一，成员了解企业的历史传统和现行经营方针。

---

① 参见陈维政等：《转型时期的中国企业文化研究》大连理工大学出版社 2005 年版，第 25～26 页。

② 参见梁福兴、吴忠军：《民俗旅游学概论》，中国林业出版社 2009 年版，第 152 页。

③ 参见陈维政等：《转型时期的中国企业文化研究》，大连理工大学出版社 2005 年版，第 25～26 页。

④ E. C. Martins，F. Terblance，"Building organisational culture that stimulates creativity and innovation，" *European journal of innovation management*，vol. 6，No. 1，2003，pp. 64-74.

第二，使成员认同企业经营哲学和信条，并进一步鼓励成员对企业奉献心力。

第三，使成员接受企业规范，企业规范则具有引导成员表现出企业所期望的行为之控制机制作用。

第四，某些企业文化特质能够提升组织的效能和生产力。

(2)席尔和马丁(Siehl and Martin，1987)认为，企业文化具有六个功能：①

第一，企业文化提供给成员一种对组织过去事件合理的解释，因而便利了成员了解他们在未来类似事件中应有的表现。

第二，当成员能够认同企业的价值信仰和管理哲学时，他们会认为他们为组织所做的努力是有意义的，有价值的。

第三，企业文化使成员产生一种社区意识(a sense of community)，组织成员所共享的价值观念则成为社会化新进成员的利器。

第四，企业文化划定了企业的界限，成员会以文化特质的有无划分内团体成员和外团体成员，企业对内团体成员行为期望自然有别于其对外团体成员的期望。

第五，企业文化具有控制成员行为，尤其是禁止成员不当行为的机制作用。

第六，一个尊重人性的强势企业文化，能提升企业的生产力和获利能力。②

(3)科特和赫斯克特(1992)认为强力型企业文化具有下列三种效果：

第一，目标的一致性，使得成员的步伐一致。

第二，由于有着共同的价值观，会对员工产生内在激励。

第三，不需要依赖正式的科层结构，就能提供组织所需要的结构与控制。

---

① P. M. Wright, T. M. Gardner, L. M. Moynihan, et al., "The Relationship Between HR Practices and Firm Performance: Examing Causal Order," *Personal Psychology*, vol. 58, no. 2, 2005, pp. 409-446.

② 参见石伟：《组织文化》，复旦大学出版社2004年版，第146页。

2)国内学者关于企业文化功能的观点国内学者(王水嫩[①],2009;王文臣[②],2008)认为,企业文化一般具有以下功能:

(1)导向功能:是指企业文化对企业整体及企业成员个体思想行为的方向起引导作用,企业文化反映了企业整体的共同追求、共同价值观和共同利益,能够使员工朝着确定的目标而努力。

(2)约束功能:是指企业文化对企业员工个体思想、心理和行为具有约束和规范作用。企业文化带来了无形的、非正式的和许多不成文的行为准则,员工们自觉接受文化的规范和约束,在共同价值观的指导下进行自我管理和控制,在很大程度上弥补了单纯硬约束带来的不足和偏颇。

(3)激励功能:是指企业文化能够最大限度地激发员工的积极性和首创精神。企业文化具有使企业成员从心底产生一种高昂情绪和奋发进取精神的效应,有利于企业形成良好的激励环境和激励机制,这种激励机制和环境可以使企业行政指挥和命令成为一个组织过程,将职工的被动行为转化为自觉行动,化外部压力为内部动力,使员工行为和企业行为趋于合理。

(4)凝聚功能:是指企业的价值观被企业员工认同后,他就会成为一种精神黏合力,从各个方面把其成员聚合起来,从而产生一种巨大的向心力和凝聚力。

(5)辐射功能:也称“外部功能”。企业文化一旦形成较为固定的模式,就不仅在企业内部发挥作用,对本组织员工产生影响,而且还要通过公共关系与外界公众进行双向交流,企业的服务和产品销售也会把企业的价值体系反映到外界去,企业的形象则以综合的形式把自身文化的丰富内涵昭示于众。所有这些都将产生热力辐射般的作用。

2.4　企业文化与持续竞争优势关系的相关研究

管理学领域的任何理论研究,最终都要落实同一个因变量——竞争优

① 参见王水嫩:《企业社会责任运行机制研究》,《企业家天地》2009 年第 5 期。

② 参见王文臣:《基于企业竞争力的企业文化理论与实证研究》,经济科学出版社 2008 年版,第 41 页。

势。因为，如果该理论不能给企业带来竞争优势，也就不能说该理论是对企业有效的，在实证研究领域更是如此。企业文化的研究虽然早在20世纪80年代就受到了学术界的重视，但使其真正成为研究热点的原因，都是因为学者们将其与企业绩效或竞争优势理论联系在一起。因为，在早期的企业文化研究中，虽然学者们认识到企业文化在企业管理中的重要作用，但是都没有评价企业文化作用的有效标准。也就是说，学者们并不清楚哪些组织的文化是最有效的，或者说是值得进行总结和研究的。在竞争优势理论出现并逐步完善之后，学者们通过该标准进行研究对象的选择，开始从不同的角度揭示企业文化与竞争优势的关系。

为了能够更好地对本领域的研究进行回顾，本书对已有的文献进行了梳理和整合，并界定了研究的视角，对企业文化与持续竞争优势的关系进行回顾。

2.4.1 基于经济学视角的研究

从经济学的视角研究企业文化，比较典型的就是新制度经济学中的文化价值观。在制度经济学的分析框架里，制度作为研究对象，有着丰富的文化内涵。制度经济学演进的必然结果是把文化纳入经济学研究的范围。文化作为一组通过教育和模仿而继承下来的行为习惯，对各种制度安排的成本产生影响。

新制度经济学家在研究正式制度的同时，并没有忽视意识形态、伦理道德、文化传统等非正式制度因素的影响。舒尔茨(Schultz，1969)将“制度”定义为管理人们行为的一系列规则，这些规则涉及社会、政治及经济行为。这一定义为以后研究制度的学者所接受。[①] 柯武刚和史曼飞(Worfgang Kasper and Manfred E. Streit，2000)认为，制度是人类相互交往的规则，它抑制着可能出现的、机会主义的和乖僻的个人行为。[②] 道格拉斯·诺斯(Douglosse C. North)非常重视制度构成中的历史因素、传统力量和文化作

① 参见李丽、宁凌：《企业发展的核心要素：文化资本》，中国经济出版社2006年版，第40页。

② 转引自黄新华：《中国经济体制改革的制度分析》，厦门大学博士学位论文，2002年。

用,他更愿意用"意识形态"一词。[①] 诺斯认为,意识形态的经济功能主要表现在:(1)它是一种节约信息费用的工具;(2)成功的意识形态能有效地克服长期困扰组织的"搭便车"问题;(3)可以减少正式制度实施与执行的费用。在诺斯等人看来,文化作为秩序的伦理基础,是一种"意识形态",不仅是减少经济秩序交易费用的重要制度基础,更重要的是它对经济主体创新和进取精神的推动,具有和产权界定匹敌的巨大作用,可以提供选择性经济动力激励等方面的产出,是有效率的经济组织的基础。近代资本主义的兴起与日本的迅速崛起,无不证明了这一点。而这也是马克斯·韦伯《新教伦理与资本主义精神》的主旨。企业文化可在企业内部形成一定的思维框架和评价参照体系,也可谓之"心灵结构",成为一种集体无意识机制,促进和制约管理活动的发展,而且保证企业发展的连贯性。如企业不会因为公司领导层的变迁而引起公司具体行为的起落,具有持久性和延续性,这就是百年企业的立足根本。当然,同时也应该注意到,企业文化可能显现出高度的"路径依赖",使之在演进中受到自身的阻碍,因此企业的领导者应该有意识、有目的地塑造奋发有为的企业文化,并能不断再造,实施创新变革。

阿尔钦(Alchain)、德姆塞茨(Demsetz)在《生产、信息费用与经济组织》一文中提出了"团体生产"(team production)理论。认为企业实际上是一种团队生产方式,团队生产的意义在于多要素的组合,实现"1+1>2"。然而,在团队生产中,由于人的机会主义倾向会诱致偷懒行为,即团队成员缺乏努力工作的积极性。而企业在生产经营中所体现出的一种"团队精神",能从根本上有效地制约生产中的偷懒问题等道德风险,实现了"团队生产""联合劳动"的高效率。因此,团队精神对于企业的发展是必不可少的,它是企业赖以成长的丰厚土壤,能够推动企业的持续发展。

斯坦福大学的克雷普斯(Kreps)在其《企业文化和经济理论》一文中用博弈论来解决企业文化。[②] 克雷普斯从博弈论的角度研究了企业文化对形

① 参见[美]道格拉斯·C.诺斯:《制度、制度变迁与经济绩效》,刘守英译,上海三联书店 1994 年版,第 225 页。

② 参见吴文盛:《企业核心竞争力的文化根源》,中国经济出版社 2006 年版,第 73~74 页。

成预期和信任的重要性，打通了企业文化学与经济学之间的通路："企业文化……完全按原则行事，它给了科层下级一个组织如何应对问题发生的事前意识——在很大程度上，它赋予了组织的一致性。"从根本上说，惯例的生命力依赖于一群博弈者间相互强化的预期，这预期是关于其他博弈者如何行为的。企业文化"就意味着企业中这些相互强化的预期。可以说，企业文化是特定的价值取向、工作方式、公司内部的交往习惯、公司发展目标的意识形态化，能够从人的思想意识中起到管理作用"。①

综上所述，尽管这些学者研究的重点不同，使用的术语各异，研究方法上也存在差异，但其最终结论却惊人的一致：所有的企业都有着自己的文化，这些企业文化均对企业员工和企业经营业绩产生着巨大的影响作用，特别是当市场环境竞争激烈的时候更是如此。这种文化的影响甚至大于企业管理研究和经营策略研究中经常出现的那些因素——经营策略、企业组织结构、企业管理体制、企业财务分析手段以及领导艺术等。正如美国IBM公司前总裁小沃森(Watson)所说："就企业相关经营业绩来说，企业基本经营思想、企业精神和企业目标远比技术资源或经济资源、企业结构、发明创造及随即决策要重要得多。当然，所有这些因素都极大地影响着企业经营业绩。它们无一不是源自企业员工对企业基本价值观念的信仰程度，同时源自他们在实际经营中贯彻这些观念的可信程度。"②

2.4.2 基于管理学视角的研究

1986年，美国加利福尼亚大学的巴尼研究了企业文化与持续的、优异的财务业绩之间的关系，以及在何种条件下企业文化可以转化为企业的持续竞争能力的问题。巴尼对文化与财务业绩这两个相互关联的概念进行了解释，并将文化定义为"限定企业从事业务方式的一系列价值观、信仰和象征符号"。根据这一概念，"文化不仅决定了谁是与之相关的雇员、顾客、供应

---

① D. Kreps ，"Corporate Culture and Economic Theory，" *Perspectives on Positive Political Economy*，Cambridge (MA)，Cambridge University Press. 1984，pp. 90-143.

② 转引自李丽、宁凌：《企业发展的核心要素——文化资本》，中国经济出版社2006年版，第52页。

商和竞争者，还决定了一个企业如何对待它们的方式”。巴尼认为，一个公司的财务业绩从微观经济学的角度可以分为三种：正常业绩、优异业绩和低于正常的业绩。正常业绩就是维持一个组织生存的业绩，优异业绩创造“高于正常投资回报的业绩”，低于正常的业绩是“低于正常投资回报的业绩”。一个企业的优异业绩可能是暂时的，也可能是持久的。从微观经济学的角度看，当一个企业获得优异业绩之后，它会成为其他竞争者模仿的对象，使这个企业的边际利润下降，财务业绩水平降低，直到这个企业的财务业绩回到正常业绩。模仿的最终结果是竞争加剧，没有任何一个企业获得“优异业绩”，所有企业都回到正常业绩水平。但是巴尼认为，有的企业却可以不受模仿者的制约，获得一种持续竞争优势，这种竞争优势可能来源于企业持续的优异业绩，而这种持续的优异业绩有可能来源于企业文化。[①]

根据巴尼的论述，构成企业“持续竞争能力”的企业文化必须具有价值性、稀缺性和难以模仿性等方面的特征。巴尼认为，一种企业文化要提供持续竞争优势，首先必须具备价值性，这种“价值性”表现在这种文化所带来的行为方式会使企业产生高的销售额、低的生产/服务成本、高的边际利润或其他产生经济价值的方式。所谓稀缺性表现在它不是其他许多公司所具备的，根据经济学家赫谢内夫(Hirshleifer)的观点，如果某种企业文化是其他许多公司都具备的，市场竞争的结果就不可能为它带来“优异业绩”，它也就不可能成为企业的持续竞争优势。巴尼注意到，只有当企业的文化注入领导人独特的个性，反映企业独特的历史或企业成长的独特环境时，这种企业文化才可能具备稀缺性。如果这种文化同时具备价值性，那么它有可能带来企业的持续竞争优势。关于难以模仿性，巴尼提出这样一种观点：一个有价值的、稀缺的企业文化可能也是难以模仿的。这首先是因为对于观察者来说，企业文化是一种“无言的”(unspoken)、被企业内部人认为是自然而然的群体行为方式。它很难用语言来加以描述，当然也就很难模仿了。巴尼

① J. Barney ,“Organizational Culture: Can It Be a Source of Sustainable Competitive Advantages,” *Acadamy of Management Review*, vol. 11, no. 3, 1986, pp. 656-665.

认为，即使我们可以准确描述一种企业文化的特征，但企业文化因为其独特的历史以及在这历史过程中演绎出来的融汇了企业价值观、信仰、象征符号的“组织传奇”，所以这种有价值的、稀缺的企业文化可能仍然是难以模仿的。巴尼为此提出的第三个理由是，对于模仿者来说，要改变自身的文化，模仿一个成功的竞争对手的文化，这本身是一件存在内在矛盾的、极其困难的事情。

从以上分析可以看出，巴尼运用波特的竞争战略理论和谢内夫的经济理论，从研究文化与企业的财务业绩之间的关系入手，提出了构成企业持续竞争优势的企业文化基本特征，开启了20世纪80年代中期以后研究文化竞争力的新的方向。但他的研究，基本上是一种经验式和体验式的归纳推理。

有的西方学者从战略原理和人力资源原理的角度来研究企业文化与企业竞争优势的关系。2005年11月，布兰迪·彭灵顿(Brandy Pennington)在*Executive Excellence*杂志上发表《注重结果测量》一文，提出了从战略转变的角度，建立一种“结果文化”的建议。布兰迪·彭灵顿从战略高度将企业划分为三类：已经公司(has-been companies)——那种提供普通的产品与服务“过得去”的公司；将要公司(wanna-be companies)——那种光有理想没有行动的公司；英雄公司(hero companies)——那种与顾客、雇员甚至整个社区保持沟通的公司，是既注重行为规范又注意细节，将企业文化转化为竞争优势的公司。英雄公司倡导“结果文化”，又称“引人注目文化”(compelling culture)。它的特征是：注重结果、关系、诚意的一系列信仰与价值观；领导与经理人员以身作则；员工愿负自己的责任从而将顾客转化为有价值的伙伴；在个人、经理、团队与部门之间存在着互敬、合作与互信；将个人、团体、部门的目标与整个企业的目标协调一致；持续改进与创新；留住高素质的价值人才。彭灵顿认为，这种“引人注目文化”是能够带来竞争优势的文化。为了获得这种竞争优势，他还提出了一些具体的建议。

然而，企业的竞争战略并不会自然而然地带来企业文化的变革，企业战略一旦制定，这仅仅是一个写在纸上的蓝图，要使之变成现实，还必须改变员工的行为。1992年，威汉姆·华伦（Wilmhelm Warren）在《行政管理人员》杂志上发表《改变公司文化，还是改变公司行为？——如何改变你的公司》一文，提出可以通过改变企业员工的行为方式来保持一个企业的文化强势和竞争优势。华伦力图将企业的总体战略与企业的人力资源战略和具有竞争力的企业文化三者紧密结合起来。其思路是，要实现企业的总体战略必须制定相应的人力资源战略。因为这些战略是需要具备相应的能力的人来完成的；要实施组织的人力资源战略，就要改变员工的行为；要改变员工的行为，必须通过建立有竞争力的企业文化，对员工的行为方式与学习方式施加持续的影响力。

1999年，艾伦·丹尼尔（Ellen Daniell）的《强化企业文化，建立竞争优势：对劳动力计划的新审视》一文，论述了由于企业重组（Restructure）、重新设计（Rightsizing）、企业再造（Reengineering）这“3R”给企业人力资源管理所带来的忠诚度下降、士气低下、奉献精神下降并最终导致员工流失的问题。丹尼尔提出了将企业人力资本与财务资本合二为一的方法来确立企业文化竞争优势，并将这种通过人力资本强化企业文化竞争力的方法称为“3C”，即文化、沟通与能力。

2004年，马丁·马奎特（Martin Marquardt）、凯因·史密斯（Kein Smith）、杰斯·布鲁克斯（Jess L. Brooks）在美国《绩效改进》杂志上发表了《绩效改进一体化：通过流程、技术与文化管理企业的变革》一文，提出了将流程、技术与文化变革“三位一体”的理论模式，并集中论述了“绩效文化”的概念与内涵。他们回顾了过去几十年内，人们在技术改进、流程再造、质量提高方面所遇到的挫折，认为企业在精益生产、企业再造、六西格玛等流程与技术改进方面屡受挫折的教训表明：企业文化才是企业变革的最大障碍，也是企业变革的最重要的因素。因此，单纯地从流程或技术上的改进，无法取得企业业绩的持续提高，必须“将流程、技术、文化从战略上加以平等管理”，因为它们本身是“相互影响的变革因素”。

2.4.3　基于理论模型与实证的研究

当人们无法从理论上更好的阐释企业文化这一复杂“聚合物”时，另一批学者力图在理论模型的基础上进一步进行实证分析。比较具有代表意义的是科特、赫斯克特的企业文化三种类型和丹尼尔森的文化特征模型。

1992年,科特和赫斯克特在《企业文化与经营业绩》一书中提出了三种类型的企业文化假设并加以实证,显示了企业文化竞争力的研究从体验观察、理论模型与实证研究相结合的新的发展方向。科特和赫斯克特的企业文化理论是基于对这样一个问题的研究:什么样的企业文化有利于企业的长期经营业绩的提升?书中还指出,“企业文化对企业的长期经营绩效有重大作用”,“在下一个10年内企业文化很可能成为决定企业兴衰的关键因素”。他们通过长达11年对22个行业207家企业进行跟踪考察研究,最后提出并验证了三种类型的企业文化假设:强力型企业文化、策略合理型企业文化、灵活适应型企业文化。科特和赫斯克特通过企业文化力量指数、经营业绩指数、资本年平均回报率、企业股票价格、年平均增长率等量化指标的分析,显示了企业文化影响企业长期绩效这一明显而长期以来又无法确证的关系。他们得出结论:重视企业文化的公司在总收入、企业员工数量、公司股票价格和净收入方面都有很大增长,而不重视企业文化的公司在总收入、企业员工数量、公司股票价格和净收入方面的增长幅度很小。如表2-3所示:

表2-3 企业文化对经营业绩的影响①

业绩因子	重视企业文化的公司	不重视企业文化的公司
总收入平均增长率	682%	166%
员工数量增长	282%	36%
公司股票价格	901%	74%
公司净收入	756%	1%

① 参见[美]约翰·科特、詹姆斯·赫斯克特:《企业文化与经营业绩》,李晓涛等译,华夏出版社2003年版,第15～16页。

1995 年,美国密歇根大学的丹尼森(Denison)与宾利法尼亚大学的米歇娜(Mishra)两位学者在美国的《组织科学》上发表了《组织文化与绩效的理论》一文,运用定性分析与定量分析相结合的方法,提出了一个分析组织文化与组织绩效内在关系的理论框架;在此基础上以 764 个组织为分析对象,通过问卷调查与统计分析,揭示了组织文化的四个特征与组织绩效之间的内在关系。在对样本企业调查过程中,丹尼森在前期调查的基础上,选取了与企业绩效紧密相关的四个特征——参与度(Involvement)、适应性(Adaptability)、使命感(Mission)与一致性(Consistancy),提出了他们的文化特征模型。如图 2-4 所示。①

外部导向性	适应性	使命感
组织弹性	参与度	一致性
	灵活性	稳定性

图 2-4　丹尼尔森的文化特征模型

参与度是指员工对企业的参与程度,它带来"某种程度的主人感与责任感",而"主人感又会产生对组织更大的奉献和自主状态下的更大能力"。参与度的指标又可以细分为投入与合作两个次级指标。一致性是指一种企业文化的内在稳定性程度。"一致性的积极影响在于它能提供一体化与协调性;其消极面在于它会成为适应与变化的阻力。"一致性的指标又可以细分为趋同性和可测性两个次级指标。适应性是指通过企业内部变化适应企业外部环境的能力,适应性的指标又可以细分为变化与反应这两个次级指标。

① D. R. Dension, A. K. Mishra, "Toward a Theory of Organizational Culture and Effevtiveness," *Organization Science* ,vol. 6, no. 2,1995, p. 214.

使命感融合了企业的经济与非经济的目标,为企业的成员提供了工作的意义与努力的方向;它着眼于企业稳定性与方向。使命感的指标又可以细分为方向与愿景这两个次级指标。

在文化特征模型中,从水平方向看:参与度与一致性体现的是企业的内部整合性;适应性与使命感体现的是企业的外部导向性。从垂直方向看:适应性与参与度展示了一个企业保持组织柔性,适应外部环境变化的能力;使命感与一致性则展示了企业行为方式的稳定程度与可预测性。

在文化特征模型的基础上,丹尼森向企业的高层主管发出了调查问卷。从这些调查问卷中,他获得了存在于这些公司中的文化特征的量度数据,再将这些量度数据与这些公司的主客观业绩评价指标,如利润、质量、销售额增长、顾客满意度和总的业绩进行对照,进一步论证和强化了"企业文化对企业绩效具有重要影响"这一基本结论。此外,丹尼森(1990)通过实证证明员工参与程度高的文化与企业绩效正相关。卡梅伦和弗里曼(Cameron and Freeman,1991)通过实证的方法,以 334 家研究机构为样本,研究了文化一致性、文化力和文化类型与组织绩效之间的关系。霍华德(1998)、奎因(1991)及沙因(1996)也都曾指出企业文化是 21 世纪企业提高绩效的最有效方法之一。[①]

2.4.4 基于经验性与"临床"视角的研究

对企业文化与企业竞争优势的关系,在企业管理实践中运用经验的方法近距离观察与解剖性研究,被称为经验性与"临床研究"。除了威廉·大内从日美文化差异的角度来探讨日本企业文化的竞争优势,提出了著名的"Z 理论"外,比较有影响力的便是彼得斯、沃特曼对美国最成功企业的调查以及后来学者的论述。

1982 年,彼得斯和沃特曼出版了《追求卓越》一书,通过对美国最成功的 43 家公司的调查发现,"卓越的管理不限于日本,美国也存在"。"这些公司

---

① 参见雷巧玲:《文化驱动力——基于企业文化的心理授权对知识型员工组织承诺影响的实证研究》,经济管理出版社 2008 年版,第 36 页。

有着和日本一样深厚的文化，而且每个公司不断地通过各种途径加强宣传这些文化，使每个员工能有同样的价值观。"他们总结了这些杰出的美国公司背后的八个方面的文化特征：(1)采取行动；(2)接近顾客；(3)独立自主与创业精神；(4)通过人来提高效率；(5)建立正确的价值观，积极实行；(6)做内行的事；(7)组织单纯，人员简单；(8)宽严并济。彼得斯和沃特曼基本上是基于他们本人的管理咨询实践，从平时的咨询、访谈、报道评论中来收集资料。他们的评论对象—— 43 家美国"卓越的公司"，都是在当时极具市场竞争力的公司，而他们也试图寻找出这种竞争力背后的文化因素。他们的这八个方面的文化特征的归纳，在当时被人们普遍接受，并产生了深远的影响。

2001 年，戈莱兹·塞雷(Golnaz Sadri)与布兰·力斯(Brian Lees)发表《将企业文化设计为企业的竞争优势》一文[①]，介绍了沃尔玛、西南航空公司、惠普公司将企业文化转变成企业核心竞争力的管理实践。沃尔玛的创始人山姆·沃尔顿培养了一种非常具有活力和竞争力的企业文化，塞雷与力斯将这种文化特征归结为：一是创建一种信任的环境；二是以身作则，亲自示范；三是鼓励员工不断变革以适应日益激烈的竞争环境。在沃尔玛，企业文化始终被看作它成功的第一要素，直到今天，当人们需要做出决定时，他们都会说"山姆在这种情况是怎么做的"。塞雷与力斯认为，美国西南航空公司的创始人兼总裁赫布·凯莱赫(Herb Kelleher)成功地创建了一种非正式的、把工作变成娱乐的企业文化。而惠普公司则培养一种奇特的亲情文化，当惠普公司弥漫着这种亲情文化的时候，员工的工作时间相应减少了，但生产效率并没有降低，而员工的留职率大大提高了。塞雷与力斯得出的结论是：一种积极的企业文化不仅仅是一种竞争优势，同时也是成功的先决条件。

2005 年，理查德·法莫(Richard T. Farmer)在《美国中部企业》杂志上

---

① Golnaz Sadri, Brian Lees, "Developing corporate culture as a competitive advantage," *Journal of Management Development*, vol. 20, no. 20, 2001, pp. 853-859.

发表了《企业文化成就了一个企业与它的未来》一文，介绍了申达士公司(Cintas Corporation)将企业文化打造成企业的竞争优势的经验与做法。申达士公司是美国著名的投资公司，其利润和销售额连续35年获得持续的增长。它多次被美国《财富》杂志评为“美国最受推崇的公司”，被《福布斯》评为“美国管理最好的公司”。该公司的创始人法莫将这种巨大的成功归功于该公司独特的企业文化。他认为：“企业文化是使成功者从失败者中脱颖而出的要素，一个公司的诚实与真诚的文化是比它在银行时的现金更宝贵的资产。简而言之，我们的文化是我们的第一竞争优势。”法莫将这种企业文化总结为机遇文化(A Culture of Opportunity)、尊敬文化(A Culture of Respect)、领导文化(A Culture of Leadership)、卓越文化(A Culture of Excellence)和成功文化(A Culture of Success)。[①]

2.4.5 国内学者的研究

国内学者在学习借鉴西方学者关于组织文化研究理论和方法的基础上，对企业文化与企业的竞争优势或企业绩效进行了探讨。雷巧玲等从企业文化的心理授权对知识型员工组织承诺影响的角度，实证研究了文化的驱动力[②]；朱凌和陈瑾研究了创新型企业文化的结构与重建[③]；田奋飞从价值观的角度研究了企业的竞争力[④]；夏若江研究了合作型企业文化[⑤]；另外，张德(2007)、陈维政等(2005)也都在其论著中对企业文化与企业竞争力或企业绩效之间的关系进行了研究和论述。[⑥]

2.5 本章小结

本章从辨析企业竞争力、核心能力和竞争优势的概念界定及关系入手，

---

① 转引自林峰：《中国企业管理文化研究》，首都经济贸易大学博士学位论文，2008年。

② 参见雷巧玲、董彪、王有力：《知识型员工高流失率对企业的影响》，《商场现代化》2008年第7期。

③ 参见朱凌、陈劲：《创新型企业子文化图谱——基于塑造自主创新环境的企业文化管理概念模型》，《科研管理》2008年第2期。

④ 参见田奋飞：《企业竞争优势源泉新论：一个整合的观点》，《社会科学家》2005年第4期。

⑤ 参见夏若江：《基于信任的企业学习和创新能力分析》，《科技管理研究》2005年第12期。

⑥ 参见张德、王玉芹：《组织文化类型与组织绩效关系研究》，《科学学与科学技术管理》2007年第7期；陈维政：《公司团队治理研究——基于两个企业案例的探讨》，《生产力研究》2005年第10期。

比较详细地介绍了企业持续竞争优势和企业文化的相关理论研究，尤其是按照理论演化的脉络，重点对企业竞争优势内生论和外生论两大理论流派的观点进行了综述；同时区分了不同的研究视角，梳理了国内外学者有关企业文化与企业持续竞争优势关系的研究。

第3章　企业文化对持续竞争优势作用的理论模型

企业持续竞争优势来自于复杂而广泛的力量，主流理论的不同学派从各自的角度进行了论述，对其进行理论上的整合，有利于揭示持续竞争优势的来源和内在一致性，并探寻驱动持续竞争优势的能力组合。企业文化就是通过影响企业的不同能力，进而作用于企业的持续竞争优势。因此，分析不同特质的企业文化与企业不同竞争能力之间的关联性和匹配性，有利于进一步揭示文化在企业持续发展中的重要性和价值性。

本章主要内容：

●企业持续竞争优势的理论整合与分析框架

●本研究对持续竞争优势和企业文化的界定

●驱动企业持续竞争优势的能力组合

●企业文化对企业能力的作用分析

●企业文化对持续竞争优势作用的模型构建

3.1　企业持续竞争优势的理论整合与分析框架

3.1.1　企业持续竞争优势的理论整合

企业持续竞争优势的研究一直以来就是战略管理理论研究的一个重要内容，因而在这方面的研究已经积累了大量的文献，主要是从企业内生和外生两个方面来展开的。

所谓企业竞争优势外生论，是指认为企业的竞争优势主要是由企业外部的某些变量所决定的。这种观点在新古典经济学和管理学中都有所反映。外生论假定一个企业既不能影响产业条件，也不能影响其自身业绩，而是企业所处的产业结构将决定企业的业绩。在此背景下，竞争优势是由诸如产业集中度和成本结构等要素驱动的。虽然后来波特等产业组织学派也认识到了企业行为在产业结构和企业绩效之间所起的作用，对其观点进行了修正，但其分析的对象仍然是产业，认为竞争优势仍是由影响企业绩效的产业结构特性决定的。外生派将竞争优势归因于产业市场结构，而忽略了企业内部因素。因此，人们无法解释在面临相同条件下，企业竞争优势依然存在差别这一问题。实际上，对于某一行业而言，该行业所有的企业所面临的市场结构、市场机会不可能被某个企业长期占有。企业表现为超额利润率的竞争优势并非来自外部市场力量，而应当是市场力量以外的、存在于企业自身的某些因素在起作用。

与外生论相反，内生论则认为与企业外部条件相比，企业内部条件对其获得竞争优势起决定作用。该理论的渊源可以追溯到马歇尔的企业内部差异与企业间的差异化分工以及彭罗斯等人的企业内部成长论。由于外生论在解释实践方面存在缺陷，20世纪80年代以来，学者们将探索企业持续竞争优势的着眼点转移到了企业的层面上。经过20多年的努力，深入企业内部寻找竞争优势特殊源泉的思想已经形成了众多的理论并取得了广泛的共识。

但现有的内生性竞争优势理论大都从某一方面指出了企业形成持续竞争优势的关键要素。而在现代市场竞争中，企业的持续竞争优势来自于复杂而广泛的力量，是一种复合竞争优势和连续竞争优势。[①] 因此，任何一种理论都无法成功地单独给出企业获取竞争优势的全部解释。由此本书有必要突破传统上“点状”或“线状”的企业竞争优势分析模式，运用系统思维的方法，摒弃非此即彼的一元论思考方式和研究思路，将企业持续竞争优势理论进行整合。

1. 内生性持续竞争优势理论视点比较

从前面的文献资料研究可以发现，企业资源理论强调企业通过战略性

① 参见霍春辉:《动态竞争优势》，经济管理出版社2006年版，第70页。

资源的获取和配置获得持续竞争优势，能力理论强调企业通过构建独特的核心能力获得持续竞争优势，动态能力理论强调企业通过持续不断的创新来获得持续竞争优势，知识理论则强调企业通过知识的学习而获得持续竞争优势。这些理论都从不同的角度为企业持续竞争优势的理解和分析提供了宝贵的视角。

(1)资源理论先前并没有关注竞争优势和持续竞争优势的区别，直到巴尼(1991)发表《企业资源与持久竞争优势》才引起对持久竞争优势的关注。巴尼认为当一个企业实施能够创造价值的战略，而同时其他企业和潜在竞争对手都无法实施该战略时，企业便拥有持续竞争优势。但持续竞争优势的资源应具备四个条件：价值性、稀缺性、不可模仿性、不可替代性。[①] 如图3-1所示：

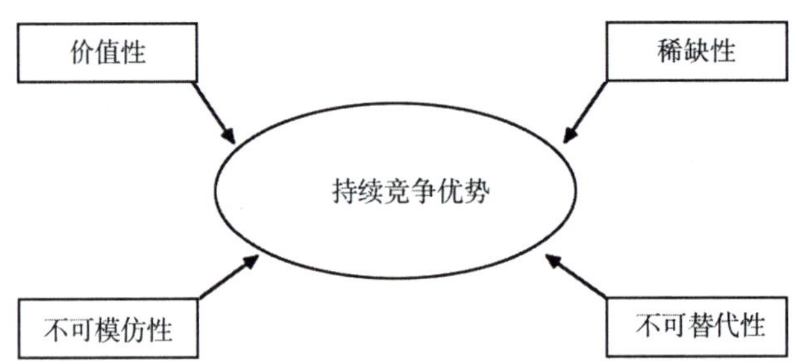

图 3-1　巴尼(1991)关于可持续竞争优势的框架

巴尼对能够创造持续竞争优势的资源的描述可以形式化的表示为：

$$\alpha: Prob(CA) = f^{+}(v \cap r)$$

$$\beta: Prob(SCA) = f^{+}(CA \cap i_n \cap s_n \cap t_n) \quad (3\text{-}1)$$

式(3-1)中，$Prob$ 表示可能性；f^{+} 表示正向关系；CA 是竞争优势；v 是价值性；r 是稀缺性；SCA 是持续竞争优势；i_n 是难以模仿性；s_n 是难以替代性；

① J. Barney，"Firm resources and sustained competitive advantage，" *Journal of Management*，vol. 17，no. 1，1991，pp. 99-120.

t_n 是难以转移性。[①]

(2)能力理论与资源理论一样,关注的是对现有竞争优势的维持。与资源理论中的战略资源一样,核心能力本身具有的特征能够使企业将现有的竞争优势持续下去。这些特征包括独立机制、核心能力的企业特有性质等。同时,企业也可以采用一些隔绝机制来防止核心能力的扩散,如企业通过组织上的设计保护核心能力和防止企业知识的扩散。因为核心能力的普遍模糊性,甚至使企业自己也无法明白竞争优势的来源。相关研究显示,从企业层次上(而不是从国家或者地区层次上)来解释企业的竞争优势时,企业的发展历史扮演了一个关键角色,对于具有不同历史的能力的复制将是很困难的。

另外,复制者在时间上的劣势也限制了复制的成功。企业的核心能力是经过企业长时间的发展、积累而来的,具有路径依赖和企业自己的特征。复制者想要全面的复制,除非复制历史。然而复制历史是不可能的,历史上的一个偶然发生的小情况也许就能够全面地改变历史。复制者在经济上的劣势也限制了复制。一方面,复制者作为市场的新进入者,不可避免地要面对已经在市场中取得优势地位的被复制者,因此势必面临成本上的劣势;另一方面,当产品进入饱和期后,复制者又面临价格劣势。核心能力难以复制性使得企业具有的竞争优势能够维持较长的一段时间。[②]

(3)从理论来源看,动态能力理论与资源理论、能力理论一脉相承,但在持续竞争优势上有别于资源理论和能力理论对现有竞争优势(战略资源与核心能力)的保持。动态能力强调以创新不断地获得新的竞争优势,企业获得的是熊彼特租金。动态能力理论对于企业资源、能力的隔绝机制的研究很少,而将目光聚集到一种受限制的创新上。企业因动态能力而具有的持久竞争优势,如图 3-2 所示:

① 参见袁泽沛:《超竞争下组织学习与企业持久竞争优势研究》,科学出版社 2008 年版,第 25 页。
② 参见罗珉:《管理理论的新发展》,西南财经大学出版社 2003 年版,第 223 页。

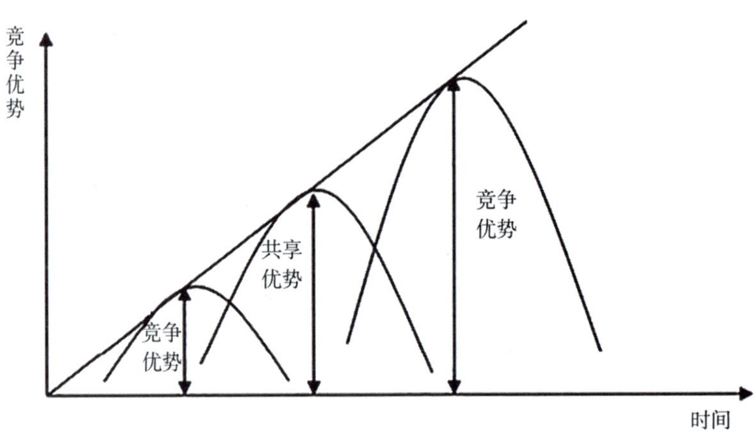

图 3-2 动态能力与持续竞争

在图 3-2 中，企业的持续竞争优势是一条呈缓慢上升的实线。如果对企业在某一时间点上的竞争优势进行研究，将会发现在这个时间点上，企业的整体竞争优势是由数个竞争优势构成的。这些竞争优势或者是呈上升趋势或者是下降，也有可能保持不变。不同的竞争优势所对应的企业的能力是不同的。所以，企业竞争优势变化的真正原因在于企业能力的变化。呈上升趋势的能力是一种新能力，它正在为企业获得越来越多的利润，而呈下降趋势的能力是一种已经或者是在不远的将来不能够与环境相匹配的能力。因此从整体上看，虽然直接导致竞争优势产生的能力基础已经发生了变化，企业仍然能够长时间的保持竞争优势。之所以认为企业动态能力所带来的竞争优势是渐渐上升的(图 3-2 中的上升实线)，这是因为动态能力是崇尚创新的能力，其竞争优势来源于企业不断地创新。而企业的创新是一个连续循环的过程。因此蒋学伟认为，可以认为每一个循环的起点将高于前一个起点，每一个循环的重点也将高于前一个终点。另一个原因在于，企业动态能力是一个学习的过程，因此，企业在实践中逐渐学会了如何学习(即学习性惯例)，这将逐渐提高企业学习的效率。[①]

① 参见蒋学伟:《持续竞争优势》，复旦大学出版社 2002 年版，第 27 页。

(4)企业知识理论除了直接继承能力为基础的企业理论外，还有其他丰富的思想渊源。企业知识管理理论将知识作为企业最具有战略重要性的资源，在这种意义上，知识基础观是资源观的延伸。

知识是企业竞争优势的根源，不仅是因为企业内的知识尤其是一些隐性知识难以被竞争对手模仿，而且还在于当前的知识存量所形成的知识结构决定了企业发现未来机会、配置资源的方法，企业内各种资源效能发挥程度的差别都是由企业现有的知识决定的。同时，与企业知识密切相关的认知能力决定了企业的知识积累，从而决定了企业的竞争优势。企业内各种资源效用发挥程度上的差别，创新能力的差别，都是由企业现有的知识存在所决定的，企业能力差别的背后实际上是知识存量的差别，能力是企业拥有的知识存量的外在表现。企业的知识结构决定了企业发现未来市场机会、配置资源的方法，知识是通过积累而获得并发挥作用的。这就说明，外部易于转移而来的明晰知识可能并不会给企业带来特殊的效用，因易于模仿而不会产生持续竞争优势。知识的积累必须以一定的知识存量为基础，缺乏相关的知识积累，企业无以获得和吸收其他的知识。企业的增量知识严格依赖于企业的存量知识，这就是知识所表现出的路径依赖性或历史依赖性。如果企业的某一存量知识为企业创造了竞争优势，那么，这种优势将随着企业增量知识的产生得以保持，体现出竞争优势的可持续性或竞争优势的自增强性。企业是一个知识的集合体，知识的存量决定了企业配置资源等创新活动的能力，从而最终在企业产出及市场力量中体现出竞争优势。由企业知识决定的企业认知学习能力是企业开发新的竞争优势的真正源泉。

综上所述，可对四种持续竞争优势理论作简要比较，如表 3-1 所示：

表 3-1　内生性持续竞争优势理论比较[①]

比较事项＼理论类别	资源理论	核心能力理论	动态能力理论	知识理论
基本内涵	通过企业内部独特资源及配置实现竞争优势	通过企业不可复制的核心能力实现竞争优势	通过内外部资源整合、配置而创新实现竞争优势	通过知识积累和知识存量、认知能力差别实现竞争优势
租金性质	李嘉图式	李嘉图式	熊彼特式	熊彼特式
主要来源	企业内部	企业内部	内外整合	企业内部
分析单元	资源	能力	位置和路径	知识积累
关注焦点	资源的异质性和不可替代性	核心能力的不可复制性	不断更新自身能力的动态能力	知识存量决定的企业认知能力
驱动能力	资源配置能力	核心能力	创新能力	学习能力

注:根据相关文献整理。

2.内生性持续竞争优势理论的一致性分析

企业资源理论、核心能力理论、动态能力理论以及企业知识理论之间的关系是什么？对持续竞争优势多重理论的阐释是否具有内在一致性呢？

企业资源理论认为,企业的增长源泉是企业内部资源,企业内部现有的资源在什么条件下才能产生持续的竞争优势是资源观关注的核心所在。正因为如此,有的学者认为资源观具有强烈的静态分析倾向,即缺乏对资源如何被开发出来的过程的分析。基于这样的考虑,便引申出了对企业能力的研究。最早提出企业能力概念的经济学家理查德森(Richardson)认为,企业的“能力”不仅因本身的无形和缄默性而具有资源的属性,而且还是产生其他资源的源泉。这样,对企业竞争优势根源的探讨又转向了以知识、经验、技能和组织惯例为代表的企业能力的研究,这其中普拉哈拉德和哈默在

① 参见马刚:《企业竞争优势的内涵界定及其相关理论评述》,《经济评论》2006 年第 1 期。

1990 年提出的核心能力观最引人注目。①

然而，企业的能力也不是尽善尽美的，能力是企业拥有的关键技能和隐性知识的特点，一方面保护了企业的竞争优势，另一方面也使企业的发展具有强烈的路径依赖性。因此，企业能力(或核心能力)具有“刚性”的一面。这样，对持续竞争优势的追求迫使企业必须具有改变已有能力的能力，即动态能力。从理论的演化路径可以看出，动态能力理论是在资源观和核心能力理论上发展起来的，秉承了熊彼特的“创造性毁灭”的观点。认为经济是不断进化的，企业的市场竞争不是价格的竞争、规模的竞争，而是创新的竞争，能力的创新尤为重要。

然而，动态能力的本质又是什么呢? 动态能力是一个对组织知识进行“创造性毁灭”的演化系统，但这个系统本身并不具有永久性的演化动力。技术的飞跃，竞争环境的变化，将导致动态能力自身的演化动力耗尽，以该“动态能力”为实体的企业战略，也将被企业淘汰，随该战略一并而来的竞争优势亦将消亡殆尽，从而融入企业的成长过程中去。因此，动态能力要保持持续演化，还必须具备额外的演化动力。② 从现有的研究文献来看，具有组织学习动力的企业组织，渴望持续竞争优势的驱动，能在动态能力随时可推移而逐渐衰竭时，不断检验现行战略，不断更新动态能力的演化动力。由此，又可以认为，组织学习成为企业持续竞争优势的源泉。

根据上述四种理论演化的脉络，笔者认为这四种理论对企业持续竞争优势的阐释存在一致性。

3.1.2　企业持续竞争优势的分析框架

如前文所述，理论界从不同角度、不同层面对企业持续竞争优势进行了阐述，由此形成了多种不同的观点。虽然我们可以概括性地将之分为外生论和内生论，但实际上，这些理论在某些内容上是交叉的。正如学者乔治·斯塔克(George Stalk)指出的:“竞争优势是一面不断移动的靶子，对于任何

① C. K. Prahalad , G. Hamel , “The Core Competence of the Corporation,” *Harvard Business Review*, vol. 68, no. 3, 1990, pp. 79-91.

② 参见袁泽沛:《超竞争下组织学习与企业持久竞争优势研究》，科学出版社 2008 年版，第 56～57 页。

行业的企业，对其优势源泉的理解都不能简单地锁定于一点。现有的竞争优势理论都从某一方面指出了企业形成竞争优势的关键要素，但任何一种理论都无法成功地单独给出企业获取竞争优势的全部解释。"①理论是对实践的归纳和抽象化，所以应当以最根本的同质的东西来规定企业的内涵，这种同质的东西就是能够构建和创造企业持续竞争优势的"能力"。企业本质上是一个能力的集合体，能力是对企业进行分析的基本单元。竞争优势的融合论认为，企业的竞争优势应当是企业各项能力的整合。基于此，我们综合企业资源理论、核心能力理论、企业动态能力理论和企业知识理论，构建如图 3-3 所示的企业持续竞争优势分析框架。

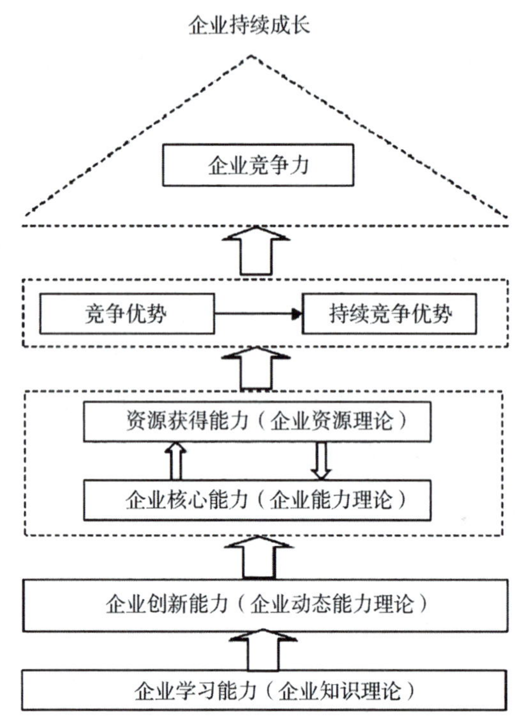

图 3-3　企业持续竞争优势分析框架

注：根据相关文献整理而成。

① 转引自霍春辉：《动态竞争优势》，经济管理出版社 2006 年版，第 70 页。

这个框架可以看作是企业持续竞争优势内生性源泉理论丛林的整合模型。它不仅揭示了多重理论阐释的内在一致性和企业持续竞争优势的源泉，而且对一个企业培养持续竞争优势具有理论指导意义。这个框架表明，企业要获得持续竞争优势，就必须实行系统管理和协同管理，单一角度、片面思考问题的理论观点是无法揭示可持续竞争优势这个复杂系统的真实面貌的。具体而言，这个分析框架包括以下几个方面要点①：第一，企业竞争力不同于企业的一般能力，是指企业与竞争对手相比所获得的相对优势地位的综合能力。在资源稀缺、市场需求有限、企业异质和复杂动态的环境条件下，企业竞争力的强弱取决于企业是否具有在特定业务经营领域内能够向顾客提供超过竞争对手的价值，即是否具有竞争优势。一般意义上的竞争优势只能保证企业具有短期竞争力，而驱动企业持续成长的竞争力则来自于企业的持续竞争优势。企业保持持续的竞争优势是企业能够在复杂的动态竞争环境条件下生存和发展的根本。竞争优势的持续性本质上不是一个日历时间概念，而是说明竞争对手没有能力复制相应的竞争优势。

第二，企业竞争优势来自于企业资源和能力的直接支撑，而持续竞争优势则来源于企业具有的战略性资源（或关键资源）和核心能力。企业资源理论认为，对于企业短期竞争优势而言，一般意义的企业资源就可以支撑，甚至一些偶然的机会也会形成企业短期的竞争优势。然而，对于持续竞争优势而言，只有那些满足价值性、稀缺性、不可模仿性和替代标准的企业资源——战略性资源才能带来企业的持续竞争优势。不仅如此，资源理论还认为，企业获取和配置资源的“异质性”决定了其获得高额经济回报率的可能性，即企业持续竞争优势的关键在于如何识别、配置（整合）资源，提高资源的利用效率。企业核心能力理论则认为，企业持续竞争优势来自企业的核心能力，企业核心能力是隐藏在企业资源背后的企业配置、开发和保护资源的能力，是企业持续竞争优势的深层来源。也就是说，企业核心能力对企

① 参见黄群慧：《决定企业持续成长的竞争优势源泉：多重理论视角分析及其内在一致性》，中国财政经济出版社 2008 年版，第 31～33 页。

业能否形成关键资源具有决定作用，并最终决定企业的持续竞争优势和经营绩效。

第三，动态能力理论源自于企业能力理论，特别是吸收了核心能力理论的许多观点，所以动态能力在特征上有许多与核心能力相似之处，如企业的动态能力也具有价值性、独特性等特性。但动态能力理论是改变企业能力的能力，从本质上分析，与企业核心能力存在着区别。动态能力理论关注外部快速变化的市场环境，特别强调内外部资源和能力的整合，认为具备很强动态能力的企业能够使它们的资源和能力随时间变化而改变，并且能利用新的市场机会来创造竞争优势的新源泉。动态能力将焦点放在创新的开拓性动力上，强调以创新克服能力中的惯性，通过不断的创新而获得一连串短暂的竞争优势，从而在整体上体现出企业的持续竞争优势。因此，企业的持续创新能力又被称为企业核心能力活的源泉。①

第四，组织学习是建立并不断强化企业能力的根本途径。企业知识理论认为隐藏在企业能力背后并决定企业能力的是企业掌握的知识。与基于资源观的企业理论的解释相比，基于动态能力的企业理论直接、鲜明地指出，创新是企业持续竞争优势的终极来源，而这些创新是由组织学习来完成的。企业的能力最终表现为知识和经验，而这些知识和经验是通过不断的组织学习而得到和更新的。如果把组织中的个人通过学习获得的知识和经验作为能力“基因”，那么企业组织中一个团队通过学习而形成的知识体系就构成了单项能力，而这个组织的学习则整合单项核心能力，构成了一个能力体系，形成了企业整体核心能力。也就是说，学习是使企业的个体能力向组织能力转化，最终形成核心能力的必要手段。知识的共享、经验技能和失败教训的共享，是企业组织学习的主要内容，通过知识共享可以使个人的能力、知识转化为企业集体的组织能力和知识。

① 参见[美]道格拉斯·C. 诺斯:《制度、制度变迁与经济绩效》，刘守英译，三联书店 1994 年版，第 225 页。

3.1.3　企业持续竞争优势的界定

1. 从竞争优势到持续竞争优势机制的研究

关于企业的持续竞争优势，从前面的文献资料中可以看出，主要有两种不同的理论观点：一种是以波特为代表的战略管理理论，主要是基于对企业绩效的影响；另一种是以巴尼为代表的以企业特定因素为研究对象的研究范式。[①]

熊彼特的思想对于企业战略和竞争优势提出了不同的看法。他认为，随着新技术的出现、用户偏好的改变以及政府政策的变化等，可能引发“创造性破坏”，原有的竞争优势可能会成为企业进行市场竞争的基本条件，甚至成为发展的障碍或制约因素；而原有的竞争劣势却可能成为竞争优势，而只有在动荡的市场环境或“创造性破坏”的过程中才能完整而真实地进行评估。而且，任何一个竞争性企业都有可能在某一个时点或某一个方面胜过优势企业。所以说，只有在长期的各种环境之中始终都拥有竞争优势的企业才算是真正拥有持续竞争优势。[②] 这一过程可以用图 3-4 来表示。

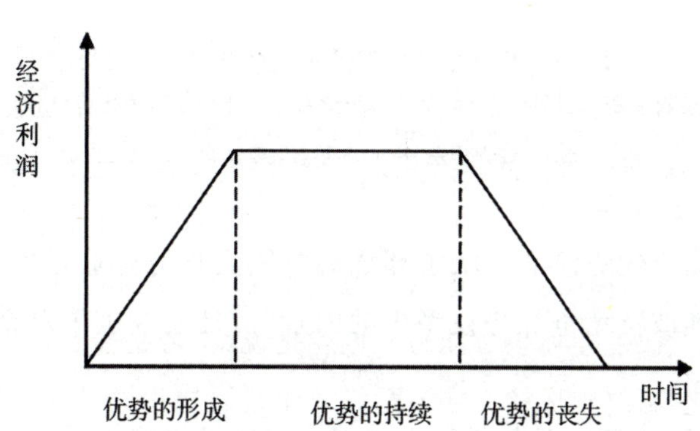

图 3-4　熊彼特的竞争优势模型

资料来源：袁泽沛：《超竞争下组织学习与企业持续竞争优势研究》，科学出版社 2008 年版，第 13 页。

① 参见吴文盛：《企业核心竞争力的文化根源》，中国经济出版社 2006 版，第 12 页。

② 参见吴文盛：《企业核心竞争力的文化根源》，中国经济出版社 2006 版，第 13 页。

从家用电器到航空、计算机软件、点心食品等行业，竞争优势形成和丧失的速度都非常快，这一现象被学者们称为“超竞争”(hypercompetition)。在超竞争环境下，企业的竞争优势是不具有可持续性的。相反，他认为，企业的主要战略目标应当是破坏行业内的竞争优势源泉(包括企业自身的竞争优势)，并创造新的竞争优势。因此，超竞争环境下的长期性，是不断创造一系列的短期优势，以使企业在行业中总是领先一步。这一思想可以用图3-5表示。①

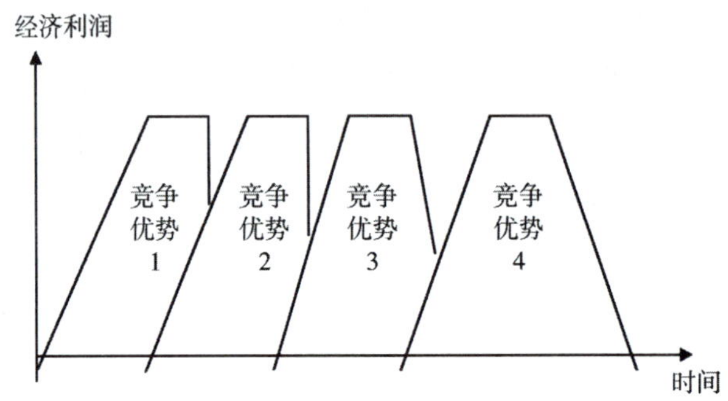

图3-5 超竞争环境下的企业可持续竞争优势

资料来源：袁泽沛：《超竞争下组织学习与企业持续竞争优势研究》，科学出版社2008年版，第13页。

可持续竞争优势模型反映了环境的急剧变化对企业竞争优势的侵蚀，不仅保留了熊彼特竞争优势模型中的因素，而且还改进了对企业持续竞争优势的动态解释。

此外，我国学者王刚夫和黄清和(2001)通过构建企业的竞争优势和竞争优势群来阐述企业如何保持竞争优势，即实现企业的持续竞争优势。如图3-6所示。②

---

① A. Richard D. Aveni, *Hypercompetition: Managing the Dynamics of Strategic Maneuvering*, New York: Free Press, 1994, pp. 83-93.

② 转引自吴文盛：《企业核心竞争力的文化根源》，中国经济出版社2006年版，第73～74页。

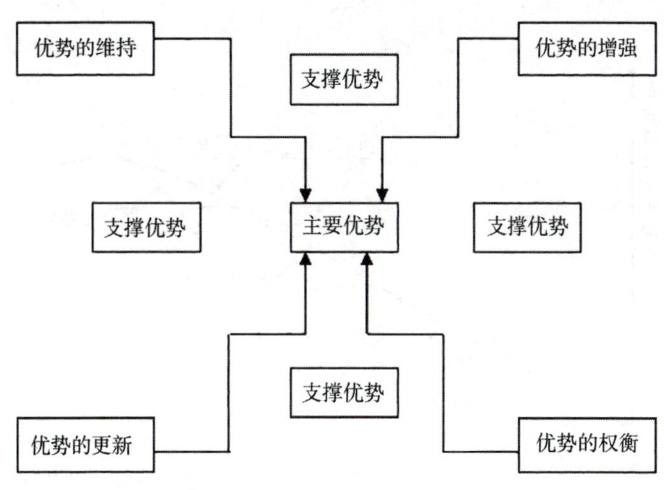

图 3-6　王刚夫、黄清和的基于竞争优势群的持久竞争优势模型

王刚夫、黄清和认为，所谓竞争优势就是由具有不同诱因、可持续性和作用空间的竞争优势所构成的持续演进的竞争优势系统，其构成要素随着时间的推移而不断发生变化，既有旧的竞争优势逐渐丧失，也有新的竞争优势不断产生。在现有的优势失效之前，能够用新的优势来更新竞争优势群，并且随着时间的推移和环境的变化，它们还可以改变对不同的竞争优势依赖与关注程度。竞争优势群的动态发展一般通过竞争优势的维持、竞争优势的增强、竞争优势的权衡和竞争优势的更新四个角度来实现。

2.本书对持续竞争优势的界定

尽管关于企业持续竞争优势的定义或概念在表述上有所差别，但其基本内涵都是一致的，即企业持续竞争优势是指一个企业在向消费者提供具有某种价值的产品或服务的过程中所表现出来的、超越或胜过其他竞争对手，并且能够在一定时期之内创造超额利润或获取高于所在行业平均盈利水平的属性或能力。通过对学者们观点的总结，本书对企业持续竞争优势的界定如下：企业因其拥有独特的资源和能力集合，在市场竞争中持续获得高于竞争对手的优势和高于行业平均获利水平的市场表现。如图 3-7 所示。

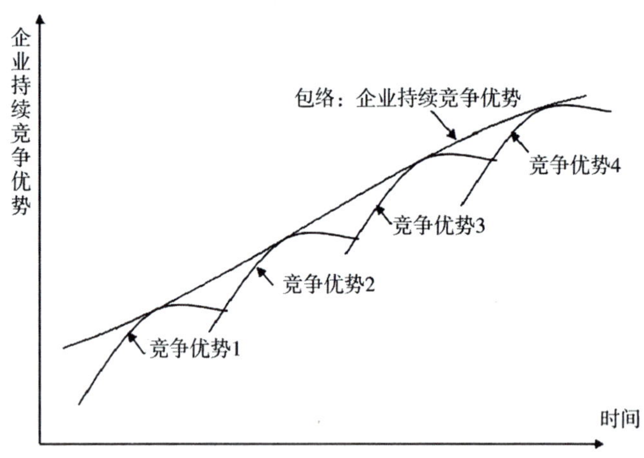

图 3-7　对企业持续竞争优势的界定

这一界定的含义包括以下几个要点：

(1)企业持续竞争优势来源于其拥有的能力集合。获得持续成功的企业都不是依靠某种特定能力和优势，而是培育了一套由多项相互补充、相互增强的竞争能力构成的动态优势系统，并擅长于管理这套优势群的动态发展。

(2)企业持续竞争优势是一个整体概念，它是指企业整体做得比竞争对手要更好，而非特指企业运营当中的某一个或几个环节。在愈演愈烈的市场竞争中，企业在某一方面或几方面有超常的优势表现，并不能确保企业整体上的竞争优势。市场竞争中获得的一方面优势可能被另外的劣势所抵消，今天获取的某种优势也可能明天就不复存在。因此，真正的竞争优势存在于企业整体的范围与长时期的时间跨度。企业持续竞争优势的表征在于获得高于行业平均获利水平的持续性。

(3)企业持续竞争优势是一种市场表现，是一种结果和状态，因此具有可衡量性。可以根据相关的获利性指标，通过企业的财务绩效和市场绩效进行综合测度，这也是学术界通用的一种测量方法。

3.2 企业持续竞争优势的驱动能力分析

企业是一个能力体系或能力的集合，能力与竞争优势的关系显而易见，企业能力将最终决定企业的竞争优势或企业绩效。企业能力的内涵相当广泛，很多能力概念如盈利能力、经营能力、资本运作能力等，与其说是企业能力范畴，不如说是能力的现实表现或结果，这已属于企业绩效范畴。能力是企业积累的战略性资源，是企业拥有的关键技能和隐性知识，也是企业拥有的一种智力资本，更是企业决策和创新的资源。能力决定企业规模和边界，也决定了企业多元化战略积累、开发和运用能力以进行产品和服务创新，决定了企业的持续竞争优势。鲁梅尔特通过实证研究证明，企业表现为超额利润的竞争优势并非来自外部市场力量，而是来自于企业自身的某种因素，即企业绩效的决定因素或竞争优势内生于企业。他认为企业绩效与竞争优势的决定性因素是企业内部的资源能力，尤其是以知识为基础的核心能力。[①] 这是企业能力的中心观点，从这一角度讲，企业能力这个概念自提出就与企业绩效紧密相关。无论何种企业能力最后都必须转化为现实的竞争能力进而作用于企业绩效，企业能力与其绩效的关系正是如此。

从文献资料和以往的研究争议来看，决定企业持续竞争优势的因素有多种分类方式，各种分类方式中所采用的概念之间并无绝对的分界。但是，像其他研究一样，企业持续竞争优势最终还是应当要构建一个具有简明逻辑构造的概念体系和理论框架，将复杂的事物排列组合为可以把握的因素，并且对这些因素及相互间的联系进行合乎逻辑的解释。基于此，我们根据持续竞争优势的理论整合与分析框架，从内生的角度出发，将创造、构建企业持续竞争优势的驱动能力集合，如图 3-8 所示：

① R. P. Rumlt ,"How much does industry matter?" *Strategic Management Journal*, vol. 2, no. 5, 1991, pp. 167-185.

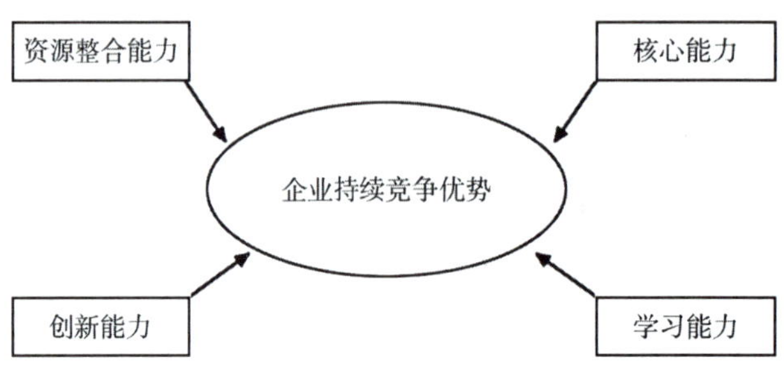

图 3-8　企业持续竞争优势的驱动能力

把上述四种能力作为企业持续竞争优势驱动能力集合，主要基于以下考虑：

第一，从理论整合的视角，这四种能力协同互动，共同作用于企业的持续竞争优势。企业的竞争能力归因于资源的最优配置和整合，来源于战略资源的形成、积累和维持，是获取竞争优势的基础。企业的核心能力是隐藏在企业资源背后的开发、保护和激活资源的能力，是获得竞争优势的关键。而创新能力和学习能力又是克服核心能力刚性，强化企业竞争优势的源泉。于是这四种能力便具有了这样的逻辑关系：资源配置能力可以看作是企业的实力，核心能力可以看作是企业的活力，而学习能力和创新能力可以看作是企业的动力。对于企业来说，获得持续竞争优势，首先必须有实力，但有实力未必有优势，还要看能不能发挥出来，这就要有活力。企业有活力，就能积聚和壮大实力，变劣势为优势，变一时的优势为长久的优势。从战略的高度看，真正的优势在于持久的活力，而非一时的实力。而企业的活力，当然又需要动力的支持，只有能够提供源源不断的动力，企业的实力才能被激活，若缺少动力，则活力不会持续，不会长久。

第二，从实践的视角看，不少企业利用政策和市场机会等资源，迅速崛起，却未能培育、获取和维持持续的竞争优势，最终上演了一幕幕“超速发展又迅速败落”的悲剧。分析中国企业竞争弱势的原因和失败的共同性，其根源往往在于：一是缺乏相应的资源配置能力，尤其是整合市场机会与企业实力的能力、整合内部资源为核心的管理能力以及整合企业与各利益相关者之间关系为核心的经营支持能力等[①]；二是未能培育起支撑企业竞争优势的核心能力，有一定实力却不能充分发挥优势，有一时的优势但缺乏持久的优势；三是创新能力和学习能力的弱化，有创新愿望但缺乏创新的机制和氛围，有学习的需求但未能构建起有效的体系，甚至在创新与学习过程中习惯于“运动式”和急功近利做表面文章。

基于以上的分析，把资源配置能力、核心能力、创新能力和学习能力视为企业持续竞争优势的驱动能力，既契合理论上的演绎推导，又符合企业发展的实际。

3.2.1 资源配置能力与企业持续竞争优势

以资源为基础的企业竞争优势论，是在对新古典经济理论的反叛中成长起来的，该研究试图解析被经济学家视为“黑箱”的企业，通过对企业基本成分的分解，以寻找企业竞争优势的根源所在。彭罗斯（Penrost，1959）出版的《企业成长论》，被学术界看作资源理论的源头。他认为，企业能力归于资源的最优配置和使用，同时企业能力又决定了企业成长方向和权限。鲁梅尔特在其著作中定义企业为“相互关联的异质的资源和资源转化活动的集合体”，并通过实证研究证明，企业表现为超额利润的竞争优势并非来自外部市场力量，而是来自于企业自身某种因素，即企业绩效的决定因素或竞争优势是内生于企业的。[②] 霍弗（Hofer）和申德尔（Schendel）认为，竞争优势是“一个组织通过其资源的配置而获取的相对于其竞争对手的独特性市场位势[③]。”

资源论的核心观点认为，企业是由一系列资源所组成的集合，企业竞争优势是由企业所拥有的战略资源所决定的。企业资源最终决定企业边界，企业持续

① 参见田奋飞：《企业竞争力研究——基于企业价值观整合观点》，中国经济出版社 2005 年版，第 69～70 页。

② R. P. Rumelt，“Diversification Strategy and Profitability，” *Strategic Management Journal*，vol. 4，no. 3，1982，p. 359-369.

③ C. W. Hofer，D. Schendel，*Strategy Formulation：Analytical Concepts*，West Publ. Co. 1978，p. 16.

竞争优势来自于战略资源的形成、积累、维持和更新的动态性过程。从经济学的视角看,企业持续竞争优势产生需要四个前提条件:一是产业内资源的异质性,它将导致“李嘉图垄断”资金的产生;二是对竞争的后验限制,它使得“租”不会随着时间的推移而消失;三是资源的非流动性,它阻止“创新租”被企业外部或竞争对手所分享;四是对竞争的先验限制,指在企业建立起具有竞争优越性的资源地位之前,市场竞争必须是有限度的。① 这四个条件可以对应四种竞争战略:第一种是资源异质性竞争战略,第二种是事后限制竞争的战略,第三种是不完全正确流动性的竞争战略,第四种是事前限制竞争的战略。这四种战略的组合是获得持续性竞争优势的充分和必要条件。资源学派的代表人物之一钱德勒(Chandler,1962)在他出版的《战略与结构》一书中,通过对美国历史上四大公司的研究,从企业资源要素控制的角度指出:第一,企业的建立是资源积聚的结果;第二,企业的发展是资源的合理化使用;第三,对扩充资源的合理使用是企业保持持续竞争优势的关键要素。②

由此可见,企业的战略性资源构造了企业竞争力与竞争优势的基础。企业持续竞争优势分析的关键就在于如何识别适合企业自身的具有高利润回报价值的资源,从而做出决策,进行整合,即资源选择的决定。这个决策应是在经济合理性原则的规范下,克服信息不确定和认知上偏见的约束,以提高企业资源配置过程中的决策质量水平为前提,通过资源选择配置和整合的最优化,实现资源价值的最大化。同时,具有相似资源的企业也经常在使用资源的效率和有效性方面表现出巨大的差异。因此,一个企业的成功和持续竞争优势的获得不仅因为其拥有丰富的资源,还因为其隐藏在企业资源背后的获取、开发、使用和配置整合的能力,即资源配置能力,这是产生企业持续竞争优势的深层次因素。正如皮萨诺(Pisano,1997)认为在全球市场上的胜利者是这样一类企业:具有有效协调、配置内外部资源的能力,并显示出及时、快速与灵活的产品创新能力的企业。③

---

① M. A. Peteraf ,“The cornerstones of competitive advantage: A resource-based view,” *Strategic Management Journal*, vol. 14, no. 3, 1993, p. 179-191.

② 参见李品媛:《企业核心竞争力研究》,经济科学出版社 2003 年版,第 28 页。

③ 参见霍春辉:《动态竞争优势》,经济管理出版社 2006 年版,第 196 页。

3.2.2　核心能力与企业持续竞争优势

理解核心能力对企业竞争优势的作用机制有助于我们进一步探讨企业怎样获取持续竞争优势。在产品生命周期日渐缩短和企业经营日益全球化的今天，竞争成功不再是被看作转瞬即逝的的产品开发或市场战略的结果，而是企业具有不断开发新产品和开拓市场的特殊能力，具有能够比竞争对手更卓越、更有成效地从事生产经营活动和满足顾客变化需求的核心竞争力。普拉哈拉德和哈默尔(1990)认为核心能力是一组技能与技术的集合体，是组织中独特的知识技能。他们认为有三种方式可以识别企业的核心能力：其一，核心能力必须为企业提供进入不同市场的潜在通道。其二，核心能力应该有助于顾客感知终端产品的价值。其三，核心能力是竞争对手难以模仿的能力。核心能力理论认为：企业本质上是一个能力的集合体；企业拥有的核心能力是企业长期竞争优势的源泉；积累、保持和运用核心能力是企业的长期根本性战略。

普拉哈拉德、哈默尔和其他学者试图证明，企业的资源、能力和专长是企业竞争优势的源泉。其中，以格兰特方法(一种典型的核心能力)最具代表性。如图 3-9 所示：

（1）分析公司资源，并与竞争者比较，研究自身的优势与劣势。

（2）确定公司能力，寻求公司最具竞争力的能力（核心能力）。

（3）分析公司资源，并与竞争者比较，研究自身的优势与劣势。

（4）联系环境中的机会，选择最有利于公司开发核心竞争力的战略。

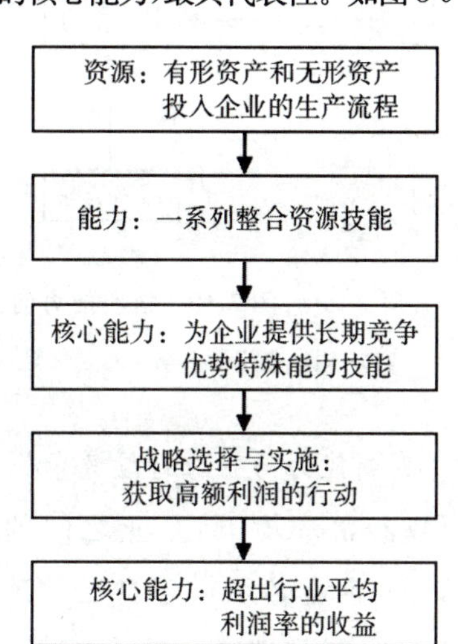

图 3-9　格兰特通过核心竞争力获取竞争优势的方法模型

资料来源：R. M. Grant, "The Resource-Based Theory of Competitive Advantage: Implications for Strategy Formulation," *California Management Journal*, vol. 5, 1984.

根据普拉哈拉德和哈默尔的观点，企业之间的竞争可以分为三个层次：核心能力的竞争、最终产品的竞争、核心产品的竞争。企业好比一棵树，最终产品是树的果实，业务单元是树枝，核心产品是树干，核心能力则是树根。其中，核心产品是核心能力的物质载体，也是联系核心能力和最终产品的根本途径。核心产品是决定最终产品价值的部件或组件。树的生命源在树根，企业只有在核心能力领域中保持领先地位，才能有牢固的基础，维持其最终产品在市场中的优势。一个企业拥有强大的核心能力，并且能有效地把它转化为核心产品，这个企业就可以控制最终产品的发展或变革，进而长久占据市场地位，获得持续竞争优势。所以，企业核心能力创造持续竞争优势的机制是：在既定的市场环境中发现顾客需求，然后企业依据其所拥有或控制的战略资源构筑核心能力，通过整合核心能力创建核心产品，在核心产品基础上生产出最终产品或直接出售，创造持续竞争优势。如图 3-10 所示：

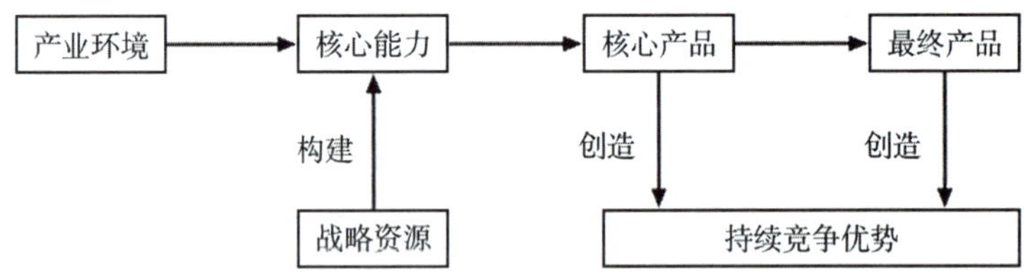

图 3-10　核心能力创造企业持续竞争优势机制

资料来源：霍春辉：《动态竞争优势》，经济管理出版社 2006 年版，第 174 页。

3.2.3　创新能力与企业持续竞争优势

市场经济环境下，企业之间的竞争愈演愈烈。在这样一个全球竞争条件下，企业必须构建自己的独特能力，持续创新，唯有如此企业方可在任何时刻都能够比竞争对手更快地推出产品来满足顾客需求，具有的竞争对手更多的优势。[①] 中外成功的企业，尽管成功的路径不同，

① D. Leonard-Barton，"Core Capabilities and Core Rigidities：A Paradox in Managing New Product Development，" *Strategic Management Journal*，vol. 13，no. S1，1992，pp. 111-125.

但其保持持续竞争优势的共同方法是不断创新。正如海尔总裁张瑞敏所说:知识经济条件下的市场竞争已不是 20 世纪 50 年代以美国为核心的“固定靶”,也不是 60 年代市场细分的“游动靶”,而是瞬息万变的“飞靶”,要瞄准飞速变换的市场靶心,需要有超前性、有提前量。只有不断创新,才能抓住市场机会,使企业长期保持旺盛的生命力。

关于创新和组织绩效,或者持续竞争优势的关系,国内外很多学者进行过相关的研究。钱尼(Chaney,1989)研究了创新和绩效的关系,这里的绩效用财务指标如股票价格等来衡量。[①] 他们得出的结论是产品创新和组织绩效存在正相关关系。科恩和利文索尔(Cohen and Levinthal,1999)年在过程创新和组织绩效方面也得出了两者呈正相关关系的结论。[②] 大量研究的结果显示,创新对企业绩效存在明显的影响。在许多行业,创新对企业价值创造的影响越来越大(Hitt et al.,1996)。在创新上投入更多资金的企业会比那些投入少的企业获得更大的回报(Price,1996)。创新使员工更有生产价值(Amablie et al.,1996),并使企业更有效率。我国的余光胜博士认为:“测度企业竞争优势基本尺度包括四个方面即创新能力、难以模仿、可持续性以及学习能力。”[③]创新能力被认为是保持竞争优势的关键。李金明也认为:“企业能够保持竞争优势,不仅仅在于企业的各种特质的资源和知识,而保持一种动态的企业创新能力相对更加突出和重要。”[④]

由此可见,企业创新能力是与环境变化相一致而更新自身能力的能力,是在市场需求、技术变革以及未来竞争和市场格局快速变化,难以确定的情况下某种创新性的反应。在外部环境动态复杂多变的前提下,创新才是企业超额利润的真正来源,因而企业的创新能力更具

① 转引自李硕:《基于战略视角所谓创业资源与创业绩效关系研究》,吉林大学博士学位论文,2014 年。

② W. M. cohen, D. A. Levinthal, “Absorptive capacity: A new perspective on learning and innovation,” *Administrative science quarterly*, vol. 35, no. 1, 1999, pp. 128-152.

③ 余光胜:《企业竞争优势根源的理论演进》,《外国经济与管理》2002 年第 10 期。

④ 李金明:《企业创新能力的分析模型》,《东华大学学报》(自然科学版)2001 年第 2 期。

有租金的价值。企业创新能力是持续竞争优势的关键是长期以来被公认的观点(Hitt,1997)。创新对竞争优势获取的作用主要表现在以下几个方面:一是创新活动使企业能够领先一步,不论是成本、技术或是组织体系方面的领先会使企业成为行业中的先行者,其后的竞争对手需要花费更多的时间和精力来追赶。不仅如此,很难被模仿的创新更可能带来持续的竞争优势。二是准确地反映了市场需求和客户价值的创新更能够形成差异化,这种差异化优势是激烈的竞争条件下保持持续竞争优势的重要来源。三是企业利用产业特征的创新会带来更加持续的竞争优势。四是创新所依赖的能力和技术如果被企业接受将会带来持续的竞争优势。①

3.2.4 学习能力与企业持续竞争优势

随着经济全球化以及市场的活跃,企业意识到需要不断地进行产品和流程的更新进而创造和维持企业竞争优势。重要的是,组织经济学家开始将组织学习看作是一个重要的能力并研究其对组织绩效的影响。学习能力指的是促进组织学习过程的组织特性和管理特性,它有利于组织学习,在学习过程中起到重要作用(Chiva, Hlegre and Lapiedra,2007)。组织的学习能力以有效的方式增加企业的知识,改变企业行为。因此,学习能力被认为是组织处理知识的能力——即创建、获取、转化、整合知识,调整企业行为以反映新的认知情形,改进企业绩效的能力。②

大多数关于组织学习的研究隐含了这样一个假定:学习可以提高组织未来的绩效(Fiol and Lgles,1985)。许多企业意识到要应对环境的快速变化需要不断地调整和创新,因而学习能力越来越成为企业的关键能力之一,是企业获得持续竞争优势的必要条件。科恩和莱恩

---

① 参见范诵:《企业文化、技术创新与企业绩效:匹配模式——深圳企业的案例分析与实证研究》,经济科学出版社 2006 年版,第 77 页。

② 参见蔡莉、尹苗苗:《新创企业学习能力、资源整合方式对企业绩效的影响研究》,《管理世界》2009 年第 10 期。

(Cohen and Ryn,2008)通过比较学习型组织与其竞争对手的财务绩效,发现学习能力有利于企业的知识转移以及新知识的产生。因此学习型组织具有较强的财务绩效,这也是表明企业的学习能力可以提高财务绩效进而取得竞争优势。普列托和里维拉(Prieto and Revilla,2006)通过研究西班牙111个企业,探究了企业的学习能力与企业绩效的关系,结果显示学习能力对企业的财务绩效与非财务绩效都有积极的影响。[①] 蔡莉、尹苗苗认为,企业学习能力通过知识的获取、传播和共享而不断提高,这种基于企业成员共同的知识体系是一个企业的重要无形资产。该无形资产导致企业成员的认知和行为发生变化,有利于企业快速成长,因此只有不断培育和提高学习能力,才能有利于企业内外知识、信息的交流和共享,才能够提高企业成长绩效。[②]

能够获取持续竞争优势的企业将是具有较强学习能力的企业。研究表明,组织学习能力对于企业的发展具有以下几个方面的影响:其一,通过组织学习,企业可以较为充分地了解组织的内外部环境,提高组织的灵活性,从而快速地调用和配置组织的内外部资源,满足顾客潜在和现实的需求。[③] 其二,由于企业的产品或服务是企业各种知识以特定的组合方式作为输入形成的产出。这些大量知识和其特定的组合方式是企业长期组织学习的结果,具有路径依赖性和原因模糊性,竞争对手很难较快和全面复制。另外,由于企业知识中存在大量的隐性知识,这些知识难以表述和编码,具有黏性,因此很难转移和复制。[④] 其三,通过组织学习,企业可以较为充分解自身的能力和外部环境的机会,从而可以在其既有组织能力和资源的基础上,发现市场机

① 参见周辉:《企业持续竞争优势源泉》,知识出版社2008年版,第49页。

② 参见蔡莉、尹苗苗:《新创企业学习能力、资源整合方式对企业绩效的影响研究》,《管理世界》2009年第10期。

③ S. F. Slater , J. C. Narver, "Market Orientation and the Learning Organization," *Jaurnal of Marketing*, vol. 59, no. 3, 1995, pp. 63-74.

④ R. M. Grant , "Toward a knowledge-based theory of the firm," *Strategic Management Journal*, vol. 17, no. S2, 1996, pp. 109-122.

会，实现组织能力和资源的多种应用，使资源具有衍生性。

总之，组织学习不仅具备提供出色的顾客价值和难以复制的特点，并且通过组织学习，企业可以在原有组织能力和资源的基础上发展出新的业务，因此，企业学习能力是一个企业基于能力的持续竞争优势的重要资源。

3.3 企业文化对企业能力的作用分析

3.3.1 企业文化通过企业能力影响企业的持续竞争优势

1. 对企业文化的界定

从前面关于企业文化的文献研究来看，国内外学者对企业文化的内涵界定存在着较大的差异，其原因主要在于研究者的视角和提取的特征量不同所致。但无论企业文化的概念如何多变，其核心内容始终是企业的核心价值观和基本信念。剔除相互间的差异，仍能找到人们对于企业文化的共同见解。如共享的价值理念、员工的行为方式与思维方式、具有激励性和指导性作用等等。

在本书的第 2 章中已经阐述过，在企业文化内涵界定方面，国内与国外学者存在着差异。西方学者对企业文化的理解比较一致，且其视野中的企业文化主要是指企业价值观以及企业价值观为核心的思维方式和行为方式。而国内学者对企业文化的理解差异比较大：既有类似于西方学者的狭义（企业文化的“精神说”），也有广义的理解（“总和说”“同心圆说”）；也有的仅从企业文化的外层表现形式来理解企业文化（如“CIS”战略）；甚至有的将社会文化范畴的传统文化、人文或文化典故以及文化娱乐活动都带到企业文化的意义中。从而使企业文化的概念较为宽泛，而不具有一定的明确性和针对性。这从某种角度上反映了我国学者的思维习惯，即往往从广义和狭义两个角度去下定义，因而表现得比较“全面”。同时尽量追求大而全，要求涵盖的内容广泛；反而不能像西方学者一样，使某些定义更加细化和具体化。

基于以上的分析，我们赞同大多数西方学者的观点，主要从狭义的角度来理解企业文化的内涵，即从观念形态和精神意识层面来定义企业文化。因此从研究企业文化与企业持续竞争优势的角度出发，我们对企业文化的定义界定如下：企业文化是企业员工共同拥有和普遍信奉的，能够对企业员工行为和企业行为起到指导性作用的以价值观为核心的价值理念体系。

这一定义可以作如下阐释：

(1)价值观是指评价主体对评价对象及其价值性的基本看法、判断和评价，本质上反映的是价值评价主体内在的基本价值取向(或价值判断标准)、核心信仰或主导思想意识。

(2)企业的价值观是指一个企业在全部经营活动中用科学理性思维所形成、带有明确导向性和价值判断的意识或思想，是主体或多数员工一致认同、推崇和信奉的关于企业经营管理活动的意义判断。

(3)企业文化属于群体价值观，是群体中主体或者多数成员个人价值观相互交流融合后所形成的一种"共识"。这种价值理念是在企业实践和员工行为中真正起作用的价值理念，而不仅仅是一种倡导或者信奉的价值理念，是企业对自身经济活动价值的一种信念、倾向和主张。

(4)企业文化价值理念体系是一个系统性的结构，是由许多具体的价值理念(战略愿景、使命、核心价值观、管理理念、经营理念、市场理念等)构成的。它属于企业性质的价值理念，有着强烈的个性。在作用上，是真正解决企业问题的理性思维，能够激励、约束和引导企业员工的行为，推动企业的持续发展。

2.把企业能力作为中间变量

企业文化作为企业重要的无形资产，根据前面关于企业文化与企业能力、企业能力与企业持续竞争优势关系的论述，采用理论演绎推论的方法，可以得出这样的结论：企业文化这种无形资产是企业持续竞争优势的重要来源。

然而，企业持续竞争优势的产生却不是企业文化这种无形资源所直接带来的，而是通过企业能力的提升，促进企业的绩效，进而带来竞争优势。关于企业文化不能直接带来竞争优势,可以以"强势文化"理论中的文化失效为例加以说明。20世纪80年代,强势文化几乎被认为是美国企业持续成功的驱动因素。然而在后来的研究中,发现这种强势文化并不是在任何情况下都有效,它的作用受一定条件的限制。只有当与外部环境相匹配时,强势文化才会发挥作用。这种与外部环境的匹配程度就可以看作是一种能力。有了这种能力,企业文化才能发挥它的指导作用,进而影响员工的行为。而行为的采取或活动的开展,才会带来企业绩效的提高和保持持续的竞争优势。[①]

很显然,企业的物质资本、技术及其他无形资本往往能对企业竞争力构成直接影响,或者直接成为企业竞争力的一部分;但企业文化却不能,它对企业竞争力的作用是间接的。因为企业文化是一种价值理念,它只有在取得企业员工认可并成为人们的思维方式和行为方式之后,才会对企业竞争力产生作用力。从价值创造和价值实现的角度看,企业文化的价值创造和价值实现是间接的。也就是说,企业文化需要通过某些能力的提升,对企业持续竞争优势产生作用,从而完成价值的创造和实现,并以这种方式对企业的竞争力和竞争优势产生影响。[②]

施瓦兹和戴维斯(Schwartz and Davis,1981)认为,文化会通过影响中间机制最终对企业绩效产生作用。[③] 例如,文化会通过影响组织的管理行为来限制组织的行为准则,影响企业的绩效。文化支配着一个公司的资源分配、系统的使用、对结果的认识和回报,还有管理者所能使用的处罚权力。施瓦兹和戴维斯指出,企业绩效是根据组织文化与系统、策略和实施方法相符与否的情况而定的。学者们的这种逻辑可以推导出一个基本观点:企业文化是通过企业各种管理要素的协调和能力提升影响企业的绩效。

① 参见张旭:《企业文化对竞争优势的影响机理研究》,大连理工大学博士学位论文,2007年。

② 参见张旭:《企业文化对竞争优势的影响机理研究》,大连理工大学博士学位论文,2007年。

③ H. Schwartz, S. M. Davis, "Matching corporate Culture and business strategy", *Organizational dynamics*, vol. 10, no. 1, 1981, pp. 30-48.

由此可见，企业文化作为企业员工共同的价值理念，就如同企业的灵魂一样，决定了人们对经营活动意义的价值判断，是企业成员的思维方式和行事准则。但是理念和准则是不能直接带来绩效或优势的。只有以这种理念和准则行事，在活动的开展或行为的进行中形成一种可随时发挥的能力，这些能力又可以为企业带来高绩效时，才可以说企业文化起到了促使企业绩效和保持持续竞争优势的作用。

因此，企业文化作为一种无形资源对竞争优势的作用，要通过企业能力的整合和运用。所以本书在探讨企业文化与持续竞争优势的关系时，将引入企业能力作为中间变量，进而探讨二者之间的关系。而且这种能力一方面要对竞争优势有显著的影响作用，另一方面还要受到企业文化的影响。

3.3.2　企业文化特质的测量

经济学中的主流企业理论在演变深化的过程中，越来越显示出引入企业文化或价值观因素的必然性。因为人们逐渐认识到企业本身是一种文化载体或文化共同体，是人类文化积累的产物。共同的价值观和信仰在企业内部本身就是一种心理合约、一种稀缺资源、一种独特能力和一种隐性知识。而从管理的实践层面，随着时代变迁和环境的变化，企业的文化价值理念逐步改变了作为竞争力根源的企业能力体系，引起企业资源体系和竞争优势的相应变化。使企业竞争力的结构渗透了更多的文化内涵，企业文化在企业竞争优势形成中的重要作用日益显著。正如肯尼迪、迪尔在《公司文化》一书中指出：每个企业（事实上也是组织）都有一种文化。不管是强烈还是微弱，公司文化有力地影响到整个组织，文化对企业的成功具有重要的作用。①

从目前的研究看，似乎企业文化与持续竞争优势的关系不言自明，但是在相关的研究中，学者们更多关注的是企业文化的不同表现以及不同类型的企业文化和绩效之间的关系。企业文化和企业持续竞争优势都是由多种因素构成的复杂体系，要探寻两者之间到底存在怎样的联系以及这种联系

① 参见[美]阿伦·肯尼迪、特伦斯·迪尔：《公司文化》，孙耀君等译，三联书店 1989 年版，第 22 页。

的产生机理，首先就需要对企业文化进行分析，以发现不同文化特质对竞争优势的影响和作用程度。

1. 企业文化特质的界定

在实践中，人们一般认为，企业文化是指组织成员的共同价值理念体系，它使企业独具特色，这种共同的价值理念体系实际上是组织所重视的一系列关键特质。企业文化特质是指企业文化在特定的环境下对企业表现出来的一种特性。文化中的这些深层次特性渗透在文化体系的其他层次中，并以此为中介，传递到企业各种能力的形成和提升过程中。

从企业的实际来分析，每一个企业都有自己的文化，而且企业文化是企业独特的个性，因此不同的企业，自然也有不同的企业文化。对此，应当如何进行表征和描述呢？不同的视角会产生不同文化的分类方法，但在企业文化的不同特质中，每一种特质都可能是文化的一个核心要素，任何一个企业文化都会在不同的维度上有不同的反映，也都会在某一特质上有更加突出的表现。

2. 企业文化特质的度量

研究所涉及的因素，其度量指标的设计是后续实证研究当中最关键的问题之一。度量指标的设计好坏，在很大程度上决定了统计分析结果及结论的可靠性和有效性。① 对企业文化特质的度量首先必须对其进行概念化。概念化过程的最终结果是一组在我们心中的特定指标（测量题项），这些指标可用来指明研究的概念行为是否出现。因此，在界定企业文化特质的概念化阶段则必须对其进行抽象性定义，并从文献探讨中归纳出足以代表各维度的测量题项。为此，在企业文化特质的度量过程中，我们遵循以下步骤和方法：

第一，首先通过文献检索查找已经被前人使用过，并被证明有效的企业文化特质度量指标。

---

① 参见范诵：《企业文化、技术创新与企业绩效：匹配模式——深圳企业的案例分析与实证研究》，经济科学出版社 2006 年版，第 220 页。

第二，如果不能找到恰当的指标，那么我们就根据现有的文献中对企业文化特质的论证，归纳出学者们在对企业文化内涵进行界定时反复出现的、共同的几个关键性词语，根据出现的频率及比例确定度量指标(见表 3-2 和 3-3)。

第三，设计相关的测量题项，对企业的中高层管理人员进行访谈，验证企业文化特质的归纳、总结(见表 3-4)。问卷中企业文化相关测量项目及问句设计见本书附录。

为了保证研究的客观性，充分体现理论结合实践、理论指导实践的管理学研究原则，我们在进行企业文化特质的研究过程中，特别跟踪采访了 132 位企业管理者、相关专家，采取问卷调查的方式对他们进行访谈，了解和总结他们认为合理的企业文化的特质。我们在问卷中采取了李克特 5 级量表的测量方法，让 132 位企业管理者和相关专家对有关企业文化一致性、激励性、共享性、整合性、适应性、独特性和引导性的 14 个测量题项进行打分，根据分数高低来判断研究所提出的企业文化特质是否符合企业的实际和既有研究的结论。

调查结果表明，企业文化的整合性、激励性、共享性、独特性、一致性、适应性的均值都在 4 以上，表明研究所选取的企业文化的特性都符合经验的结论。

通过表 3-4 的访谈调查，可以甄选出企业文化对企业持续竞争优势的四种主要特质：一是整合性的企业文化，主要反映文化影响企业对内外资源的配置、协调的程度；二是适应性的企业文化，主要反映文化能够对企业内外部环境以及顾客价值需求的适应程度；三是激励性的企业文化，主要反映企业内部形成激励机制氛围，调动员工主观能动性的程度；四是共享性的企业文化，主要反映文化作为全体员工共享的价值理念，影响企业员工相互合作、信任的一致性程度。

表 3-2 对企业文化特质研究侧重点的统计

相关研究 \ 企业文化特质		整合性	激励性	共享性	独特性	一致性	适应性	引导性	规范性
国外研究	霍夫斯泰德 (Hofstede,1980)		√	√		√		√	
	霍恩斯 (Horns,1980)								√
	彼得斯和沃特曼 (Peters and Waterman,1982)		√		√	√		√	
	迪尔和肯尼迪 (Deal and Kennedy,1982)	√	√	√		√	√		√
	蒂奇 (Tichy,1982)			√					
	帕斯卡尔和阿索斯 (Pascale and Athos,1982)				√				
	奎因 (Quinn,1984)					√	√		
	沙因 (Schein,1985)	√		√			√	√	
	格里亚蒂 (Gagliardi,1986)						√		
	巴尼 (Barney,1986)				√				
	施耐德 (Scheider,1990)		√					√	
	布莱彻 (Bleicher,1991)	√	√		√			√	
	科特和赫斯科特 (Kotter and Heskett,1992)		√			√			
	克雷默 (Cremer,1993)						√		
	丹尼森 (Denison,1995)		√				√		
	谢里登和斯特恩 (Sherridon and Stern,1996)	√					√		
	库兹 (Kouzes,1997)			√					
	丹尼森 (Denison,1996)			√		√	√	√	
	塔萨瓦拉等 (Tassawalla et al. ,2002)			√					

续表

相关研究 \ 企业文化特质		整合性	激励性	共享性	独特性	一致性	适应性	引导性	规范性
国外研究	查尔斯和甘切尔(Charles and Gancel,2002)	√	√						√
	索恩伯利(Thornberry,2003)		√				√		
	科特和赫斯科特(Kotter and Heskett,2004)		√						
	法默(Farmer,2005)	√	√		√				
国内研究	管益忻、郭廷建(1990)	√			√		√		
	罗长海(1999)		√					√	
	王成荣、周建波(2002)	√	√	√			√		
	石伟(2004)	√	√				√	√	
	陈维政等(2005)	√	√						
	陈丽琳(2005)	√		√					√
	王娜(2006)		√					√	√
	李丽、宁凌(2006)		√			√			
	汤伟伟、王旭(2008)		√					√	√
	王文臣(2008)	√	√						

注:该表参照了张旭(2007)年关于企业文化导向的测量方法,根据 1980～2010 年有关企业文化的论文及著作整理,"√"表示该研究在此方面进行侧重阐述。

表 3-3　企业文化特质研究文献频率统计

描述统计量	国外研究引用数	所占比例 1	国内研究引用数	所占比例 2	总引用数	所占比例 3
整合性	6	23%	6	60%	12	33%
激励性	12	46%	8	80%	20	56%
共享性	9	35%	2	20%	11	31%
独特性	5	19%	1	10%	6	17%
一致性	6	23%	1	10%	7	19%
适应性	10	38%	3	30%	13	36%

续表

描述统计量	国外研究引用数	所占比例 1	国内研究引用数	所占比例 2	总引用数	所占比例 3
引导性	6	23%	4	40%	10	28%
规范性	3	12%	3	30%	6	17%

注:在“对企业文化特质研究侧重点统计表”中引用国外研究 26 例、国内研究 10 例、共引用国内外研究 36 例,分别是上表中所占比例 1、2、3 的分母。

表 3-4 关于企业文化特质的访谈调查结果

描述统计量	N	极小值	极大值	均值		标准差	方差
	统计量	统计量	统计量	统计量	标准误	统计量	统计量
激励性	132	1.00	5.00	4.0966	0.07009	0.80531	0.649
共享性	132	1.00	5.00	4.0966	0.07009	0.80531	0.649
整合性	132	1.00	5.00	4.1427	0.07186	0.82557	0.682
适应性	132	1.00	5.00	4.1196	0.07081	0.81359	0.662
独特性	132	1.00	5.00	4.1312	0.07130	0.81913	0.672
一致性	132	1.00	5.00	4.2348	0.07893	0.90680	0.822
有效的 N(列表状态)	132						

3.3.3 企业文化特质对企业能力作用的理论假设

1. 企业文化的整合性对资源配置能力的作用

刘晓敏、刘其智认为,企业的资源经过整合形成能力,每一种能力都是由特定的资源配置整合形成的。资源整合过程实际上代表着企业通过配置与调整资源来实现理想状态,该过程把组织的互补资源黏合在一起。资源整合通过有形资源和无形资源之间互动形成能力,这种创造出的特定能力有利于企业战胜竞争者。①

在企业各种资源的配置中,具有整合性特质的企业文化起到了积极的作用,因为企业文化本身就是一系列价值理念的结合而形成的一个体系。资源的选择除了受制于技术和信息外,也与人类的行为规范及风俗、习惯等相关。这种制度和企业的观点将经济的优化延伸到社会的正义和社会的责任。奥利弗(Oliver,1991)提出了"组织制度资本"这一概念,认为它是促进资源得以最佳利用的背景因素。所谓"整合"就是事物结合的整体。

首先,企业文化的整合性对资源的有效配置,是通过诱导或改变组织成员的价值观念和行为方式来实现的。这种整合将决定员工的哪些行为是合理的和可以接受的,哪些行为是不合理或应当摒弃的,这势必影响到资源的积累和选择,进而决定企业是否能获得持续竞争优势。正是由于企业文化的这一特质能够减少企业组织内部的内耗,使资源得到有效的配置和利用。从而导致它在组织特有的、共享的资产或资源转化为企业组织资本价值形态方面的作用是企业制度或组织结构所不能替代的。② 同时,企业文化的整合性还表现在对企业战略、组织结构和各种管理要素进行协调和配置的功能上,使企业合成一个效率的整体,给企业带来协同机会。日本学者伊丹广之认为:"各类隐形资产中蕴含着许多协同的机会,如果能搭乘上协同这辆快车,公司将会拥有更加耐用、更加锋利的竞争武器。"③

其次,企业文化的整合性还表现在对外部资源的整合上。当今企业的竞争越来越依赖于市场势力的大小,而市场势力除了由品牌特点所决定的需求弹性以外,企业对资源的控制和调动能力也是其有效提高市场垄断势力的保证。因此越来越多的企业通过产品多元化、并购、联合与合作等多种手段扩大产品的市场覆盖面,增强其资源调动能力。在这种扩张中,企业文

① 参见刘晓敏、刘其智:《整合的资源能力观——资源的战略管理》,《科学学与科学技术管理》2006 年第 6 期。

② 参见赵顺龙:《基于企业文化的组织资本形成研究》,《南京师大学报》(社会科学版)2004 年第 6 期。

③ [英]安德鲁·坎贝尔、凯瑟琳·萨姆斯·卢克斯:《战略协同》,任通海等译,机械工业出版社 2000 年版,第 68 页。

化起着重要的整合、凝聚、吸引和同化的作用。[①] 如果没有文化的整合，不同来源的资源即使合并到一个企业集团中，也无法克服相互间的矛盾、冲突。因此，企业文化能够外延于企业的目标市场，在兼并其他资源时，企业可以通过优秀的文化移植进行整合，使原本没有发挥效用的各种资源，在新的文化整合力作用下实现效益和利润。

由上述分析可见，企业文化对企业具有强大的整合性，能够主动整合内外部资源，实现对文化环境与员工多元化价值的同化；并延伸对外资源的配置和协调，从而通过整合企业的存量资源和增量资源，使之发挥最大效用，保证企业的竞争优势。

根据上述观点，我们提出以下假设：

H1：企业文化的整合性对企业资源配置能力有直接的正向影响。

2.企业文化的适应性对核心能力的作用

根据普拉哈拉德和哈默尔的观点，企业核心能力创造持续竞争优势的机制是：在既定的市场环境中发现顾客需求，然后依据其所拥有或控制的战略资源构筑核心能力，通过整合核心能力创建核心产品，在核心产品基础上生产出最终产品或直接出售，创造持续竞争优势，如前文图 3-9 所示。

沙因在《企业文化与领导》一书中将企业文化在企业持续发展中的作用概括为两个方面，即企业文化的作用表现在解决企业组织的两大基本问题上：一是外部适应与生存问题，企业文化能够提高企业在外部环境中的生存能力和对外部环境的适应能力；二是内部结合问题，企业文化能提高企业内部的凝聚力，解决企业内部的结合问题。丹尼森和梅士拉(Denison and Mishra，1993)在沙因对企业文化的研究成果基础上，提出了适应性文化。认为强调转变与外部适应的文化特性可称为适应性。适应性文化以实施灵活性和适应顾客需要的变化把战略重点集中于外部环境适应上为特点。这种文化鼓励那些支持组织去探寻、解释和把环境信息转化成新的反应行为能力

① 参见夏若江、姚乐：《基业长青的灵魂——合作型企业文化》，华中科技大学出版社 2005 年版，第 47 页。

的准则和信息。

企业文化的适应性特质对核心能力的作用，首先表现在能够引导管理者价值理念的改变，简化决策程序，保持决策的一致性，帮助组织处理复杂的决策问题；能够通过对企业战略目标、组织结构的适应和协调，提高企业的管理效率和经营效率，将核心能力迅速转化为核心产品，形成具有开发独特技术、独特产品的能力，从而增强企业的竞争力。其次，这种适应性还更多地表现在能够强化对外部环境的适应能力和应变能力。沃伦·本尼斯(Warren G. Bennis，1970)指出，企业文化能够帮助企业迅速对顾客需求或竞争对手的行动做出反应。汤姆·彼得斯(Tom Peters)认为："企业文化若能充分尊重消费者因素，能促进企业改革以满足消费者的需求，这种文化就有助于企业提高自己对市场环境的适应程度。"[①]这种反应使企业更加重视顾客需求，更好地满足顾客需求，从而为消费者创造价值，并通过这种价值创造体现竞争优势。再次，从企业文化的有效性来看，企业文化自身也必须要适应环境。与企业环境不相适应的企业文化要么会降低价值创造，要么会阻碍价值实现，从而必然会影响企业竞争力的提升。企业文化与环境的适应性要求决定了具有竞争力的文化的特征——时代性、民族性、地域性、行业性，也决定了企业文化的独特性。实践也证明，当企业外部环境等出现重大变化而原有的核心竞争力不再适应时，企业文化是企业重新确定适宜的核心竞争力的有力保障。国际上许多百年公司经历了多次的产业转换而仍然保持旺盛的发展态势，很重要的原因就是其优秀文化保障了核心能力的平稳更替。由此可见，企业文化的适应性会影响组织感知外部环境并迅速做出响应的能力、组织对内部顾客做出响应的能力、组织为响应外部环境和内部顾客而进行结构调整的能力以及将适应性行为和流程予以制度化的能力，进而影响组织有效性，提升企业的核心能力。

根据上述观点，我们提出如下假设：

---

① [美]约翰·科特、詹姆斯·赫斯克特：《企业文化与经营业绩》，曾中等译，华夏出版社 1997 年版，第 7 页。

H2:企业文化的适应性对企业核心能力有直接的正向影响。

3.企业文化的激励性对创新能力的作用

企业如今处在一个迅速变化的时代,外部环境日益动荡复杂和不确定,不可预测的因素不断增多,并不可避免地伴随着企业的一切活动。企业在这种环境下求得生存和发展,就必须不断地进行制度、战略、技术、管理、营销等方面的创新,打造创新型企业,以保持和发展企业的持续竞争优势。

在当今变革的时代,只有培育出主动型创新性的文化,才能促使企业的不断创新,企业文化的创新性是企业创新的灵魂,是企业保持竞争优势的先决条件。霍夫曼等(1993)发现社会文化会通过对领导方式的影响而影响创新①;沙因(1985)通过研究组织的氛围对创新影响来说明组织文化对创新的作用;斯科特和布鲁斯(Scott and Bruce,1994)发现组织中上下级之间的交流会对创新起到支持作用,组织中上下级之间的相互信任、相互支持也与创新正相关。②

激励是基于企业内外环境的推动和影响而诱发个人(或群体)产生的一种自勉力、驱动力和进取精神。企业文化的激励性特质对创新能力的作用,主要表现在它具有营造氛围、构建机制和激发精神的动力。

首先,企业文化的激励性有助于企业创新环境的培育。企业文化能够为员工构建起一个良好的激励环境,环境的好坏与激励的强弱有关。具有良好激励文化的企业,不仅其内部环境比较和谐,员工能够把企业的发展与自身的发展结合起来,迸发出创新的动力;而且有利于形成鼓励尝试、冒险,容忍失败、挫折的氛围,不断激励员工的"心智模式",把潜在的智慧开发出来,形成创新性的思维。

其次,企业文化的激励性有助于创新机制的建立。企业文化不仅为组织创新营造氛围,还能够在一种支持创新性为核心的价值观指导下,通过制

---

① R. C. Hoffman , W. H. Hegarty , "Top management influence on innovations: Effects of executive characteristics and social culture," *Journal of Management*, vol. 19, no. 3, 1993, pp. 549-574.

② S. G. Scott , R. Bruce, "Determinants of innovative behavior: A path model of individual innovation in the workplace," *Academy of Management Journal*, vol. 37, no. 3, 1993, pp. 580-607.

度和规范，构建鼓励创新，反对守旧的激励机制。在这种机制下，创新人员“人人受尊重，人人被尊敬”，任何创新的想法和主意都能得到肯定，并给予回报。通过目标激励、领导行为激励、竞争激励、奖惩激励、精神激励等多种手段的综合运用，全面激励员工创新的主观能动性。

再次，企业文化的激励性有助于员工创新精神的激发。心理学家认为，人在无激励状态下只能发挥自身能力的10%～30%，在物质激励的状态下能发挥自身能力的50%～80%，而在得到适当精神激励的状态下，能将自己的能力发挥至80%～100%，甚至超过100%。[①] 物质激励到一定程度时就会出现边际递减现象，而来自精神的激励，则更持久、更强大。心理学也证明，人越认识到自己行为的意义，行为的社会意义就越明显，也就更能产生行为的强大驱动力。当一个企业激励性特质的文化十分突出时，企业成员对企业价值理念的认同感就越强，他们的学习意识、探索意识和创新意识就开始生成并逐渐强化。企业员工能够形成目标一致化、认识趋同化、行为协调化、相互信任化的局面，从而产生一种奋发进取的精神和献身事业的责任感，进而推动企业创新能力的提升。

有学者对3M、英特尔、惠普等公司进行研究时发现，它们能够在创新方面做得很好，关键原因就在于这些企业的文化具有能够促进创新的激励要素。这些要素是：鼓励冒险、奖励变革、开放性、共同的目标、自治权、行动中的信念。图斯曼（Tushman，1996）就组织如何提高创新绩效进行了一项涉及不同国家、不同文化、不同行业的调查研究，发现这些公司在提高创新绩效方面都拥有共同的基础性规范：挑战现状、容忍失败、鼓励冒险、提供资源和开放信息。[②]

根据上述观点，我们提出如下假设：

H3：企业文化的激励性对企业创新能力有直接的正向影响。

---

① 参见王文臣：《基于企业竞争力的企业文化理论与实证研究》，经济科学出版社2008年版，第37页。

② 参见张德、吴剑平：《文化管理：对科学管理的超越》，清华大学出版社2008年版，第126页。

4. 企业文化的共享性对学习能力的作用

组织学习能力以有效地方式增加企业的知识，改变企业成员的认知和行为，有利于企业的持续成长和取得竞争优势。美国得克萨斯 A & M 大学的希特(Hitt)认为："许多能力的基础都是建立在企业员工的技能和知识上，而且经常是建立在他们某方面专长上的。""知识是最重要的能力，最终会成为所有竞争优势的来源。但是，企业必须能够利用其所拥有的知识，并将其在不同的业务中进行传递。"①

而组织学习则是一种文化现象，只有在良好的企业文化氛围下，企业组织成员才有相互学习和交流的环境，企业的知识和技能也才能被大家共享。企业文化通过分享实践和思想习惯，提供了学习的方法、氛围、价值观和语言，并推动了群体和个人能力的演进。

企业文化的共享性是指全体员工对企业价值观的共同认可和高度的一致性。这种认可、认同使企业内部员工与员工之间、员工与团队成员之间以及团队与团队之间能够形成一种友好信任、积极沟通、相互协作、互帮互助的氛围与格局，从而通过文化的共享推动企业知识的共享，推动和提升企业的学习能力。

首先，企业学习能力被认为是企业现有知识重组或者整合的结果。在学习模式上，组织学习开端于"显性知识隐性化"，并循环于"显性知识隐性化"与"隐性知识显性化"之间。在此循环过程中，会不断地创造出新知识，并将知识持续地嵌入组织内部。而这种知识的嵌入过程，均是通过组织成员协作与交互性行动来完成，而企业能力就是通过这一循环过程来创建和发展的，从而获得和保持持续竞争能力。② 这里指的是"组织成员的协作与交互性"，实际上就是在知识共享价值观指导下，员工个人的知识财富(包括显性知识和隐性知识)通过各种交流方式为组织中其他成员所共享，从而转

① 参见[美]希特等:《战略管理——竞争与全球化(概念)》，吕巍等译，机械工业出版社 2005 年版，第 59 页。

② I. A. Honaka , "Dynamie Theory of Organization Knowlede Creation," *Organization Science*, vol. 5, no. 1, 1991, pp. 14-37.

变为组织的知识财富。

其次,企业内部的知识共享能否顺利实现,取决于能否建立促进知识共享的企业文化,培育知识共享的价值观和团队精神。主要体现在:(1)将知识共享与组织的共享价值观相联系,鼓励员工寻找、共享和创造知识,培养知识拉动力,激发员工内心愿意成为企业智力资源的一部分的渴求,将知识共享建立在已经存在的文化和价值中,使员工进行知识共享时更加自然。(2)创建知识共享的个体之间互动的文化氛围,培育员工互惠和无私的心态,在充分信任的基础上进行知识的交换和共享。(3)由上而下推动知识共享。企业管理层的个人示范和对下属的要求是企业知识共享文化的传播途径之一。来自高级管理层的支持和表率作用有利于向员工们传播知识的共享体系,企业管理者就应率先垂范,克服官僚作风,尊重员工,尊重知识工作者,努力与他们进行平等的对话和交流。

根据上述观点,我们提出以下假设:

H4:企业文化的共享性对企业学习能力有直接的正向影响。

3.3.4　企业文化对持续竞争优势作用的模型构建

现有文献关于企业文化和绩效实证研究认为,文化本身虽然不能直接保证企业成功,但企业文化的特质越鲜明、越强烈、越突出,就越能对企业能力的构建与提升产生驱动作用,从而提升企业的绩效,保持企业的持续竞争优势。

为了进一步探讨企业文化对企业能力影响的作用,提高研究的严谨性和科学性,根据企业文化文献研究和实际调查而总结归纳的企业文化的四种主要特质,即企业文化的整合性、适应性、激励性和共享性以及这些特质对企业持续竞争优势驱动能力的作用,将它们分别与企业的资源配置能力、核心竞争能力、创新能力、学习能力建立变量关系。笔者构建企业文化对持续竞争优势作用的模型如图 3-11 所示:

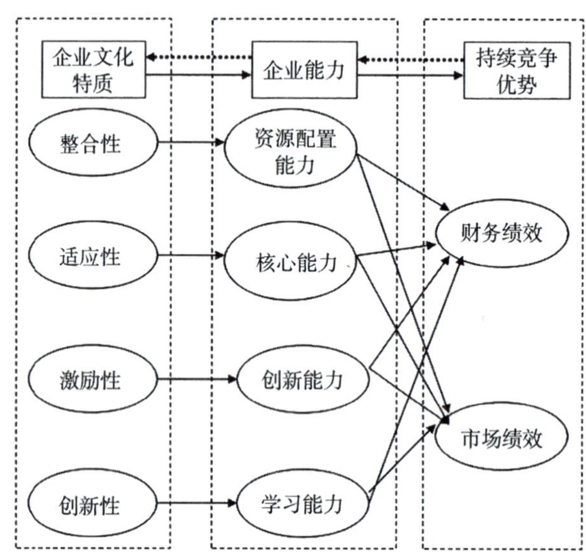

图 3-11　企业文化对持续竞争优势作用的模型

对上述模型的构建作如下说明：

1. 由于企业文化与企业持续竞争优势以及二者的关系问题涉及诸多方面的影响因素，这就使得本书在提出和阐述二者关系的理论分析中，面临着逻辑关系过于复杂、解释起来十分困难且不易理解的问题，尤其是不同的企业文化特质可能对企业的一种能力或多种能力都产生影响，如果多方面一一论述，就会变得十分烦琐。因此，我们假设一种企业文化的特质更主要地作用于企业某一种能力，从而突出了事物间相互关系的主要矛盾，借此对复杂管理问题进行简化和抽象，使复杂问题简单化、明了化。

2. 模型中的四种不同文化特质只是提供了一个基本框架来分析企业文化对持续竞争优势的作用机理。需要说明的是：第一，企业文化的特质不仅仅是这四种，从不同的视角度量可能会有不同的表现；第二，这四种不同的文化特质相互之间是没有排斥性的，且应当存在着交叉性。

3. 之所以只选择四种文化特质，是因为从各种有关企业文化与企业绩效的研究中，我们似乎可以得出一个简单的结论：某一种特定的文化特质只可以主要影响某一些企业绩效或组织效能的指标。一种文化不能使一个组织在各种绩效的指标上都得到提高。由此我们可以得出这样的结论：企业文化的目标决策是多目标决策。在设计企业文化的目标时，必须有所取舍，不要奢望能够提炼出一种企业文化来实现组织所有的目标。这一点也是理解企业文化的重要基点，同时在很大程度上决定了企业文化构建的方法论取向。

4. 无论是理论上的演绎还是实践中的表现，企业文化与企业持续竞争优势的关系是相互影响、相互作用的双向关系。模型中的点画线反映了企业持续竞争优势对企业能力尤其是企业文化的反馈作用。亦即企业越能够表现出优异的财务绩效和市场绩效，企业的各种能力就越能够得到强化，企业的持续竞争优势就越能够能得到维持；而企业持续竞争优势的增强，无疑会奠定企业雄厚的物质基础，使企业有条件、有能力形成塑造企业文化的物质基础。具体来说，首先，企业文化的构建和优秀文化的形成必须以企业的物质基础为前提。毫无疑问，不管是企业环境的改变、形象的塑造，还是激励制度的实施都需要一定的物质基础，田奋飞（2005）指出："有效的精神激励是建立在相当程度的经济激励的基础之上的，因为物质需要的满足永远都是人赖以存在和发展的第一前提。"①罗珉（2005）指出："只有物质基础的位移，才能够建立起组织的文化，千万切记，空谈组织文化，而没有物质基础的位移和改变，是建立不起来一个真正的组织文化的。"②其次，现实企业既非单纯的物的集合体，也非单纯的人的集合体，而是人的因素与物的因素共同构成企业赖以存续发展的集合体；尽管人的因素是最活跃最能动的因素，但若缺乏拥有竞争优势而带来的物的因素的配合，人纵有再大的能耐也发挥不出来，更无法转化为企业现实的生产力和竞争优势。最后，从利润价值链的角度来看，企业的持续竞争优势是由企业的业绩带来的，企业要取得优

① 参见田奋飞：《企业竞争优势源泉新论：一个整合的观点》，《社会科学家》2005 年第 4 期。

② 参见罗珉：《后现代管理理论辨析》，《管理科学》2005 年第 2 期。

异的业绩就必须向消费者提供优秀的产品和服务；要提供优秀的产品和服务就需要拥有优秀的员工；而企业要想拥有优秀的员工，就必须拥有强大的凝聚力和良好的文化氛围。由此可见，企业的持续竞争优势对企业文化也有正向的作用，限于篇幅的局限，不再展开详细论述和进行假设实证。

3.4 本章小结

本章首先对企业持续竞争优势内生论的理论观点进行了比较，根据不同学派理论演化的脉络，阐明了其内在的一致性，界定了有关企业持续竞争优势的内涵。在此基础上构建了企业持续竞争优势的分析框架，从理论演绎和实践思考的角度提出了驱动竞争优势的四种能力组合。其次，分析了企业文化通过企业能力这一中间变量对持续竞争优势产生作用的机理，对企业文化的内涵及特质进行了界定和测量，提出了企业文化特质对企业能力作用的理论假设，构建了企业文化对持续竞争优势作用的模型，并对模型进行了说明。

第4章　基于持续竞争优势的企业文化作用实证研究

关于企业文化的研究方法，一般可以分为定性研究和定量研究两种方法，这两种方法的结合，可以更好地保障企业文化研究的科学性。本章在前文定性研究提出假设的基础上，通过专家访谈和问卷调查的方式进行实证研究，以期对研究结论进行检验。

本章主要内容：

●问卷调查与样本描述

●变量设计与测量

●假设分析与证明

4.1　问卷调查与样本描述

4.1.1　问卷调查

通过问卷调查的实证研究方法采集数据这一环节，可采取如下步骤：第一，根据对国内外相关研究和文献的梳理，整合相关测量题项和内容，总结提炼企业文化、企业能力、企业竞争优势的相关测量指标。第二，采取专家访谈的形式，对企业文化、企业能力、企业竞争优势的相关测量指标进行调查，对步骤一的指标进行修订。第三，预调研，选择30家样本企业进行试调研，检验问卷的可操作性和可理解性，以避免正式调查中可能出现的认知上的错误。第四，形成最终正式的调查问卷。

调查问卷采取李克特五级量表的形式。问卷的主要内容分为五个部分：第一，关于企业文化现状的调查；第二，关于企业能力现状的调查；第三，关于企业持续竞争优势的调查;第四,关于企业绩效的调查;第五,关于企业基本信息的调查。

为了保证本次调查的科学性和严谨性,对问卷填答人员的职位有一定的要求,收回问卷后还要通过相应的问题对填答人员进行审核,仅保留由企业中高层管理者填答的问卷,删除其他不符合要求的问卷,确保填答人员对企业文化和能力有足够的把握,从而保证数据结果的真实有效。

本次调查的问卷采取纸质问卷的形式,通过 MBA 课堂和总裁班课堂进行发放,在问卷发放之前,由作者对受访者进行了详细的说明,以保证填答的过程准确。另外,填答问卷的注意事项和需要说明的问题均在问卷的醒目位置陈述。

4.1.2 调查样本描述性统计

本次问卷调查共发放问卷 300 份,收回 151 份,剔除 19 份无效问卷,有效问卷为 132 份,问卷的有效率为 44%。样本企业全部来自山东省,电子信息通讯企业为 8.33%,机械企业为 11.36%,石油化工企业为 7.58%,金融、保险业企业为 12.88%,建筑、房地产企业为 5.3%,商贸、餐饮业企业为 4.55%,交通运输、仓储业企业为 6.82%,电力与能源企业为 7.58%,其他企业为 32.57%,样本所在行业分布较为均匀,充分考虑了行业的代表性。从规模来看,100 人以下的企业占 25%,100~1000 人的企业占 33.34%,1000 人以上的企业占 41.67%。就企业性质而言,国有或国有控股企业占 39.39%,民营企业占 20.45%,股份制企业占 21.97%,合资、独资企业占 12.88%,其他企业占 5.3%。就企业营运情况,年营业额 1000 万元以下的企业占 10.61%,1000 万~5 亿元的企业占 42.42%,5 亿~50 亿元的企业占 24.24%,50 亿元以上企业占 22.73%。样本描述性统计如表 4-1 所示:

表 4-1　样本描述性统计

被调查企业基本情况		频数	百分比(%)
行业	电子信息通讯产业	11	8.33
	机械	15	11.36
	石油化工	10	7.58
	金融、保险业	17	12.88
	建筑、房地产	15	11.36
	商贸、餐饮业	6	4.55
	交通运输、仓储业	9	6.82
	电力与能源	7	5.30
	党政机关和社会团体	7	5.30
	其他行业	36	27.27
企业规模	10 人以下	3	2.27
	11～50 人	14	10.61
	51～100 人	16	12.12
	101～200 人	14	10.61
	201～500 人	16	12.12
	501～1000 人	14	10.61
	1001～2000 人	14	10.61
	2000 人以上	41	31.06
企业性质	国有或国有控股	52	39.39
	民营企业	27	20.45
	股份制	29	21.97
	中外合资企业	10	7.58
	外商独资企业	7	5.30
	其他	7	5.30
企业年营业额	500 万元以下	6	4.55
	500 万～1000 万元	8	6.06
	1000 万～3000 万元	20	15.15
	3000 万～1 亿元	11	8.33
	1 亿～5 亿元	25	18.94
	5 亿～50 亿元	32	24.24
	50 亿元以上	30	22.73

4.2 变量设计与测量

4.2.1 自变量设计与测量

根据本书的理论模型和分析，我们将企业文化的不同特性和类别作为自变量，查阅了大量的国内外文献，整理和挖掘了能够测量企业文化的不同特性和类别的代表性问题。所用量表中的问题大部分来自于国内学者，他们大都借鉴了国内外学者对企业文化测量方法而设计相关调查量表，这些量表在前人的研究中大都经过实证检验。综合如下表 4-2 所示：

表 4-2 自变量的测量

变量名	测量题项	文献来源
企业文化现状与特征	贵企业具有明确、一致的价值观和经营哲学来指导企业的经营管理	张德、潘文君(2007)①
	贵企业上到管理者下至普通员工都非常清楚企业的愿景和目标	同上
	贵企业的员工和领导者每时每刻都受到企业文化的激励和指引	同上
	贵企业有明确的使命并且该使命能够激励人心	同上
	贵企业有明确的价值理念，而且不单是口号，更多是转化为一种行动	同上
	贵企业部门与部门之间、员工与员工之间能够相互配合、支持，体现了团队合作精神	罗伯特·高菲、盖瑞士·琼斯(1998)②
	贵企业员工只是因工作发生冲突，并不是个人之间的矛盾	同上
	贵企业将企业精神、发展宗旨、行为准则、规章制度等广为宣传，鼓励并支持全体员工遵守和贯彻执行，使之付诸工作和生活中	同上
	贵企业有明确有序的岗位作业规范，执行严格	同上
	贵企业的管理制度健全，并且都能得到执行	同上
	贵企业整体内部工作流程合理，很有效率	朱凌(2008)③
	贵企业的管理制度和公司的发展相一致，管理制度科学合理	同上
	贵企业目前的组织机构能够实现对企业的有效管理	同上
	在贵企业中，企业管理人员经常谈论企业的发展战略和发展模式	同上
	贵企业的企业文化能够贯穿和渗透到企业运营的各个环节当中，且员工能感受到强烈的文化氛围	雷巧玲(2008)④

① 参见张德、潘文君：《企业文化》，清华大学出版社 2007 年版，第 112 页。

② 参见[英]罗伯特·高菲、盖瑞士·琼斯：《公司精神——决定成败的四种企业文化》，林洙如译，哈尔滨出版社 2003 年版，第 41 页。

③ 参见朱凌：《创新型企业文化的结构与重建》，浙江大学出版社 2008 年版，第 136～140 页。

④ 参见雷巧玲：《文化驱动：基于企业文化的心理授权对知识型员工组织承诺影响的实证研究》，经济管理出版社 2008 年版，第 166～168 页。

续表

变量名	测量题项	文献来源
企业文化现状与特征	贵企业内部人际关系融洽，有着良好的工作氛围	同上
	贵企业具有很强的向心力和凝聚力，领导和员工拥有克服困难的勇气和力量	同上
	贵企业的员工行为规范能够对员工行为起到约束作用	同上
	贵企业绝大多数员工感觉到在企业工作很有自豪感	同上
	贵企业员工不需要时时受到监控，他们的自觉性都很高	夏若江、姚乐(2005)①
	贵企业的薪酬制度能够反映出员工的实际能力	同上
	贵企业内机制或程序能够确保内部成员与外部之间的信息交流顺畅，重要市场信息能够及时得到反馈	同上
	贵企业内部信息广泛共享，每个人都能比较容易的得到自己所需要的信息	韦华伟、周丽(2008)②
	贵企业内部信息渠道畅通，领导可以知道基层所发生的事情，基层也很快能知道领导层的决策	同上
	在贵企业内部，各级领导倾向于采用正向激励奖励员工	同上
	贵企业非常重视企业的形象塑造和对外宣传	同上
	贵企业注重与合作伙伴之间的关系，有很强的社会责任感	同上
	贵企业十分重视人才的培养和使用	吴声怡、谢向英(2008)③
	贵企业绩效评估能够反映出员工的真正成绩	同上
	在贵企业下属如果有不同意见，可以与上级畅快沟通	同上
	贵企业员工的合理化建议能够受到重视	同上
	贵企业员工乐于向上级领导表达自己的想法	同上
	贵企业强调集思广益，为员工出谋划策提供有效途径	同上

① 参见夏若江、姚乐：《基业长青的灵魂：合作型企业文化》，华中科技大学出版社 2005 年版，第 22～42 页。

② 韦华伟、周丽：《企业文化的量化评估与提升——企业文化 7D 评估改进模型描述》，《人力资源》2008 年第 9 期。

③ 参见吴声怡、谢向英：《企业文化学教程》，上海财经大学出版社 2008 年版，第 169 页。

4.2.2 因变量设计与测量

本书中将企业能力的现状和类型作为因变量，本研究也通过查阅国内外文献的方式，整理和挖掘了能够测量企业能力现状和类别的代表性问题，综合如表 4-3 所示：

表 4-3 因变量的测量

变量名	测量题项	文献来源
企业能力现状和类型	我们企业非常注重品牌的创立和良好的企业形象塑造	袁泽沛(2008)①
	我们企业的客户对企业的满意度和忠诚度很高	同上
	我们企业具有非常强的市场开拓能力	同上
	我们企业经常第一个进入市场提供新产品或服务	同上
	我们企业能够适应市场变化要求，根据顾客需求调整产品及生产	同上
	近三年来，我们向客户提供新产品的数量不断增加	同上
	我们拥有先进的技术研发设施，研发能力强	李桂荣(2002)②
	我们的企业拥有核心技术，产品和技术很难被别的厂家模仿	同上
	我们企业的创新不仅表现在技术和研发，而是管理制度、市场等方面的整体创新	同上
	我们企业员工在创新方面做出成绩，会得到表扬和奖励，企业激励力强	朱凌(2008)
	我们企业的一般员工对企业有很强的向心力	同上
	我们企业的员工队伍比较稳定，凝聚力强	同上
	我们企业部门之间很少出现扯皮或推诿情况，团队协作能力强	同上
	我们企业的学习氛围浓厚，员工经常得到培训	同上
	我们企业员工的学习主动性、自觉性高，学习能力强	雷巧玲(2008)
	我们企业员工善于汲取新知识，是学习型组织	同上
	我们企业的管理人员业务素质较高，能够胜任管理工作	同上
	我们企业的基础管理扎实，管理能力在行业内比竞争对手强	袁泽沛(2008)
	我们企业的一般员工有熟练的操作技能	同上
	我们企业的企业文化很有特色对企业管理作用很大	同上
	我们企业根据内外部环境变化而不断进行变革调整的能力强	同上
	我们企业的战略规划和发展目标非常清晰	同上
	我们企业的竞争力与行业内其他企业显著不同，其他企业很难模仿和超越	同上

① 参见袁泽沛：《超竞争下组织学习与企业持久竞争优势研究》，科学出版社 2008 年版，第 236～242 页。

② 参见李桂荣：《创新型企业文化》，经济管理出版社 2002 年版，第 173～178 页。

4.2.3　控制变量设计与测量

企业性质、企业规模、所在行业是本次选择的三个控制变量。企业性质是我们选择的第一个控制变量，本书中仅将企业性质归纳分为两类：国有企业和非国有企业，因此用虚拟变量 D1 来代表，当 D1=1 时代表国有企业，当 D1=0 时则表示非国有企业。企业规模是又一个控制变量，根据问卷调查的结果直接作为自变量进入回归方程即可。企业所在行业作为虚拟变量的形式进入回归方程。

4.3　统计检验方法

对于调查问卷所得的数据，我们将采取描述性统计分析、信度与效度分析、因子分析、多元回归分析等统计方法进行分析，所使用的分析软件是 SPSS 13.0 统计软件。

1. 描述性统计分析

描述性统计主要对样本的基本情况（包括样本企业的规模、所属行业、成立时间、形式等）进行统计分析，说明各变量的频数、均值、百分比等，以描述样本的类别和特性。

2. 信度与效度分析

信度（Reliability）即可靠性，它是指采用同样的方法对同一对象重复测量时所得结果的一致性程度。一个好的测验必须是稳定可靠的，多次使用所获得的结果是前后一致的。简单地说，信度就是指测量数据和结论的可靠性程度，是测量的结果使人们可以信赖的程度有多大。

效度（Validity）即有效性，它是指测量工具或手段能够准确测出所需测量的事物的程度。效度实质上就是正确性程度，即测量工具在多大程度上反映了我们想要测量的概念的真实含义，效度越高，即表示测量结果越能显示出所要测量的对象的真正特征。效度分为三种类型：内容效度、准则效度和结构效度。

3. 因子分析

因子分析就是从众多原始变量或测量题项中构造出少数具有代表性意义的因子变量，即将问卷中众多测量某一指标或变量的问题构造出少数几个能够代表所测指标或变量特性的因子,起到降维作用。因子分析法特点有:因子变量的数量远少于原有的指标变量的数量;因子变量不是对原来的变量的取舍,而是对原始变量的信息进行重新组合;因子变量之间不存在相关关系;因子具有命名解释性。

4. 相关分析

相关分析是指用适当的统计量来描述两个变量(或现象)或多个变量(或现象)之间的相互关系,也就是定量显示变量(或现象)之间的相关程度的方法,常用的统计量是相关系数。线性相关系数是表示两个变量(X 与 Y)之间线性关系的密切程度和相关方向的统计指标。简言之,相关系数就是两个变量(或现象)之间相互关系的定量化描述。相关关系具有两个特点:第一,变量(或现象)之间确实存在着数量上的依存关系。第二,变量(或现象)之间数量上的关系不是确定的。但是相关分析能够描述客观现象之间存在的互相依存关系,并且根据相关系数的大小可以比较变量(或现象)之间关系的紧密程度。

5. 回归分析

回归分析是指对具有相关关系的现象,根据其关系形态,选择一个合适的数学模型(称为"回归方程式"),用来近似地表示变量间的平均变化关系的一种统计分析方法。回归分析与相关分析的区别在于:①相关分析中两个变量是对等关系,回归分析中两个变量不是对等关系。②相关分析只计算相关系数,地位不影响其数值;回归分析则需根据研究目的分别确定地位,建立不同回归方程。③相关分析要求两个变量都须是随机变量,而回归分析的要求是,自变量是可以控制的变量,因变量是随机变量。其联系在于:相关分析是回归分析的基础和前提;回归分析是相关分析的深入和继续。

4.4 统计分析

4.4.1 信度分析

采取克朗巴哈系数(Cronbach's α)一致性系数来进行信度检验,这个系数决定了变量测度的各题项间多高频率保持得分的相同。按照经验判断,管理学领域的研究，测度变量的克朗巴哈系数值应该大于 0.70 才能满足量表的效度要求。分别对问卷中自变量和因变量的测量题项进行信度检验，结果如表 4-4 所示：

表 4-4　企业文化测量题项的信度检验可靠性统计量

克朗巴哈系数(Cronbach's α)(α 一致性系数)	基于标准项的克朗巴哈系数(Cronbach's α Based on Standardized Items)	项数
0.961	0.962	132

根据统计结果显示，自变量各测量项的克朗巴哈系数为 0.961，大于 0.7，说明有关企业文化现状和特质的测量具有非常好的内部一致性，量表具有非常高的信度。

表 4-5　企业能力测量题项的信度检验可靠性统计量

克朗巴哈系数(Cronbach's α)(α 一致性系数)	基于标准项的克朗巴哈系数(Cronbach's α Based on Standardized Items)	项数
0.903	0.953	132

根据表 4-5 统计结果显示，因变量变量各测量项的克朗巴哈系数为 0.903，大于 0.7，说明有关企业能力现状和类型的测量具有非常好的内部一致性，量表具有非常高的信度。

本书中问卷的设计在借鉴、总结已有研究成果的基础上，与相关研究专家和企业管理者进行充分沟通和交流之后，补充和增加了部分测量指标。最后通过小范围预调查，根据相关的统计和检验结果对问卷中的部分测量题项再次进行了删减和修改，至此整理为最终的问卷调查表，因此问卷具有较高的内容效度。

4.4.2 因子分析

因子分析是研究从变量群中提取共性因子的统计技术，最早由英国心理学家C. E. 斯皮尔曼提出。因子分析可在许多变量中找出隐藏的具有代表性的因子。将相同本质的变量归入一个因子，可减少变量的数目，还可检验变量间关系的假设。因子分析的主要目的是用来描述隐藏在一组测量到的变量中的一些更基本的，但又无法直接测量到的隐性变量。

本书中应用的因子分析有两个要点：第一，KMO（Kaise-Meryer-Olkin）检验和巴特莱特球形检验（Bartlett’s test of sphericity）。一般而言，当KMO>0.7时，我们即可认为变量适合做因子分析。球形检验则是计算变量之间的相关矩阵，该值越大，且相伴概率小于显著水平，则认为原始变量之间存在相关性，适合做因子分析。反之则不适合。第二，采用方差最大法进行正交旋转，提取特征值大于1的因子作为公因子。同时为了研究的准确性和可信性，析出因子的累计方差贡献率应该大于60%，并且要求各测量题项的载荷系数均大于0.5。

1. 企业文化现状与特征的因子分析

表4-6　企业文化KMO检验和Bartlett球体检验结果KMO和Bartlett的检验

取样足够度的 Kaiser－Meyer－Olkin 度量	0.915
Bartlett 的球形度检验　近似卡方	2968.925
df	528
Sig.	0.000

首先对企业文化现状和特征的测量题项进行KMO检验和Bartlett球体检验（见表4-6）。其KMO值为0.915，大于0.7，非常适合做因子分析。Bartlett球体检验相伴概率为0，认为各测量题项之间存在相关性，适合做因子分析，结果如表4-7所示：

表 4-7　企业文化旋转后因子载荷矩阵

变量名称 / 测量题项		成分			
		1	2	3	4
整合性	贵企业具有明确、一致的价值观和经营哲学来指导企业的经营管理	0.684	0.019	0.270	0.216
	贵企业上到管理者下至普通员工都非常清楚企业的愿景和目标	0.426	0.279	0.386	0.360
	贵企业的员工和领导者每时每刻都受到企业文化的激励和指引	0.505	0.122	0.287	0.468
	贵企业有明确的使命并且该使命能够激励人心	0.576	0.165	0.374	0.372
	贵企业将企业精神、发展宗旨、行为准则、规章制度等广为宣传，鼓励并支持全体员工遵守和贯彻执行，使之付诸于工作和生活中	0.616	0.167	0.345	0.151
	贵企业的员工行为规范能够对员工行为起到约束作用	0.530	0.381	0.432	0.043
	贵企业绝大多数员工感觉到在企业工作很有自豪感	0.587	0.347	0.209	0.327
	贵企业非常重视企业的形象塑造和对外宣传	0.737	0.169	0.150	0.163
	贵企业注重与合作伙伴之间的关系，有很强的社会责任感	0.795	0.279	0.077	0.177
激励性	贵企业的薪酬制度能够反映出员工的实际能力	0.131	0.734	0.078	0.121
	贵企业内部信息渠道畅通，领导可以知道基层所发生的事情，基层也很快能知道领导层的决策	0.066	0.565	0.299	0.318
	贵企业十分重视人才的培养和使用	0.335	0.525	0.116	0.251
	贵企业绩效评估能够反映出员工的真正成绩	0.113	0.738	0.304	0.006
	在贵企业下属如果有不同意见，可以与上级畅快沟通	0.173	0.726	0.174	0.301
	贵企业员工的合理化建议能够受到重视	0.236	0.635	0.209	0.425
	贵企业员工乐于向上级领导表达自己的想法	0.123	0.615	0.094	0.465
	贵企业强调集思广益，为员工出谋划策提供有效途径	0.475	0.641	0.218	0.075
	贵企业内部人际关系融洽，有着良好的工作氛围	0.283	0.551	0.352	0.368
	贵企业具有很强的向心力和凝聚力，领导和员工拥有克服困难的勇气和力量	0.352	0.555	0.282	0.372
共享性	贵企业部门与部门之间、员工与员工之间能够相互配合、支持，体现了团队合作精神	0.100	0.193	0.558	0.424
	贵企业员工只是因工作发生冲突，并不是个人之间的矛盾	0.172	0.278	0.522	0.075
	贵企业有明确有序的岗位作业规范，执行严格	0.349	0.140	0.722	−0.171
	贵企业的管理制度健全，并且都能得到执行	0.225	0.136	0.727	0.221

续表

变量名称 / 测量题项		成分			
		1	2	3	4
共享性	贵企业整体内部工作流程合理，很有效率	0.171	0.230	0.588	0.399
	贵企业的管理制度和公司的发展相一致，管理制度科学合理	0.186	0.117	0.693	0.318
	贵企业目前的组织机构能够实现对企业的有效管理	0.088	0.219	0.525	0.432
	在贵企业中，企业管理人员经常谈论企业的发展战略和发展模式	0.244	0.232	0.606	0.260
适应性	贵企业的企业文化能够贯穿和渗透到企业运营的各个环节当中，且员工能感受到强烈的文化氛围	0.250	0.208	0.368	0.671
	贵企业有明确的价值理念，而且不单是口号，更多是转化为一种行动	0.385	0.106	0.228	0.624
	贵企业员工不需要时时受到监控，他们的自觉性都很高	0.284	0.292	0.096	0.673
	贵企业内机制或程序能够确保内部成员与外部之间的信息交流顺畅，重要市场信息能够及时得到反馈	0.401	0.264	0.129	0.533
	贵企业内部信息广泛共享，每个人都能比较容易的得到自己所需要的信息	0.248	0.348	0.186	0.575
	在贵企业内部，各级领导倾向于采用正向激励奖励员工	0.311	0.282	0.175	0.548
提取方法 ：主成分分析法。 旋转法 ：具有 Kaiser 标准化的正交旋转法。					

对企业文化的 33 个测量题项进行因子分析，结果得到 4 个特征值大于 1 的因子，这 4 个解释因子的累积方差贡献率大于 60%，符合管理学研究的相关要求。对落在这 4 个析出因子上的测量题项进行分析，根据其含义将这 4 个析出的因子分别命名为：企业文化的整合性、企业文化的激励性、企业文化的共享性和企业文化的适应性，这与前面的理论分析相吻合。统计结果中各观测变量的因子载荷都大于 0.5，说明问卷中关于这部分量表的建构效度较好，问卷设计合理。

2.企业能力现状与类型的因子分析

表 4-8　企业能力 KMO 检验和 Bartlett 球体检验结果 KMO 和 Bartlett 的检验

取样足够度的 Kaiser－Meyer－Olkin 度量	0.917
Bartlett 的球形度检验　近似卡方	1900.591
df	253
Sig.	0.000

本次研究共包括 23 个问题。首先，对这些测量题项进行 KMO 检验和 Bartlett 球形检验，其 KMO 值为 0.917，大于 0.7，非常适合做因子分析。Bartlett 球形检验相伴概率为 0，认为各测量题项之间存在相关性，适合做因子分析，结果如表 4-8 所示。

其次，对企业能力的 23 个测量题项进行因子萃取，结果得到 4 个特征值大于 1 的因子，这 4 个解释因子的累积方差贡献率为大于 60%，符合管理学研究的相关要求。表 4-9 显示了企业能力的测量题项可以析出 4 个因子，对落在这 4 个析出因子上的测量题项进行分析，根据其含义将这 4 个析出的因子分别命名为：资源配置能力、创新能力、核心能力和学习能力。统计结果中各观测变量的因子载荷都大于 0.5，说明问卷中关于企业能力量表的建构效度较好，这一部分问卷设计合理。结果如 4-9 所示：

表 4-9　企业能力旋转后因子载荷矩阵

		成分			
		1	2	3	4
资源配置能力	我们企业的战略规划和发展目标非常清晰	0.743	0.268	0.365	0.001
	我们企业具有非常强的市场开拓能力	0.690	0.336	0.109	0.084
	我们企业能够适应市场变化要求，根据顾客需求调整产品及生产	0.668	0.299	0.125	0.036
	我们企业的创新不仅表现在技术和研发上，而且表现在管理制度、市场等方面的整体创新	0.631	0.252	0.410	0.336
	我们企业员工在创新方面做出成绩，会得到表扬和奖励，企业激励力强	0.603	0.347	0.355	−0.091
	我们企业根据内外部环境变化而不断进行变革调整的能力强	0.599	0.357	0.307	0.079

续表

		成分			
		1	2	3	4
创新能力	我们企业员工善于汲取新知识,是学习型组织	0.212	0.789	0.233	−0.040
	我们企业员工的学习主动性、自觉性高,学习能力强	0.259	0.774	0.249	0.202
	我们企业的学习氛围浓厚,员工经常得到培训	0.405	0.720	0.186	0.016
	我们企业的基础管理扎实,管理能力在行业内比竞争对手强	0.510	0.655	0.134	0.151
	我们企业部门之间很少出现扯皮或推诿情况,团队协作能力强	0.268	0.648	0.354	0.000
	我们企业的一般员工有熟练的操作技能	0.253	0.620	0.060	0.332
	我们企业的管理人员业务素质较高,能够胜任管理工作	0.293	0.585	0.322	0.227
核心能力	我们企业的企业文化很有特色对企业管理作用很大	0.275	0.315	0.704	0.232
	我们企业的一般员工对企业有很强的向心力	0.251	0.352	0.798	0.167
	我们企业的员工队伍比较稳定,凝聚力强	0.237	0.286	0.766	0.120
	我们企业非常注重品牌的创立和良好的企业形象塑造	0.274	0.356	0.564	0.146
	我们企业经常第一个进入市场提供新产品或服务	−0.185	0.309	0.534	0.382
	我们企业的客户对企业的满意度和忠诚度很高	0.164	0.429	0.550	0.232
学习能力	我们拥有先进的技术研发设施,研发能力强	0.269	0.311	0.084	0.682
	我们企业的竞争力与行业内其他企业显著不同,其他企业很难模仿和超越	0.369	0.115	0.430	0.618
	近三年来,我们向客户提供新产品的数量不断增加	−0.076	0.081	0.093	0.790
	我们的企业拥有核心技术,产品和技术很难被别的厂家模仿	0.487	0.059	0.229	0.606

提取方法 :主成分分析法。
旋转法 :具有 Kaiser 标准化的正交旋转法。

4.4.3 假设检验

我们借助多元线性回归方法分析不同企业文化特征与企业能力的匹配关系,即企业文化的何种特质会对特定类型的企业能力产生最大的影响和贡献,从而指导企业在文化指引下进行能力和竞争优势的构建。

1. 多元回归模型

构建的多元回归分析模型为:

$$Y_i = \beta_0 + \beta_1 X_1 + \beta_2 X_2 + \beta_3 X_3 + \beta_4 X_4 + \beta_5 X_5 + \beta_6 X_6 + \beta_7 X_7 + \varepsilon \quad (4-1)$$

式(4-1)中，Y_i 表示企业的不同能力类型，包括资源配置能力、创新能力、核心能力和学习能力，X_1、X_2 和 X_3 分别表示企业性质、企业规模和所在行业，X_4 表示企业文化的整合性，X_5 表示企业文化的共享性，X_6 表示企业文化的激励性，X_7 表示企业文化的适应性。

2. 多重共线性检验

自变量之间是否有多重共线性问题，应该根据可容忍度(Tolerance)、方差膨胀因子(*VIF*)和条件指针(*CI*)等指标加以判断(吴明隆，2003)。我们选择方差膨胀因子(*VIF*)作为自变量间是否存在多重共线性的诊断依据。方差膨胀因子是容忍度的倒数，*VIF* 值越大，表示自变量的容忍度越小，越有多重共线性问题。一般认为，*VIF* 小于 10 表示自变量之间不存在多重共线性。

对于多元回归分析的自变量分别进行多重共线性诊断。分析结果显示，所有自变量的 *VIF* 值均在 2 以下，远远小于临界值 10。因此，可以拒绝自变量之间存在多重共线性的假设。

3. 多元回归分析

根据前面的模型构建和理论分析，我们将控制变量和企业文化的不同特质分别与企业能力类型进行多元回归，分析企业文化与企业能力之间的匹配关系。

(1)与资源配置能力匹配的企业文化

将三个控制变量和通过因子分析析出的 4 种企业文化的不同特质作为自变量，代入以资源配置能力为因变量的多元回归模型中，得到如下表 4-10 所示结果：

表 4-10　企业文化与资源配置能力的多元回归分析结果

	标准回归系数 β	T 值	显著性	Ad. R^2	ΔR^2	F 值
控制变量						
X_1(企业性质)	－0.212	－0.63	0.157			
X_2(企业规模)	0.109*	2.547	0.044			
X_3(所在行业)	0.098	0.58	0.104			
				0.09		1.482*
自变量						
X_4(整合性)	0.497**	4.462	0.021			
X_5(共享性)	0.213*	3.132	0.059			
X_6(激励性)	0.268**	3.176	0.036			
X_7(适应性)	0.204*	2.781	.071			
				0.764	0.701	24.698**

注：* $P<0.1$；** $P<0.05$。

统计结果显示，资源配置能力的多元回归方程中自变量的 ΔR^2 为 0.701，且 F 检验显著，表明企业文化能够解释 70.1%的企业资源配置能力的变异，该回归方程具有较高的拟合度。另如表 4-10，企业文化的整合性对资源配置能力的标准回归系数为 0.497，且在 0.05 水平上显著；企业文化的激励性对资源配置能力的标准回归系数为 0.213，且在 0.1 水平上显著；企业文化的共享性对资源配置能力的标准回归系数为 0.268，且在 0.1 水平上显著；企业文化的适应性对资源配置能力的标准回归系数为 0.204，且在 0.1 水平上显著。由此可见，企业文化的整合性、企业文化的激励性、企业文化的共享性和企业文化的适应性均对企业资源配置能力有正向的影响。

比较企业文化的四类特质与资源配置能力的标准回归系数，我们发现，企业文化的整合性的标准回归系数最大，这说明企业文化的整合性对于企业资源配置能力的影响最大，假设 H1 得到证明。

(2)与核心能力匹配的企业文化

将三个控制变量和通过因子分析析出的 4 种企业文化的不同特质作为自变量,代入以核心能力为因变量的多元回归模型中,得到如下表 4-11 所示结果:

表 4-11　企业文化与核心能力的多元回归分析结果

	标准回归系数 β	T 值	显著性	Ad. R^2	ΔR^2	F 值
控制变量						
X_1(企业性质)	0.134*	0.51	0.098			
X_2(企业规模)	0.270	1.368	0.212			
X_3(所在行业)	0.104	0.25	0.185			
				0.126		1.067
自变量						
X_4(整合性)	0.140*	2.176	0.068			
X_5(共享性)	0.238*	3.478	0.056			
X_6(激励性)	0.103	1.489	0.478			
X_7(适应性)	0.319**	2.781	0.042			
				0.379	0.315	16.757**

注:* $P<0.1$;** $P<0.05$。

统计结果显示,核心能力的多元回归方程中自变量的 ΔR^2 为 0.315,且 F 检验显著,表明企业文化能够解释 31.5%的企业核心能力的变异,该回归方程具有较高的拟合度。另如表 4-11 所示,企业文化的整合性对核心能力的标准回归系数为 0.140,且在 0.1 水平上显著;企业文化的激励性对核心能力的标准回归系数为 0.238,且在 0.1 水平上显著;企业文化的共享性对核心能力的标准回归系数为 0.103,在 0.1 水平上不显著;企业文化的适应性对核心能力的标准回归系数为 0.319,且在 0.05 水平上显著。由此,企业文化的整合性、企业文化的激励性、企业文化的适应性均对企业核心能力有正向的影响,但企业文化的共享性对于企业核心能力的影响作用并不明显。

比较企业文化的四类特质与企业核心能力的标准回归系数，我们发现，企业文化的适应性的标准回归系数最大，这说明企业文化的适应性对于企业核心能力的影响最大，假设 H2 得到证明。

(3)与创新能力匹配的企业文化

将三个控制变量和通过因子分析析出的四种企业文化的不同特质作为自变量，代入以创新能力为因变量的多元回归模型中，得到如下表 4-12 所示结果：

表 4-12　企业文化与创新能力的多元回归分析结果

	标准回归系数 β	T 值	显著性	Ad. R^2	ΔR^2	F 值
控制变量						
X_1(企业性质)	0.100*	2.081	0.08			
X_2(企业规模)	0.142	0.378	0.17			
X_3(所在行业)	0.218	0.46	0.21			
				0.241		2.463
自变量						
X_4(整合性)	0.214*	2.563	0.083			
X_5(共享性)	0.297**	4.413	0.023			
X_6(激励性)	0.211*	2.079	0.068			
X_7(适应性)	0.183*	1.583	0.071			
				0.413	0.397	9.642*

* $P<0.1$；** $P<0.05$。

统计结果显示，创新能力的多元回归方程中自变量的 ΔR^2 为 0.397，且 F 检验显著，表明企业文化能够解释 39.7%的企业创新能力的变异，该回归方程具有较高的拟合度。另如表 4-12 所示，企业文化的整合性对创新能力的标准回归系数为 0.214，且在 0.1 水平上显著；企业文化的激励性对创新能力的标准回归系数为 0.297，且在 0.05 水平上显著；企业文化的共享性对创新能力的标准回归系数为 0.211，在 0.1 水平不显著；企业文化的适应性对创新能力的标准回归系数为0.183，且在0.1水平上显著。由此，企业文化的整合性、企业文化的激励性、企业文化的共享性和企业文化的适应性均对企业创新能力有正向的影响。

比较企业文化的四类特质与创新能力的标准回归系数，我们发现，企业文化的激励性的标准回归系数最大，这说明企业文化的激励性对于企业创新能力的影响最大，假设H3得到证明。

(4)与学习能力匹配的企业文化

将三个控制变量和通过因子分析析出的4种企业文化的不同特质作为自变量，代入以学习能力为因变量的多元回归模型中，得到如下表4-13所示结果：

表4-13　企业文化与学习能力的多元回归分析结果

	标准回归系数 β	T 值	显著性	Ad. R^2	ΔR^2	F 值
控制变量						
X_1(企业性质)	0.116*	1.875	0.076			
X_2(企业规模)	0.109	0.982	0.147			
X_3(所在行业)	0.047	0.763	0.269			
				0.087		1.314
自变量						
X_4(整合性)	0.096*	2.357	0.081			
X_5(共享性)	0.217*	3.158	0.078			
X_6(激励性)	0.402**	3.163	0.031			
X_7(适应性)	0.115*	1.745	0.065			
				0.505	0.486	26.890*

注：* $P<0.1$；** $P<0.05$。

统计结果显示，学习能力的多元回归方程中自变量的 ΔR^2 为0.505，且 F 检验显著，表明企业文化能够解释50.5%的企业学习能力的变异，该回归方程具有较高的拟合度。另如表4-13所示，企业文化的整合性对学习能力的标准回归系数为0.096，且在0.1水平上显著；企业文化的激励性对学习能力的标准回归系数为0.217，且在0.1水平上显著；企业文化的共享性对学习能力的标准回归系数为0.402，且在0.05水平不显著；企业文化的适应性对学习能力的标准回归系数为0.115，且在0.1水平上显著。由此，企业文化的整合性、企业文化的激励性、企业文化的共享性和企业文化的适应性均对企业学习能力有正向的影响。

比较企业文化的四类特质与学习能力的标准回归系数，我们发现，企业文化的共享性的标准回归系数最大，这说明企业文化的共享性对于企业学习能力的影响最大，假设H4得到证明。

4.5 本章小结

本章根据国内外相关研究和文献的梳理，设计了相关测量题项和内容，并对其信度和效度进行了分析。利用问卷调查和专家访谈等形式进行了实证调查，通过因子分析和多元回归分析，验证了企业文化特质对企业能力的影响作用，对研究结论进行了实证检验。

第5章　基于持续竞争优势的企业文化变革与构建

企业获取和保持竞争优势，必须以优秀的企业文化做支撑。然而由于企业文化自身固有的惯性和一旦形成就具有的稳固性，也会产生时滞效应。因此，随着知识经济和信息经济时代的到来以及企业始终面临的不确定性环境，一方面企业需要有效克服各种阻力，适时变革企业文化；另一方面需要认真剖析企业文化建设存在的问题，突出企业文化建设的重点，充分发挥企业文化对持续竞争优势的促进作用。

本章主要内容：

●基于持续竞争优势的企业文化变革

●基于持续竞争优势的企业文化构建

●互联网背景下的企业文化构建问题

5.1　基于持续竞争优势的企业文化变革

5.1.1　企业文化变革与持续竞争优势

1.企业文化变革类型

企业文化变革有两种类型，一种是渐进式文化变革，另一种是激进式文化变革（也称“突发式文化变革”）。渐进式文化变革是一种潜在的、微小的、缓慢的变革，是企业文化内容在不知不觉中所发生量变的积蓄过程。渐进式文化变革是持续的、小幅度的变革，每次调整量小，但波动次数多，具有一定的可计划性，可以确定合理的变革目标与路径，所以有利于维持企业的稳定。这种变革不会造成组织成员价值观的改变，也不会带来组织功能的根本性提高，只是新的文化特质在企业发展过程中不断成长壮大，渐渐地取代了原有的企业文化。

激进式文化变革是一种在短期内对企业文化进行全面调整的变革，是多维度、多层次、不连续的变革，往往以较快的速度实现变革。这种变革是企业文化非常态的文化特质的飞跃，它常常使企业文化在较短时间内改变文化结构、文化风格和文化模式，还会涉及改变现行组织结构，动摇企业与周围环境的关系等。然而，这种变革往往难以控制，表现出很大的不确定性和风险性，导致组织的稳定性较差，严重时还会危及企业的存在。

2.企业文化变革路径

企业文化出现与现实环境不匹配的问题时，不会得到自行修复，固守旧的文化，随着时间的推移，企业文化与企业的发展阶段与内外部环境会越来越失衡。一些零散的不系统的变革举措也不能改变失衡的现状，企业文化变革是一项全面而系统的工作。

美国著名组织管理学家库尔特·勒温(Kurt Lewin)提出了著名的组织变革三部曲理论，即“解冻—变革—重新冻结”。该理论用力场分析法来诠释组织变革的现象和产生的原因。一般来说，企业文化处于平衡状态，只有企业面临某种危机时，才有可能需要变革。要想进行变革就必须打破这种平衡状态，即进行解冻，一种方法是通过鼓励等增强引导组织行为脱离现状的“驱动力”，第二种方法就是减弱对现有状态进行变革的“遏制力”，第三种方法是混合使用前两种方法。企业文化进行变革之后，员工形成新的态度和行为。企业必须“重新冻结”新的文化，使企业保持在一个均衡的状态。

著名的“企业文化理论之父”沙因则提出企业文化变革应该根据企业不同发展阶段而设定(表5-1)。

表 5-1　企业文化变革路径

企业发展阶段	变革路径
企业初创和早期	1. 借助正常的文化演化过程
	2. 通过解读和计划引导企业文化的演化
	3. 寻找并有组织地提拔企业内部的"文化融合者"管理企业文化演化
	4. 通过调整关键的亚文化来管理企业文化的演化
企业发展中期	5. 并行学习系统规划和管理文化变革
	6. 有效的变革管理团队
	7. 变革五步骤
企业中期危机和潜在衰退期	8. 温和型文化变革
	9. 激进型文化变革

资料来源：[美]埃德加·沙因：《企业文化生存与变革指南》，马红宇、唐汉瑛译，浙江人民出版社 2017 年版。

克莱格等(Clegg et al.)研究了多例企业文化变革，构筑了他们的企业文化变革程式。他们也指出，企业高级管理层、企业战略、企业组织架构和人力资源管理系统的变动会直接关系到企业文化变革的成败，企业需要认真考虑。①

杰克琳·谢瑞顿(Jacalyn Sherriton)和詹姆斯·L. 斯特恩(James L. Stern)在《企业文化：排除企业成功的潜在障碍》一书中发展了一套企业文化变革的模式，由六个部分组成：①变革需求的评估；②行政指导；③企业的基础结构；④变革的实施执行机构；⑤对职员的培训；⑥变革效果的评价。该模式细化了文化变革的操作程序，有助于企业文化变革的顺利进行，目前已经被大量企业成功运用在文化变革中。

李燕萍和施丹从新制度经济学的视角出发，针对企业文化变革中路径依赖问题，构建了企业文化的变革路径。他们认为对于中国企业而言，依赖

① 参见张佑林：《企业文化及其变革的评述——基于持续竞争优势的视角》，《经济问题》2013 年第 1 期。

优秀传统商业文明的传承路径，并以适应市场经济竞争为目的的企业文化变革，是实现企业经营业绩长足发展的关键。[①]

3. 企业文化变革与持续竞争优势关系

动态的可持续竞争优势观认为，在新的市场经济环境下，企业所处环境不断变化且不可预测，企业必须不断变革、不断创新，才能获得持续的竞争优势。[②] 企业的动态能力是获得企业长期持续竞争优势的根本动力源泉。[③] 沃伦(Warren)从实际操作的角度提出，通过建立具有竞争能力的企业文化，主动变革不合时宜的部分，对企业职员实施持续性的作用，最终达成企业竞争能力的提升。[④] 新制度经济学派就把企业文化纳入了自己的研究范畴。该学派的学者们认为，每个企业都有自己独特的企业文化，这些企业文化对员工和企业经营绩效产生深远影响，特别是当企业所处的外部环境复杂多变且竞争激烈时。企业文化作为重要的制度因素，它本身的变化会渗透到企业的方方面面(如企业的组织架构、管理制度、领导者行为、运营策略等)。[⑤]

企业文化作为企业的上层建筑，是企业经营管理的灵魂，决定着企业员工的思维方式和行为方式，能够在企业中形成凝聚力，激发员工的士气，给企业的发展提供不竭的动力。随着时间的推移，企业文化由于惯性总是倾向于停留在过去而不是与时俱进，过时的企业文化就失去了存在的意义甚至会阻碍企业的发展。坚持企业文化变革对企业发展非常重要，它可以使企业摒弃不合时宜的落后的观念，并以全新的观念作用于员工的意识、思维方式，进而通过员工的行为传达到外界，使企业树立良好的形象。通过企业文化变革可以使企业走上学习型企业，员工的个体学习和企业的团队学习

---

① 李燕萍、施丹：《企业文化变革的新制度经济学透视》，《经济评论》2007 年第 4 期。

② 谭力文等：《现代企业战略调整的成本与效益——从核心能力跃迁和持续竞争优势动态演化的视角》，《经济管理》2007 年第 17 期。

③ 唐春晖：《知识、动态能力与企业持续竞争优势》，《当代财经》2003 年第 10 期。

④ W. Wilhelm, "Changing Corporate Culture: Or Corporate Behavior? How to Change Your Company," *The Executive*, vol. 6, no. 4 (November 1992), pp. 72-77.

⑤ 张佑林：《企业文化及其变革的评述——基于持续竞争优势的视角》，《经济问题》2013 年第 1 期。

相辅相成，不断学习，获得知识，共享知识，为企业的发展提供智力支持。通过企业文化变革还能使企业形成各方面的创新力，在思想意识创新的基础上形成技术创新、产品创新、制度创新、管理创新等全面创新。综合创新能力的形成有助于增强企业的核心竞争力，促进企业长期可持续发展。以独特的知识技能为主的企业核心能力，综合发展的创新能力，全员拥有的学习能力，这些都构成企业持续发展的动力。因此，只有企业文化不断变革，动态发展的企业文化才能使企业获取持续竞争优势，推动企业一直向前发展。

5.1.2　企业文化变革的动因

企业文化变革是指企业文化特质改变所引起的企业文化整体结构的变化[①]，它是企业文化运动的必然趋势。企业文化变革的根据在于企业生存、发展的客观条件发生了根本性的变化。一方面，它是社会文化变革在企业内的反映；另一方面，它又是组织生存发展的必然要求。当企业原有的文化体系难以适应企业经营发展的需要和外部环境的变化而陷入困境时，就必然通过文化变革创建新的企业文化，以保持企业的持续竞争优势。

詹姆斯·迈天(James Martin)在《大转变》一书中特别指出：文化，是一种积淀。成熟的组织具有深深保护起来的文化，就如同老树根似的。而大部分成熟组织的问题是：对当今变化的世界，它们可能有错误的文化，因为它是在以往成功经验的基础上建立起来的。引导现在的行为建立在过去的成果（文化）基础之上，其主要问题在于当形势的变化比文化的调整更为迅速时，组织的成功甚至生存都会处于危险之中，因此改变企业文化在今天已成为必需，而非锦上添花。[②] 当公司增长停止，业务必须重新设计时，公司往往倾向于把注意力集中在程序和方式上，而不是在衰老的基础上。即人们往往会有一种倾向，往往去选择可以在高速增长阶段引领企业走向成功的措施，也恰恰是这种倾向，导致人们的注意力只集中在程序与方式的再定义上，而没有注意到企业已经老化的基础。因此，在企业的增长沿着典型的 S

---

① 参见石伟：《组织文化》，复旦大学出版社 2004 年版，第 239 页。

② 参见王丽娟：《文化解码中小企业成长》，科学出版社 2005 年版，第 13 页。

曲线运动时，组织在运动状态中的位置和“公司文化”的精神模式共同决定着组织中的现实观念。因此，态度的改变起着重要的作用。在增长的特定阶段向某个方向改变，而在另一个阶段则向相反的方向改变。由于这些改变，公司的结构得以调整，以便为更好地生存和发展创造有利条件。为此，组织就必须面对文化协调的需要。文化只有与相应的阶段保持同步状态时，才能起到应有的促进作用。

企业文化变革是一个持续地过程，具体来说，其变革的动因主要体现在以下几个方面：

1.企业文化自身固有的惯性需要变革

王重鸣等(2002)在其研究中指出了企业文化的惯性问题。他们认为企业文化的惯性主要反映在它具有一定的连续性和继承性，还会在企业的发展过程中不断得到强化。这种惯性的大小与企业的规模和历史成正比，规模越大，历史越长，惯性越大；与企业文化的齐均性成正比(这里说的齐均性指的是企业内成员持有这类价值观和信念的广泛程度及一致程度)，齐均性越好，惯性越大；与企业领导人奉行的经营哲学正相关，如果其奉行的是一种民主的作风，则惯性越小；与企业所处的外部环境的易变度成反比，如果企业处在一个变化剧烈的环境中，企业必须保持某种灵活性，为此需要经常在不同层次上调整其应对策略，其惯性就会小一些，可以用公式(5-1)表达为：

$$I_C = \beta \cdot S \cdot H \cdot C \cdot L_x / V_E \qquad (5\text{-}1)$$

式(5-1)中，I_C为企业文化的惯性；β为比例系数，$\beta > 0$；S为规模；H为历史；C为企业文化的齐均性；L为领导风格；x为指数，$0 < x \leqslant 1$，随组织的不同而不同；V是易变性；E是环境。①

惯性的存在，使企业文化具有某种稳定性。它在组织的变革中，会起到一种阻碍作用，产生时滞效应。

2.企业适应环境变化需要文化变革为先导

随着知识经济时代和信息时代的到来，企业正处在一个“非”时代，环境

① 参见石伟：《组织文化》，复旦大学出版社2004年版，第150页。

非确定，未来非预测；局势非常态，力量非对称；竞争非均衡，发展非线性；对策非典型，手法非传统；信息非完备，合约非完全。在这样的时代里，唯一确定的就是不确定，不确定性成为未来管理的关键词。[①] 与此同时，企业的内部环境，如员工素质的提升、知识型员工数量的增长以及管理的需求和观念的变化等等，也在发生着前所未有的变化。而对日益动荡和复杂的内外部环境，中国的企业家在种种制度和文化的变迁中必须做出冷静的分析和判断，把握属于自己的机会。同时，面对日益激烈的全球化竞争，中国企业还必须在短时间内通过变革提升自身的竞争实力，必须而且只有紧跟时代发展的步伐，适时进行变革，才能在未来的竞争中取得先机。而这些变革的前提，又必须以文化的变革，即价值理念的创新与变革为先导。

3. 企业的变革需要文化作为动力

企业面临的复杂环境需要进行多方面的变革，而这些变革又需要文化的变革提供动力。一是企业经营战略的变化要求企业进行组织结构和管理模式的转换，模式的渗透需要组织内外部的支持和推动，特别是企业在不断整合内外部资源，增强竞争实力的过程中，通过企业文化的建设可以使两者得以兼顾。二是企业制度创新的需要，制度的创新要有企业文化的作用。企业需要变革，一些不适应发展要求的旧的价值理念应该得到及时转变，使员工的思维方式和行为方式在新的价值理念引导下尽快与新制度相适应，使改革的举措获得员工的认可，企业文化在这方面可以为企业的创新发展提供积极的内驱力。三是企业的创新和发展的需要，企业的创新和发展离不开优秀的人才，而企业文化能够产生强大的凝聚力和吸引力，帮助企业吸引人才。四是企业实施差别化战略和构建核心竞争力的需要，企业文化的独特性越来越表现为企业差别化战略和企业核心竞争力的根源，企业文化、企业形象都是企业的差别化战略，企业文化的个性也正是其魅力所在。通过企业文化建设，可以形成一种企业发展的文化模式，通过一系列价值理念的导入使企业能够保持发展的态势，使不断创新的企业文化成为企业持续

① 参见王德胜：《企业危机预警管理模式研究》，山东人民出版社2010年版，第2页。

发展的源泉。

5.1.3 企业文化变革的阻力

企业文化一旦形成，无论其优劣，都表现出一种阻碍其自身发展的惰性，尤其是当企业文化需要进行变革时，企业文化的相对稳定性和持久性往往导致文化变革具有相当的阻力。要想使文化变革获得成功，就必须认真地分析在这一过程中企业可能存在的各种阻力来源。企业文化变革的阻力可以从个体和组织两个方面来分析。

1.来自员工个体的阻力

企业文化变革中个体的阻力来源于人的特性。一是员工的行为习惯。企业文化是由所有成员的习惯累积而成的，而习惯则是人们经过长期的自我观察、自我尝试、自我判断之后所形成的在一定情境下的无意识的重复行为。[①] 人们为了应付变革的复杂性和不适应性，往往依赖于习惯化或模式化的反应，这种内在反应机制决定了习惯的根深蒂固。因此，当人们面对文化的变革时，以习惯的方式做出反应的趋向就会成为阻力源。二是经验的局限性。企业成员的行为通常受以前类似事件结果的影响，如果企业有类似变革成功的先例，员工就可能对变革充满信心；否则，从前变革的失败会使员工丧失变革的信心，进而阻碍变革的进行，尤其是企业文化变革决策者更容易存在这种经验桎梏，长期工作中形成的思维方式制约着企业领导人分析问题的角度，过去成功的经验更是让管理者趋向于复制成功，把偶然性的成功变为惯常性行为。这种思维往往形成文化变革的阻力。三是狭隘的本位主义。企业文化的变革往往伴随着企业内部权力的重新调整和资源的重新分配，这势必打破原有文化下长期形成的利益格局和均衡状态，也必然会使一部分人或小团体的既得利益和权力遭遇威胁，进而产生各种不同的抵抗力。

2.来自企业组织的阻力

企业作为一个组织，并不是个体的简单集合，而更多地表现为一种有机

① 参见石伟:《组织文化》，复旦大学出版社 2004 年版，第 242 页。

体。因此当变革发生时，其面临的障碍和阻力也更多地以一种整体性、系统性的方式体现出来。一是组织结构的惯性。企业组织结构内部权力的分配和责任的承担，是企业文化建设的重要途径。对权力与责任的认可与实施，直接影响着一个部门乃至整个企业文化氛围的形成。企业组织结构具有稳定性和依存性的路径依赖性特征，会在文化变革时充当维持稳定的反作用，从而加大企业文化变革的成本。二是组织对文化变革的耐力。企业文化变革需要足够的时间，也需要足够的耐力。企业文化变革需要时间、耐心和不懈的努力。大量的研究证实，企业要真正实现从旧企业文化向新企业文化的转变需要 5～10 年的时间。通用电气公司前总裁杰克・韦尔奇实施的企业文化变革工程历经 12 年。IBM 的总裁郭工纳也花费了 3～5 年的时间，才将旧的文化体系打破，建立起新的 IBM 企业文化。而很多企业的文化变革往往想急于求成，总幻想在短时间内迅速实现文化变革的全面成功，结果则适得其反。

5.1.4　企业文化变革的过程

企业文化变革是一项全面而系统的工作，关于企业文化变革的过程、步骤，学者们提出了不同的看法。美国学者安德烈(Andrea)与范德梅尔韦(Vandermerwe)提出了组织文化变革的四步流程：第一阶段，找出内外在环境的威胁与机会点；第二阶段，创意一个明确、前后相关的愿景，这个愿景必须很独特，和以前的愿景不同；第三阶段，建立内在运作系统，授权相关人员推动改革；第四阶段，监视整个流程，并让负责人员根据他们从整个过程中学到的经验，做必要的修改。[①]

比尔(Beer)建议制定六个步骤来成功执行企业文化变革计划：①让员工参与界定需加以注意的特殊问题；②让员工参与构想新的组织架构；③以强势领导作风，说服所有员工追随新愿景；④允许每一部门寻找最适合他们的方法，以达到新的目标；⑤在员工愿意信守承诺、贡献心力后，制定正式的

---

① 参见[美]R. T. 莫兰、J. R. 里森伯格：《挑战全球》，洪瑞琳译，经济管理出版社 1998 年版，第 225～226 页。

“制度、系统及组织架构”;⑥视需要监控、调整战略,以保持高昂士气。[①]

综合上述主张,莫兰(Maran)和里森伯格(Riesenberger)认为,企业想要成功变革文化,应遵循以下步骤:①建立一个愿景,让全体员工都能够知道组织文化变革的蓝图;②详细沟通这个愿景,通过充分有效的沟通消除阻力;③让大家都参与;④规划执行流程,对变革成效及时监控、评估与反馈。

国内学者樊耘等借鉴了库尔特·勒温于20世纪50年代初首先提出的“组织变革过程模型”,即勒温变革模型来讨论企业文化变革的阶段。[②] 勒温认为成功的改革应该遵循解冻现状、移动到新状态(变革)和重新冻结新状态使之持久三个步骤。

综合国内外学者的观点,我们也借用勒温关于组织变革过程的阶段划分,根据企业文化变革不同阶段的要求设计如下过程及要求。如表5-2所示:

表5-2 企业文化变革的过程及要求

阶段	解冻—超越路径依赖	变革—建设良性文化	解冻—强化路径依赖
变革内容	●营造变革的氛围 ●建立员工对文化变革的必要性认识 ●选择文化变革时机	●根据变革需要诊断、形成新的文化 ●强化员工对新文化的认同和内化程度 ●注重文化建设的内外结合	●巩固统一理念基础上的个性文化 ●广泛进行沟通与传播 ●建立监督和评估机制
基本要求	●唤起员工危机意识和紧迫感 ●克服来自个体和群体的惰性心理	●变革后的文化与企业实际相匹配 ●领导及管理者率先垂范	●保持文化变革的稳定性 ●充分估计文化实施的长期性和艰巨性

① 参见[美]R. T. 莫兰、J. R. 里森伯格:《挑战全球》,洪瑞琳译,经济管理出版社1998年版,第231页。

② 参见樊耘等:《组织文化的形成与流变》,《西安交通大学学报》(社会科学版)2008年第1期。

5.2 基于持续竞争优势的企业文化构建

5.2.1 企业文化构建的主要问题

从 20 世纪 80 年代末到 90 年代初，伴随着我国改革开放的进一步深入发展，在学习和引进国外先进技术与管理方式的过程中，日本、美国及东南亚一些国家的企业文化管理被作为一种企业管理模式引进中国，中国的学者和一些敏锐的企业家开始了对企业文化的理论研究和探索，兴起了企业文化研究和实践的热潮。但到了 20 世纪 90 年代中期，随着国内一系列“明星”企业渐次衰落，中国企业文化发展出现了明显的疲态。进入 21 世纪，越来越多的企业界人士意识到企业文化在企业管理和发展中的作用。海尔、联想、华为等国内优秀企业都将企业文化的构建和创新作为实现企业可持续发展的重要战略之一。

从总体上看，企业文化并没能成为创造企业价值和保持持续竞争优势的主旋律。企业文化的动力不足主要在于：第一，共同的价值观在企业内部还处于稀缺状态，无法嵌入大多数员工的内心并成为约定俗成的共同“法则”或心理契约；第二，企业文化建设和文化管理所付出的成本，包括经济成本和心理资本不易被客户接受，由此要么倾向于形式主义，要么偏重于功利主义；第三，“以文化人”是一个长期的过程，短期内的运动不会立竿见影，任何急功近利的功利主义思想，只会让文化建设的成果昙花一现；第四，企业家本人对企业文化的态度决定了企业文化是否上升到企业战略的高度。相反，企业文化只是在市场关系和企业内部等级关系失效的情况下，才发挥有限的作用。纵观我国企业文化建设中存在的问题，主要表现在以下几个方面：

1. 对企业文化建设的认识与企业文化建设的实践之间存在很大落差

企业文化理论大师沙因认为“企业家和企业文化如同一个硬币的两面，企业家所做的最核心的工作就是去创建并管理企业文化”。卓越的企业家与优秀的企业文化是相辅相成的。在如今的国内企业中，热衷于企业文化建设的企业不在少数，尽管很多企业的成功经验证明企业文化建设的重要性，但是也有很多企业家虽然理解企业文化的重要作用，对如何建设自己的企业文化，如何将企业文化的管理功能有效融入企业生产经营的各个环节，如何将企业文化的指导功能落实到企业生产经营的各个流程和行为规则中去，却常常被忽视。一些企业在对待企业文化的重要性方面，知行不一，态度与行为存在反差，并没有把企业文化建设上升到企业的战略高度。

2.企业文化普遍缺乏独特个性，更谈不上实施有效的企业文化管理模式

不少的企业在进行文化建设时，往往缺乏对自己企业发展历史和行业定位以及所信奉的价值理念的思考与追问，以致形成了企业文化的大同小异，出现了企业文化的普泛化倾向。有些企业简单地把行业的共性文化作为自己企业的文化，千篇一律，主题不突出，特色不鲜明，共性的多，个性的少。正是因为企业文化缺乏独特性，所以不能起到真正激励员工，引导员工行为和价值取向的作用，也不能够把企业文化的“软管理”与企业制度的“硬管理”有机地结合起来，共同推进企业管理水平的提升，提高企业的绩效。

3.企业文化建设往往注重企业文化的表层形式，忽略了企业文化的内涵特质

有些企业在进行文化建设时，缺乏对企业文化的本质理解和把握，缺乏本企业文化的沉淀和积累。没有从内涵上去深入地探讨，在文化模式上普遍存在企业哲学系统的若干元素的缺失，由此导致企业文化文体化、娱乐化、口号化、形式化。在一些企业，企业文化建设简单地等同于企业形象的设计，满足于表面的热闹和对外宣传。外显得多，深层的少；少数人说得多（企业领导人挂在嘴边），多数人做得少（企业普通员工执行不够）。显然，如果企业文化只有表层的形式而未体现出内在的价值与理念，这样的企业文化是难以持续的，对企业的发展也产生不了深远的影响。

4.企业文化内外不平衡，外部价值传递力度不够

企业文化建设作为一种管理模式，应当与企业的发展相结合，为企业获得竞争优势而服务。也就是说，企业文化的建设及成果不应仅仅局限于企业内部，还应当内外兼修，在塑造品牌、树立形象，提高产品和企业的知名度和美誉度上下功夫。但从我国企业文化建设的实践来看，一方面只有少数知名企业能做好这些工作，更多的企业文化建设往往还是局限于企业内部，未能在企业为消费者创造价值上发挥更大作用；另一方面，企业文化建设对

互联网时代的特点、互联网思维研究不够,对互联网背景下企业文化建设面临的新问题、新特点关注不够;缺乏对新型员工群体、知识型员工群体的需求研究以及企业文化未来趋势的把握。

5.2.2 企业文化构建的主要内容

企业文化是一个复杂体系,涉及多个层面的相互影响的因素,由此决定了企业文化建设内容的广泛性和丰富性。按照企业文化建设的阶段要求,应当包括现有企业文化的诊断分析、企业文化价值理念的提炼总结、企业文化建设的步骤措施以及企业文化建设的评价反馈等过程。本书从企业文化影响企业持续竞争优势的视角,试图探讨企业文化建设的重点内容。

基于上述的思考,问卷设计列出了有关“当前企业文化建设的重点内容”的 8 个测量题项让 132 位被访问者进行多项选择。在关于“目前企业文化建设的重点”这一问题的调研结果中,在 8 个备选项中,有 4 个备选项的选择较为集中,分别是:“构建具有特色和个性的企业文化”“形成企业的创新文化,推动企业持续创新”“形成企业的学习文化,打造学习型组织”和“构建价值性文化,为企业和利益相关者创造价值”,如图 5-1 和图 5-2 所示。36 家企业认为“构建具有特色和个性的企业文化”是目前企业文化建设的重点,即 27%的企业认为应通过建设具有特色和个性的企业文化增强自身优势;71 家企业认为“形成企业的创新文化,推动企业持续创新”是目前企业文化建设的重点,即 54%的企业认为创新文化是企业文化建设的重点;71 家企业认为“形成企业的学习文化,打造学习型组织”是目前企业文化建设的重点,即 54%的企业认为学习文化是企业文化构建的重点;86 家企业认为“构建价值性文化,为企业和利益相关者创造价值”是目前企业文化建设的重点,即 65%的企业认为价值性和顾及利益相关者的价值是企业文化构建的重点。

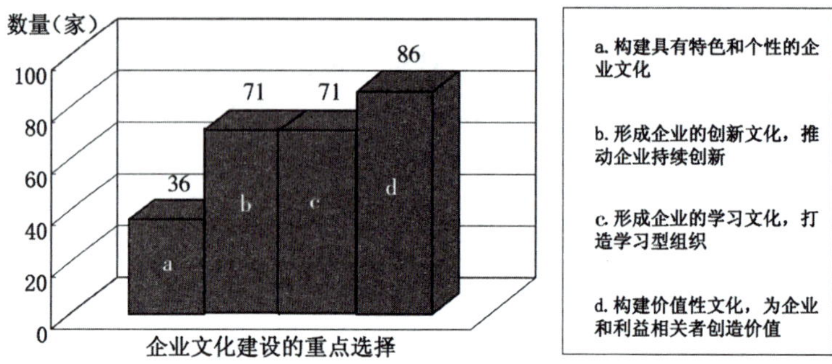

图 5-1　“目前企业文化建设的重点”调查中的企业数量图

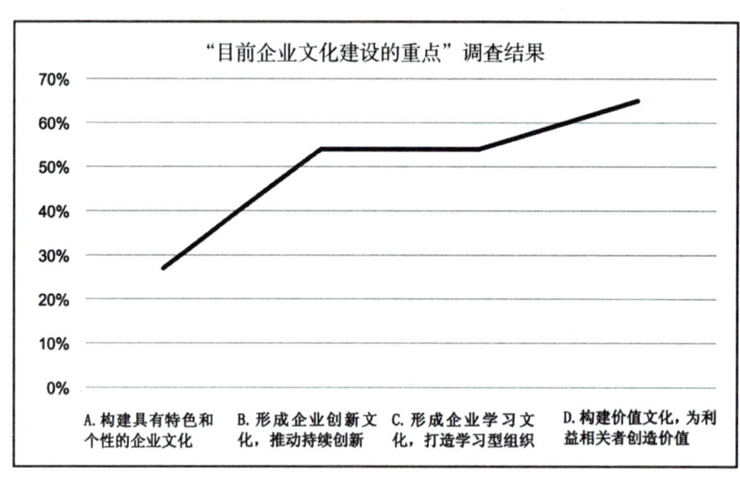

图 5-2　“目前企业文化建设的重点”调查中的各项内容的比例图

根据调查的结果，我们就以下企业文化建设的四项主要内容进行分析。

1. 构建具有特色和个性的企业文化

世界上没有完全相同的两片树叶，也没有任何两个人的个性会完全相同。同样，任何两个企业也不会有完全相同的企业文化。企业文化的这种独特性，是由企业的独特性，即不同企业的使命和愿景不完全相同，建立和发展的过程不完全相同，企业规模和企业成员不同等因素决定的。企业文化的个异性，反映了它对企业本身的路径依赖性。如同属日本文化，索尼公司的企业文化强调开拓创新，而尼桑公司的企业文化则强调顾客至上；同属美国文化，惠普公司的企业文化强调对市场和环境的适应性，而 IBM 公司的企业文化则强调尊重人、信任人，善于运用激励手段。这表明，企业文化是在某一文化背景下，综合考虑企业发展阶段、发展目标、经营策略、企业内外环境的独特的文化管理模式。企业文化的形式可以是标准化的，但其价值内涵和基本假设各不相同，而且企业文化的形态和强度也都不相同，正因如此才构成了企业文化的个性化特色。

优秀的企业文化必须是基于个性的，企业文化的本质就是个性，个性是企业文化的生命。企业文化只有具备自身的特色和个性，才会给资源配置以导向，才会因难以模仿而具有竞争力。如果企业间的文化呈现趋同性，企业就难以获得竞争优势。

企业文化的个性通常包括两个层面的含义：一个是管理者精神个性，即企业领导者的理想、追求和智慧；另一个是组织个性，即企业独特的管理理念、制度和行为方式等，这两种个性就构成了企业文化的整体个性。[①] 通常，管理者的精神个性与组织个性是有机融合的。管理者的精神个性，往往是指创业者的精神个性，例如，万科与王石，海尔与张瑞敏，松下与松下幸之助，惠普与休利特等。

优秀的企业文化，在个性上有着一些共同的特点：一是管理者的精神个性，实际上就是企业创始人或领导者对过去经验教训的总结和思考，包括他(她)的价值理念、思想智慧、知识能力及人格魅力。更重要的是，企业领袖是企业文化的倡导者、影响者、推动者、变革者，决定着企业文化的性质和风格，并制约和引领着企业文化的个性和发展。二是组织个性，体现了企业在经营管理过程中一些成功的精神特质和做法，这些精神特质和做法是包括企业领导者在内的全体员工在适应内外部环境的过程中沉淀和积累的精神财富，对企业未来的成功具有极大价值。三是企业的品牌个性，它根植于企业的文化个性当中，任何优秀的品牌都是以深厚的文化底蕴为依托，没有文

① 参见谭昆智：《组织文化管理》，北京大学出版社 2008 年版，第 13 页。

化个性就没有品牌个性，而没有个性的品牌，就不可能成为一个卓越的品牌。四是稀缺性，优秀的企业文化是一种无形资产，作为一种文化资本而始终与特定的主体相生相随，能模仿的是企业文化形式，能照搬的是企业文化的文字表述，但企业的文化氛围、员工的共同价值观以及思维方式却是难以模仿的。正是这种稀缺性，文化个性才作为企业的灵魂，成为企业竞争能力的关键要素，是竞争对手无法模仿的。

对企业文化个性的思考启示我们：企业在构建具有特色和个性的企业文化时：一是既要遵循民族文化和行业文化的共性，又需要选择个性、培育个性和发展个性；二是在构建和形成企业文化管理模式时，要结合企业的实际，充分考虑企业的内外部环境和主客观条件，使企业的文化管理与企业的发展相匹配；三是注重对企业文化价值理念的个性化提炼与培养，使之成为员工认可的、具有不可模仿性的独特资源。

2.构建价值性文化，为企业的利益相关者创造价值

企业作为追求利润，提供满足人们需要的合作组织，其目的就在于通过协调组织内外的各种利益关系，实现组织内外各要素之间的平衡，并以一定的投入得到较大的回报，促使企业得以生存和发展的条件，所以，对待利益相关者的态度和行为就构成了一个企业文化的价值体系。①

利益相关者是指受企业经营活动影响或影响企业经营活动的自然人或社会团体②，根据与企业管理的相关程度，可划分为客户、员工、股东、社会（社区、政府）等四个主要群体。企业的利益相关者各自的价值取向并不相同，客户（顾客）希望得到质优价廉的产品和优秀的服务；员工希望拥有良好的工作生活条件，并能实现自我价值；股东希望自己的投资得到丰厚的回报；社会则希望企业积极履行社会责任。这些不同侧重的取向和愿望与企业管理者所倡导和主导的企业文化价值观也不完全相同，这就要求企业构建一种价值性文化，使利益相关者的利益在企业家的价值观体系中得到应

① 参见夏若江、姚乐：《基业长青的灵魂——合作型企业文化》，华中科技大学出版社 2005 年版，第 93 页。

② 参见张志鹏：《公司治理创新：从公司文化认同视角的分析》，《南京社会科学》2005 年第 7 期。

有的重视。

一是企业文化要尽可能地包容和体现各利益相关者与企业管理者的价值取向,而不是仅仅局限于管理者自身的价值倾向上。这种兼容性很强的企业文化要随着企业家个人利益偏好与利益相关者偏好的接近融合而形成更持久和长远的价值体系。其实,从另一个角度来看,企业家价值观体系的扩展过程实际上是他个人文化资本的增长和积累的过程,这种文化资本不仅十分稀缺,而且决定着企业对管理制度、经营方式、客户、员工、资金等采取何种态度,是原生性的企业成长要素。

二是基于利益相关者的价值体系的建立,要在充分考虑企业利益相关者价值取向的基础上实现综合平衡(见图 5-3)所示。当企业文化中的价值取向由原来的股东价值取向扩展到客户价值、员工价值、社会价值取向并重时,股东收益的增长率、员工薪酬的增长率将会出现逐步接近的趋势。一些研究表明,人们正逐渐认识到客户满意度、员工满意度与销售利润之间的密切关系。把客户、员工、股东、社会价值结合起来,将成为企业获得持续竞争优势的关键。

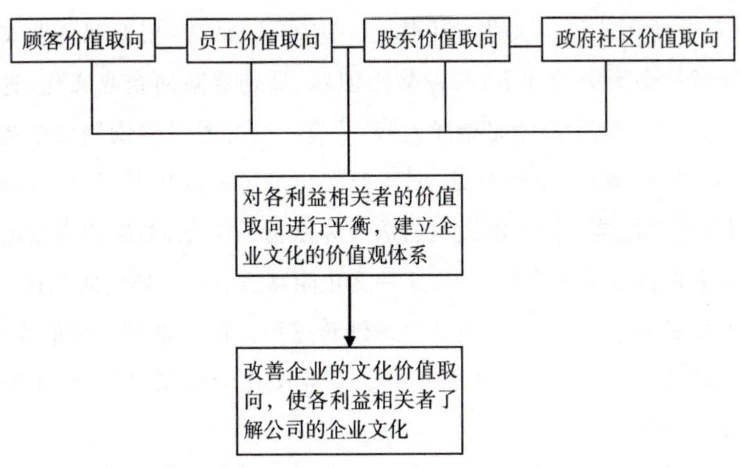

图 5-3　基于利益相关者的企业价值观体系

这种价值观体系实际上是企业文化的一个关系层面，起着企业文化与社会文化进行交流的作用。这样，企业文化就成为一个动态开放的系统，进而通过与社会关系层面的相互反馈不断改善自己，以保持持续健康的发展。

三是把为利益相关者创造最大价值作为企业的使命。企业的使命是最能够体现企业价值取向的，通过使命的陈述，表明企业存在的目的是什么，企业为什么存在，来回答企业如何对待客户、对待股东、对待员工、对待社会和政府。这种使命陈述不是仅仅停留在字面或者宣传上，而是要通过切实的投资方向、经营行为、分配方式、员工成长、社会责任的履行等战略举措体现出来，再辅之以广泛地传播，从而获得企业利益相关者的认同。

3.形成企业的创新文化，推动企业持续创新

关于企业创新文化的界定，不同学者有不同的观点。弗罗曼(Frohman)认为，创新文化是组织内一种培育创新的文化，这种文化能够唤起不可估量的能量、热情、主动性和责任感，来帮助组织达到一种非常高的目标(非凡成就)。[①] 企业创新文化是组织内一种奖励创新和鼓励冒险的文化，这种文化能够激励和奖赏杰出工作者，对于快速变化的环境、突然出现的危机和突然发生的情况做出迅速地反应。作为一种文化，它必须是渗透到组织的骨髓中去，这就是所谓的创新文化。曾伟、王良(2007)认为，创新型企业文化是指在一定的社会历史条件下，一种奖励创新、鼓励冒险的企业文化，这种企业有一个共同的理念，那就是崇尚创新，并有一套完整的奖励制度来为其营造全员参与的氛围。[②] 由此可见，创新型文化的定义虽然不同，但有其共同之处：创新型文化是一种能够激发创造力和激情的文化，对组织内创新行为的发生起着催化促进的作用，并且这种文化能够适应复杂环境的变化。

组织发展的过程，就是企业文化的创新过程。没有组织文化的变革，组织绩效的持续改进是没有多少希望的。企业文化的创新，目的在于形成鼓

① Alan L. Frohman, "Igniting organizational change from below: The power of personal," *Organizational Dynamics*, vol. 25, no. 3 (Winter 1997), pp. 39-53.

② 参见曾伟、王良：《基于成熟度模型(CMM)的创新型企业文化研究》，《科学学与科学技术管理》2007年第3期。

励、支持创新的价值理念和文化氛围——创新型文化。管理者应诊断并积极塑造企业文化，以推进确定的战略，并引发创新流以创造未来的竞争优势。浙江大学创新与发展研究中心 2004 年对我国大中型工业企业所作的一次大规模调查问卷显示：受调查企业大多数为效率型文化（60%），创新型文化仅占 12%。他们指出，我国大多数企业缺乏对非技术因素的重视，且忽略了技术与非技术因素之间的协同创新（许庆瑞等，2001、2003）。这一现状说明我国企业创新型文化的建设与企业迫切需要的创新环境支持之间是不匹配的。[①] 而与此形成对比的是，世界上一直不断成长、经久不衰的企业如国际商用机器公司（IBM）、微软公司（Microsoft Corporztion）、英特尔公司（Intel）、摩托罗拉公司（Motoroal）、惠普公司（HP）、松下公司（Panasonic）、沃尔玛公司（Walmart）、迪斯尼公司（Disney）等，都拥有创新型的文化。

潘安成等认为，创新型企业文化主要由三大要素构成，即创新氛围、创新激励制度、创新价值观。而这三者又是相互影响和相互制约的，如图 5-4 所示[②]：

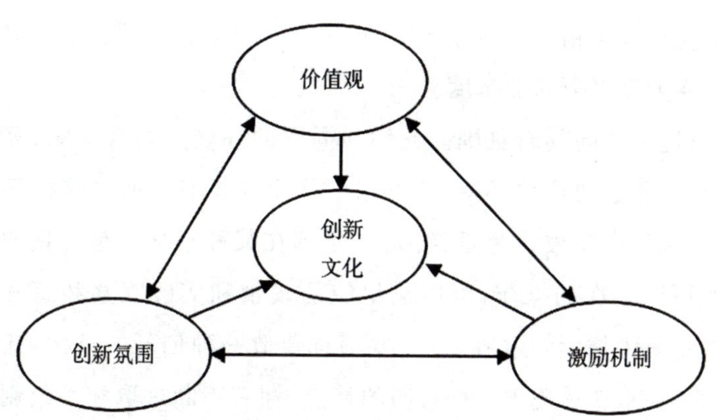

图 5-4　创新型企业文化三要素关系示意图

---

① 参见朱凌：《创新型企业文化的结构与重建》，浙江大学出版社 2008 年版，第 6～7 页。

② 潘安成等：《企业文化系统及其塑造研究》，《管理科学学报》2004 年第 4 期。

基于以上的分析，我们认为，企业要构建创新文化，需要做好以下几个方面的工作：

一是确立和倡导创新价值观。企业文化的核心是价值观，企业形成创新文化必须以创新价值观为引领。创新价值观就是企业在创新过程中所倡导的观念，它向所有员工表明了一种共同的创新意识，也为员工日常的创新行为提供了指导方针。许多优秀企业把创新和变革作为核心价值观。美国第二大办公家具设计和销售公司赫尔曼·米勒(Herman Miller)公司把"号召员工通过设计和创新来应对面临的挑战"作为核心价值观之一。组织内促进创新的价值观是：公司对于实验的鼓励；激发创造性；关键在于思想的质量，而不是思想提出者的权威性；创新者可以得到公司的支持和奖励。

在企业形成创新价值观的过程中，企业家的创新精神至关重要。熊彼特指出，创新活动的主体是"实现新组合的人"——企业家，经济增长、企业发展的最主要的动力是"企业家精神"。熊彼特所谓的"企业家精神"的主要含义之一在于企业家的首创精神，用熊彼特的话来说，企业家的任务就是"创造性的破坏"(Creative Destruation)。[①] 这样的企业家，本质上是一个创新者，创新是企业家精神的内在本质，它赋予企业家将资源创造出财富的行为，决定了企业家对创新的态度。

二是营造浓厚的创新氛围。人们和周围的环境是相互影响、互相塑造的。只有理解和感知这种环境，才可以引导企业机制。而对这种感知进行定义的实践和程序就被认为是氛围。[②] 氛围在某种意义上是文化的一种反映，表现为更深层次的操作，可以从组织的政策和实践观察和感受到。因此，要想在竞争中靠创新取胜，就需要刻意营造一种创新的氛围，在这种文化氛围的企业中，应体现出这样鲜明的特点；拥有不断进取和不断创新的理念；建立起多元回馈和开放的学习系统；提倡对现状的挑战与质疑；激发最

① 参见[奥地利]约瑟夫·熊彼特：《经济发展理论》，何畏等译，商务印书馆1990年版，第90～104页

② 参见曾伟、王良：《基于成熟度模型(CMM)的创新型企业文化研究》，《科学学与科学技术管理》2007年第3期。

基层创新单元(团队、项目小组、员工)自主自发的创新意愿,培育和形成员工的创新思维和创新习惯等等。

三是形成创新的激励机制。激励是企业员工创新的主要动力,同时也是对员工创新价值的一种认可。创新激励机制需要把奖励创新的内容制度化、规范性、程序化,主要体现在物质激励和精神激励两个方面。这两个方面是相互支持、相互补充的,企业应根据实际情况和员工不同个性,考虑使用哪一种激励为主。物质激励主要是满足员工的基本生活需求,提高生活质量和生活水平。精神激励主要是满足员工对自我价值的实现和成就感的追求,同时,也可为员工带来荣誉和工作自豪感以及更大的工作热情。

4.形成企业的学习型文化,打造学习型组织

企业文化是组织学习成败的关键。为了保证企业学习能顺利进行、持续不断和富有成效,就应当构建学习型文化,把企业打造成学习型组织。

学习型文化迄今为止尚没有十分明确的定义。詹兹和波萨恩佛尼克(Janz and Prasarnphanich,2003)曾经笼统地指出,学习型文化是"组织鼓励和促进知识创造(如学习新东西)和知识传播(如技术转移或向其他人传授新东西)的关键特征",他们引用一位跨国化学公司首席信息官的话说,这种文化是"组织在其所有行为表现如学习、请教与指导、协作、共享想法和典故等方面对知识分享的接受与奖赏"①。陈维政等人(2005)认为,学习型文化应该是组织鼓励和促进知识分享与创造的价值观念、指导信念和思维方式。②

詹兹和波萨恩佛尼克认为,企业文化是对组织学习最为重要的投入,因此一个企业的文化应该是通过创造有利于知识交换和知识获取的环境对组织学习相关的活动提供支持和激励。具体地说,这样的企业文化就是一种"以知识为中心的文化",或称之为"学习型文化",它是知识经济条件下组织

① B. D. Janz, P. Prasarnphanich, "Understanding the Antecedents of Effective Knowledge Management: The importance of Knowledge-centered Culture," *Decision sciences*, vol. 34, no. 2, 2003, pp. 351-384.

② 参见陈维政等:《转型时期的中国企业文化研究》,大连理工大学出版社2005年版,第206页。

在市场中获得竞争优势的"利刃",是一个组织是否具有竞争能力的主要证据。[①] 詹兹、波萨恩佛尼克等学者对关于组织学习的文献进行了归纳研究,在此基础上,归纳出了与组织学习相适应的组织文化特征。他们认为,分析组织学习与文化的竞争,必须从组织学习的三个层面即个人、团队和组织入手,它们三者的特征对学习过程有较大影响。当管理者制定了组织成员和组织适当的关于行为、态度等方面的规划时,学习的转型才有可能发生。[②] 彼得·圣吉指出,未来真正优势的组织必将是在组织的所有层面上发现怎样把人们的义务和能力结合在一起而进行学习的组织。在学习型组织的领域里,有五项新技能正在逐渐汇聚起来,使学习型组织演变成一项创新。彼得·圣吉把这五项技能称为"五项修炼",即自我超越、改善心智模式、建立共同愿景、团队学习和系统思考。[③] 学习型组织就本质而言是一个具有持久创新能力去创造未来的组织,其实质是学习型文化,因此,建立学习型文化既是构建学习型组织的前提,又是建立学习型组织的目的。

基于上述分析,我们认为,构建学习型文化,需要强调以下几点。

一是鼓励强化个人进行学习,满足员工不断学习的需要。彼得·圣吉认为,只有通过个人学习,组织才能学习。所谓个体学习就是成员个人完全自觉的,不依赖个体所处组织、群体的帮助而进行的学习活动。个体学习存量代表着学习从受教育领域向组织领域的最根本转变。个人在工作中形成的知识和能力往往与特定的工作情境密切相关,因此需要组织的激励及指引。个人所能做的(个体能力)、想做的(所受激励)、需要做的(组织指引)这三个方面的综合平衡可以有效地提升个体层面的学习(Watkins and Mar-

---

① Brian D. Janz, Pattarawan Prasarnphanich, "Understanding the Antecedents of Effective Knowledge Management: The Improtance of a knowledge-Centered Culture," *Decision Sciences* , vol. 34, no. 2 (September 2003), p. 352.

② Pervaiz K. Ahmed, Ann Y. E. Loh, Mohamed ZaiYi, "Cultures for Continuous Improvement and Learning," *Total Quality Management*, vol. 10, no. 4-5 (November 1999), pp. 426-434.

③ 参见[美]彼得·圣吉:《第五项修炼——学习型组织的艺术与实务》,郭进隆译,上海三联书店1998年版,第4页。

sick,1993)。[1] 由此可见,企业应当营造促使个人自觉学习的环境,让员工克服学习的障碍。

二是培养团队精神,倡导团队学习。企业内部的工作团队是从工作小组中演变而来的,在现代企业组织中,工作团队扮演着越来越重要的角色。学习型企业的本质特征应当是全员学习。建立在共同愿景基础上的团队学习是一种高层次的学习,能够把学习型个体组织起来,进行系统思考,使成员在同一目标下形成学习和知识创造的共享意识。企业要倡导团队学习,就要建立适应于学习型团队的管理机制,采取灵活机动的管理方式,实行弹性的管理模式。同时引导建立自发管理团队,使团队成员具有明确的共同目标、高效的内部沟通、相互协同配合,以发挥更大的积极效应。

三是明确领导者角色定位。企业领导在学习型文化的构建中,要具备三种角色定位:一是企业学习的设计师;二是企业学习的教练;三是实现组织愿景的仆人。第一角色要求企业领导不仅要通过战略规划设计组织的结构、政策,更重要的是设计组织的理念、设计学习的过程。在学习型文化创建过程中,企业领导的第二个角色是重在引导观念,引导员工对组织发展和运作的思考,启迪人们对重大问题思考、设想的智慧。同时还应伴随着企业决策中心的下移,重视、尊重、信任员工,真正让员工参与到决策过程中来,指导和协助员工共同决策。第三个角色要求企业领导成为实现企业愿景的仆人,这是领导角色中最奇妙的角色,也是学习型文化中领导最本质的态度。罗伯特·格林里夫(Robert Greenleaf)在其著作《仆人领导》中认为“仆人领导首先是作为仆人”,“从一个想服务这种自然感觉开始,服务第一”。领导的仆人角色表现在对实现愿景的使命感和责任感上,表现为创建学习型文化过程中的协调和服务以及努力为员工全力工作和学习创造条件。

① 参见陈维政等:《转型时期的中国企业文化研究》,大连理工大学出版社2005年版,第225页。

5.3 互联网背景下的企业文化构建

5.3.1 互联网经济的内涵与特征

1. 互联网经济的内涵

随着互联网技术的快速发展，依托于互联网技术而进行的经济活动也受到越来越多学者的关注。美国学者约翰·费劳尔于 1997 年最先提出“互联网经济”的概念。① 参见互联网经济发展初期，很多学者们认为互联网经济是与电子商务密切相关的经济活动。还有一些学者把互联网经济等同于网络经济，如美国得克萨斯大学在其 1999 年 10 月发布的《测量 Internet 经济》报告中，则将互联网经济分为四个层次：网络基础结构、网络应用基础结构、网络中介和网上商务。② 国内学者也持有类似的观点，把通过网络（Internet）进行的经济活动称为互联网经济。③ 基于此，潇秦对互联网经济的定义是所有那些由直接从互联网或者与互联网相关的产品和服务中获取全部或部分收入的企业所构成的经济形态，并认为企业是互联网经济的基本构成单位。④ 蒋录全、邹志仁（2001）在确定互联网经济测量指标时也把所有靠互联网获取收入的公司的总和都包括在内。⑤

随着互联网和移动通信的发展，互联网经济包含的内容也愈加广泛。如果仅将互联网视为一种承载信息资源的工具，只能解释互联网对实体经济生产和营销效率的提升，难以解释互联网导致的竞争格局嬗变。⑥ 而从网络经济理解互联网经济可能会掩盖后者作为一种新的社会经济发展形态所具有的独特特征。于是，学者们开始从新的角度审视互联网经济。

从互联网经济本质的角度出发，郑新业强调了互联网经济是一种新的

---

① 参见[美]约翰·弗劳尔：《网络经济：数字化商业时代的来临》，梁维娜译，内蒙古人民出版社 1997 年版，第 11～15 页。

② 参见赵立昌：《互联网经济与我国产业转型升级》，《当代经济管理》2015 年第 12 期。

③ 参见黄文波等：《Internet 产生的经济及社会效应》，《中国工业经济》2000 年第 11 期。

④ 参见潇秦：《互联网经济知多少?》，《经济管理》2000 年第 5 期。

⑤ 参见蒋录全、邹志仁：《互联网经济的测度指标》，《情报理论与实践》2001 年第 1 期。

⑥ 参见赵振：《“互联网+”跨界经营：创造性破坏视角》，《中国工业经济》2015 年第 10 期。

生产方式。[①] 程立茹认为互联网经济从本质上是创新驱动的经济。[②] 从主导力量的角度出发，段志霞和李婉晨也认为相对于工业经济，互联网经济是在基于工业和信息服务的基础上，由资源集中控制者自上而下主导转变为由广大用户自下而上主导的互联网体系。[③]

从组织形式和经济形态的角度出发，李俊明认为互联网经济是以信息技术的发展为基础，以企业电子信息化及网络化为核心，以网络交易为主要手段而从事商业活动的新型企业组织形式。[④] 李文明、吕福玉认为互联网经济是指依托互联网，以信息、知识、技术等为主导要素，通过经济组织方式创新，优化重组生产、消费、流通全过程，提升经济运行效率与质量的新型经济形态。[⑤] 侯欣雨认为互联网经济颠覆了传统工业发展方式，是在移动互联网、物联网、云计算和大数据等新兴科技基础上产生的一种经济形态。[⑥] 万晓榆和代时敏则运用内容分析法，从 60 个互联网经济内涵特征中提取了频率最高的 16 个指标，将互联网经济定义为“基于互联网技术产生的新业态，包含互联网基础设施建设、线上线下相关产业，以互联网革命、创新和商业模式变革、提升产业效率为主要特色的经济形态”。[⑦]

从生产关系和经济体制的角度出发，王俊提出互联网经济应该在一定的生产关系和经济体制下来讨论，否则就可能陷入“技术决定论”的困境。[⑧] 从价值创造的角度出发，罗珉和李亮宇认为互联网时代，价值创造的载体、价值创造的方式以及价值创造的逻辑发生了改变，厂商与顾客共同创造价

① 参见郑新业：《从“互联网经济”的特征谈起》，《经济管理》2000 年第 5 期。

② 参见程立茹：《互联网经济下企业价值网络创新研究》，《中国工业经济》2013 年第 9 期。

③ 参见段志霞、李婉晨：《互联网经济下反客为主式营销模式研究》，《企业经济》2017 年第 1 期。

④ 参见李俊明：《互联网经济时代企业组织结构与治理研究》，《中国集体经济》2015 年第 9 期。

⑤ 参见李文明、吕福玉：《互联网经济的市场规律述要》，《广西社会科学》2015 年第 12 期。

⑥ 参见侯欣雨：《互联网经济对地方政府治理有何影响》，《人民论坛》2018 年第 3 期。

⑦ 参见万晓榆、代时敏：《基于内容分析法的互联网经济内涵研究》，《重庆邮电大学学报》(社会科学版)2018 年第 1 期。

⑧ 参见王俊：《互联网资本主义下劳动力商品化的发展趋势与就业效应》，《政治经济学评论》2016 年第 4 期。

值是价值创造的基础。[①]

可见,学者们研究的角度不同,对于互联网经济的定义也有所不同,我们认为互联网经济就是基于互联网信息技术,生产者和消费者共同互动而实现的新价值的创造。

2.互联网经济的特征

近些年来,互联网以前所未有的速度渗透到生产生活的各个方面,互联网经济快速地在人力资源、制造执行、行政管理、财务采购等多个领域实现与合作伙伴之间的合作关系,从而提高管理效率,降低企业经营与管理成本,提升企业盈利能力。因此了解互联网经济的特征对于企业来说就十分重要。

郑新业总结出互联网经济的五个特征,即具有网络外部性,“只有第一,没有第二”,高度发达的市场经济,标准的极端重要性和市场失灵。[②] 袁宏伟指出免费信息产品在互联网经济中大行其道,互联网促使免费商业模式出现。[③] 李海舰等认为互联网改变了交易场所,拓展了交易时间,丰富了交易品类,加快了交易速度,减少了中间环节。[④] 祝合良和王明雁认为互联网经济时代消费思维的转变主要体现在免费、共享、共创、跨时空消费等方面。[⑤] 段志霞和李婉晨认为互联网经济下信息获取更加便捷,信息量也较大。[⑥] 柴桦认为互联网经济通过创新推动经济增长,互联网思维中的信息流量、用户至上、组织扁平化等理念,能够使企业实现本质的超越。[⑦] 毛凌翔和何建华

① 参见罗珉、李亮宇:《互联网时代的商业模式创新:价值创造视角》,《中国工业经济》2015 年第 1 期。

② 参见郑新业:《从“互联网经济”的特征谈起》,《经济管理》2000 年第 5 期。

③ 参见袁宏伟:《基于互联网的“免费”商业模式创新研究》,《商业研究》2010 年第 12 期。

④ 参见李海舰、田跃新、李文杰:《互联网思维与传统企业再造》,《中国工业经济》2014 年第 10 期。

⑤ 参见祝合良、王明雁:《消费思维转变驱动下的商业模式创新——基于互联网经济的分析》,《商业研究》2017 年第 9 期。

⑥ 参见段志霞、李婉晨:《互联网经济下反客为主式营销模式研究》,《企业经济》2017 年第 1 期。

⑦ 参见柴桦:《互联网新经济四度空间重构研究——基于经济增长动力视角》,《人民论坛·学术前沿》2017 年第 24 期。

认为互联网经济可以超越时间和空间的限制。① 王茹认为互联网经济具有产业融合的特点，往往跨界混业经营、贯穿多层次市场体系。② 荆文君等指出互联网经济具有网络外部性和低边际成本等基本特征。③ 侯欣雨认为互联网经济的特征是平等、开放、协作和共享，且互联网经济奉行客户至上、服务极致化的理念。④ 综合各位学者对互联网经济特征的研究，我们认为互联网经济特征主要有：

(1)企业无边界。传统工业经济环境受物理时空约束，经济时空与物理时空高度契合。互联网的出现，突破了物理上固化的交易时间和空间对于企业和消费者的束缚，供需双方在任何时间任何地点都可以进行交易，物理时空约束减弱，经济时空的范围和效率提高，物理时空和经济时空原有的契合发生变化。另一方面，互联网经济使得不同产业相互融合，越来越多的企业开始跨界经营，企业不再局限于某一行业范围内，多家企业共同合作向消费者提供产品和服务。企业开始注重商业生态系统的建立。互联网经济能够借助信息技术手段实现横向产业链关联与纵向的价值链重构，进而实现以价值增值为核心的开放式闭环生态系统。⑤ 在互联网经济下，企业更加开放，企业的边界越来越模糊，可以任意无限延伸。

(2)用户体验至上。随着生产力的发展，商品市场往往供过于求，在买方市场的条件下，消费者处于有利的主动地位，企业必须重视消费者，把消费者利益放在第一位。加之互联网技术快速的发展，消费者不仅可以自己主动搜寻信息，而且还可以随意发布有关企业或产品的信息，每一位消费者都可以成为媒体中心，消费者变得越来越有话语权。互联网经济是基于用户的经济，而不是基于产品或物的经济，所以用户对企业产品的体验就变得

① 参见毛凌翔、何建华：《互联网经济下的虚拟企业信息资源交互与保障机制研究》，《现代情报》2018 年第 3 期。

② 参见王茹：《互联网经济规制的原则与多元规制体系的构建》，《行政管理改革》2018 年第 1 期。

③ 参见荆文君等：《互联网经济的统计困境与变革思路》，《统计与决策》2018 年第 16 期。

④ 参见侯欣雨：《互联网经济对地方政府治理有何影响》，《人民论坛》2018 年第 3 期。

⑤ 参见柴桦：《互联网新经济四度空间重构研究——基于经济增长动力视角》，《人民论坛·学术前沿》2017 年第 24 期。

至关重要。只有独特的体验才能让用户从众多同质化的产品中感知到企业产品的存在，才能在互联网上进行口碑分享，创造新的价值。

(3)免费商业模式。与传统产品相比，互联网时代下的数字产品具有较大的高固定成本和极低的边际成本特征，使得免费商业模式成为可能。通过免费商业模式，吸引了众多用户的注意力，用户规模达到一定数量后，就会产生网络效应。互联网经济就是在吸引大众注意力的基础上创造价值。免费商业模式颠覆了传统的经营理念和盈利模式，是互联网经济环境改变的结果。

(4)颠覆式创新。互联网环境下不确定因素众多，企业经营处于一种边界模糊的环境中，企业没有固定的模式可以遵循。消费者往往只认可行业领导者，追随的企业不太能吸引消费者的注意力。这就要求企业必须有所创新，争当第一。互联网时代下，企业可以通过商业模式创新来创造价值。另一方面，企业也需要认识到价值的创造并不仅靠企业来实现，消费者也参与到价值创造的过程中，互联网导致了价值创造逻辑发生变化，颠覆了价值创造的方式。[①] 互联网经济可以说是通过创新推动经济增长的。[②]

5.3.2 企业的互联网新思维

1. 传统企业的新思维

传统企业与互联网企业有完全不同的模式，传统企业是先有产品，后有营销推广，而互联网企业先有粉丝，有庞大的支持者，然后基于粉丝需求开发相应的产品。传统经济时代，能把企业做大做强足以证明企业家的优秀，但在互联网时代过去的成功反而会成为发展的阻碍，传统的制造业、培训业、广告业、运输业、零售业、服务业、医疗卫生业等，可能会发生颠覆性的变化。

在移动互联网爆发的今天，消费观念、生活方式、信息沟通方式发生巨

---

① 参见罗珉、李亮宇：《互联网时代的商业模式创新：价值创造视角》，《中国工业经济》2015 年第 1 期。

② 参见柴桦：《互联网新经济四度空间重构研究——基于经济增长动力视角》，《人民论坛·学术前沿》2017 年第 24 期。

大的变化。互联网时代企业应该深刻认识到互联网背景下人们的消费特征变化，可以看出，互联网的力量是颠覆性的，而掌握大数据、关系链以及建立互联网生活和生产的企业将发挥巨大潜能。互联网时代，传统商业线下人流减少，商业成本上升，消费者越来越挑剔，并已经形成网络购物的消费习惯，随之而来的是商业立场和价值观的变化。而渠道进一步扁平化，传统商业从厂家到总代理、二级经销商、批发市场到终端再到消费者，价格会有多倍的空间，中间渠道将会不断被压缩。互联网与传统行业的相互碰撞与融合，进一步激发服务模式、商业模式以及生产消费模式的创新发展，形成巨大的新兴市场，为传统企业带来了许多机遇和挑战。细分传统企业互联网转型脉络，主要有三大模式①：

其一，向平台化公司转型，整合资源进行平台化运作。这是目前很多传统公司向互联网转型的首选。绝大部分互联网金融P2P公司都是提供平台，利用大多数人的财力做成一件事情，整合大多数人的意愿。成为平台型企业品，并形成良好的口碑，只提供双方交易平台，吸引用户进来体验，从而卖出产品，这是典型的互联网形态模式。很多传统企业都选择了这种模式，其成功的关键在于企业的互联网运营能力。其二，与成熟的第三方平台型企业合作，而不是成为一个平台。很多线下实体企业通过进驻京东、天猫、唯品会、一号店等很多传统电商平台，与平台企业合作，达到转型目的。其三，颠覆性创新，开创新模式。开发企业APP，通过分发渠道开发市场。传统企业转型互联网，要懂得逐步放弃以前基于信息不对称所获得的既得利益，转型切记“过犹不及”，要在仔细分析用户特征变化的基础上，准确匹配，理解移动互联网思维，持续用力聚焦从而达到目标效果。

在当前互联网背景下，传统企业发展应该侧重于电子商务、平台化转型、O2O等方向②：电子商务是传统企业网络化转型的重要手段，互联网作为免费、活动的平台提供了海量信息，对传统企业成长起到至关重要的作用，

---

① 参见熊友君：《移动互联网思维：商业创新与重构》，机械工业出版社2015年版，第116～117页。

② 参见王鹏：《互联网时代传统企业的转型》，东南大学硕士学位论文，2017年。

通过精准定位、健全推广系统、建立营销型网站、加强企业家网络营销意识、建立线上营销线下成交等策略，传统企业可以借助电子商务活动更好地发挥自身优势，实现快速转型成长。平台化转型也是网络化企业的发展路径之一，企业通过互联网背景下的平台迅速聚集各种资源，可以在最短的时间内满足用户个性化的需求。O2O 作为一种新兴的商业模式得到了迅猛发展，也为企业转型发展提供了很好的选择方向。借助 O2O 这一模式，传统企业一方面可以作为线下商品与服务的直接供给方，主动利用互联网开展商业活动，另一方面通过大型互联网企业的主导，为拓展其业务范围、增强 O2O 实力而联结传统企业的被动触网，由此传统企业可以在内部运营、市场推广与销售方面更多地与互联网深度融合，有效实现传统企业转型升级。

2. 互联网企业的新思维

在信息相对封闭和资源相对稀缺的工业时代，传统的工业思维成为主流。互联网的发展催生大批互联网企业的诞生。当今互联网企业呈现平台化、开放化、品牌化等趋势，同时这些趋势也深深植根于互联网企业文化当中。

1)平台化思维

互联网时代，企业不仅需要更高程度的平台化思维。目前，许多企业已经在平台商业模式中布局，包括苹果、谷歌等公司以及微信、微博等社交平台。平台商业模式的核心在于构建一个多个利益共同体共享、共赢的“生态圈”。在互联网产业链中，打通中下游，整合各方资源有助于实现整体效率最天化。企业平台化思维可能无法完全为某些相关利益相关者实现效益最大化，但可以在整体上实现价值最大化，最终实现平台聚合。平台化思维主要强调以下几个方面：

第一，企业平台化对组织结构的影响表现为组织结构的扁平化甚至是无组织，互联网技术使得平台相关企业联系更为紧密，平台企业边界则更为模糊。许多企业在互联网发展浪潮中减少了组织层级，其原因很简单，过去强化组织架构、强调产品而形成大量的组织中层，而如今过多的中层反而成为企业的决策、信息传递、创新等阻碍。第二，未来企业将更加围绕用户及用户关系，通过产品聚合，在企业平台上为用户提供更好的一站式服务，打造移动互联网移动社区、移动搜索、消费平台等。显而易见，因为掌握一了平台就是掌握了通道，突破只做产品的思维，在产品上面要做出一个平台来。例如，腾讯的产品并没有比易信好多少，但是腾讯卖的不仅是产品本身，而是整个平台带来的体验。在移动互联网产业中，最为关键的就是平台运营商，中国移动互联网正从以运营商为主导的时代向内容与应用为王的时代过渡。第三，互联网强调开放、协作、分享，提高企业的效率、效益、灵活性和避免大企业病是现代企业管理追求的目标，大而全、等级分明的企业很难贯彻互联网思维，运用互联网思维的企业讲究小而美、化大为小、组织扁平化，这是企业适应移动互联网时代的一个重要判断标准。

2)开放化思维

在互联网时代，人们将各种信息从线下搬到线上，获取信息的方式更为便利、更直接、更快捷，由于海量信息的产生，人们发现很难找到想要的产品，于是诸如百度、阿里等互联网企业诞生，这些互联网企业拉近了商家与消费者之间的距离，减少了中间渠道和中间商的盘根错节，使得信息越来越透明，获取信息的成本越来越低，商家和消费者可以更直接的对话。

开放是互联网时代的重要特征，运用互联网思维的企业都具有开放性，不仅对内部员工开放，更重要的是对外开放。开放的最终目的是有效整合内外部资源，打造良好的生态环境，提高企业竞争力。企业面临如何以客户为中心更好地和客户沟通、如何分析客户、如何与客户建立深层次的关系等挑战。

互联网产生了海量数据，要为每位用户的个性化需求精准组织商品并提供定制化的消费体验，前提是对海量数据进行分析，研究用户的消费轨迹，通过消费者的消费痕迹会不断揣摩消费者可能感兴趣的产品及其偏好，再通过各种互联网方式呈现到消费者面前，形成良性循环。

3)品牌化思维

企业在互联网时代不是不注重品牌，而是应该更加注重品牌，更加需要品牌化思维。企业在传统商业模式中，企业品牌需要多年的经营建设，而在当今互联网时代，由于互联网技术催生多种品牌营销媒介，因此企业可以在很短时间内就可能达到传统模式多年的品牌效果。移动互联网和社交媒体为品牌塑造提供了新的工具和可能，以移动互联网和社交媒体为核心的数字技术和由此产生的"互联的消费者"正是助推企业抓住互联网发展机遇的驱动力，其含义有以下三点①：

第一，由于移动互联网的高速发展和智能手机的普及以及4G网络的快速建设，企业与消费者的沟通渠道从有限时间内的有限渠道，转变为每时每刻都有可能把品牌信息以精准的方式传达给消费者。

第二，社交媒体正在改变品牌体验的定义。社交媒体提供了企业同消费者沟通的直接平台，同时又是对消费者的极大"赋权"，让信息更加透明，让消费者的消费体验成为"品牌内涵"的一部分，影响其他消费者对品牌的印象。

第三，数字技术的快速发展扩大了品牌内涵的维度，无限扩展了品牌与消费者沟通的时间和地点的灵活度，使得沟通和购买可能在第一时间进行，彻底改变了品牌建设的环境。"全景营销"大环境下企业品牌的内涵无限扩展，既要考虑企业给消费者"推送"的品牌定位和品牌形象，也要考虑消费者"主动创造"的品牌内涵。企业品牌的宣传方式也更多样化，特别是移动互联网等数字技术，可以为消费者创造全新的"消费者瞬间"。企业采用"全景营销"的方式，不仅可以增强品牌建设的效果，直接推动销售，同时可以降低营销成本，实现营销投入产出的精准管理。

5.3.3 互联网对企业发展环境的影响

1. 互联网本身是一场革命

互联网作为信息技术的集大成者，其迅速发展对人类社会的方方面面都产生了巨大的影响。这种影响不仅仅表现在信息的快速获取、处理与传递，还表现为构建在网络信息技术之上新的产业业态、新的商业模式、新的经营领域；同时导致人们的思维方式、交往方式、生活方式都发生了变化；它

① 参见熊友君：《移动互联网思维：商业创新与重构》，机械工业出版社2015年版，第105～106页。

甚至催生了“虚拟生活”“虚拟社区”这一从未在人类社会出现并超越人们想象的生活形态。互联网本身就是一种文化，它体现出的比以往更为开放、更懂得分享、更懂得承担责任、更为透明的系列价值特征。正如学者们所指出的，互联网时代延续了后工业时代的趋势，与工业时代的经济模式、文化心理渐行渐远。其根本差别在于个性化需求取代共性需求，多样化取代标准化，供给方规模经济让位于需求方规模经济。产生这一现象的技术原因在于信息产品是非物质性生产，可变成本很低，这就为人类社会的各个领域带来了革命性的变化。

2. 互联网塑造了互联网经济

互联网经济是人类文明经历农业经济和工业经济之后一种新的社会经济发展形态，是对工业经济进行的革命性扬弃。互联网依托技术的力量对传统行业的颠覆与重塑，形成了新的经济形态——互联网经济。互联网经济的显著特点之一是线上与线下相互依存、互为支撑。几乎每一个传统行业都能在互联网上找到其对应行业。相对于传统行业，这些新兴行业不仅仅表现为交易通道的变化，更体现为交易方式、交易结构乃至话语权的革命性变革。在人工智能、大数据、云计算、移动互联网、物联网等新一代信息技术的迭代下，以平台经济、共享经济为代表的经济形态及相关产业增势迅猛、竞争激烈，互联网经济迈入了新的阶段。

3. 互联网改变了人们的思维方式

人们交往方式和掌握信息的变化必然影响到思维方式。在各种社交媒体和网络中，不同的观点、兴趣、偏好甚至创意无时无刻不在进行着即时的交流、沟通与碰撞。人们不仅由此获得更多的信息与知识，还可通过这一迅速及时的信息传播途径获得自己的发言权，形成自媒体，从而进一步提升了互联网的平等、民主权力格局。与此同时在思维层面，平等、自由、分享、协作等理念达成共识，形成惯性，个体的这种体验借助各种互联网媒体、社交网站、即时通信等渠道广泛传播，已经开始自下而上地改造整个社会的思维模式。在这种思维模式下的个体更加自信、开放、包容，更加注重自我表达、自我表现，也更加关心自己的参与感和体验感。

4.互联网催生了新型的社会文化

在互联网时代，人人都是话筒，人人都是媒介，出现了个体文化和“小众文化”，使以往的大众文化话语权开始下沉，文化的产生方式和传播方式发生了巨大的变化。有学者指出，以各种社交媒体、自媒体为代表的新型文化生产与传播方式，将工业时代形成的所谓大众文化话语权下沉，真正落到组成“大众”的一个个用户身上。与工业社会抛弃贵族文化、迎合并引导大众文化趣味类似，互联网社会也将抛弃大众文化，进而迎合并引导个性文化和小众文化。互联网文化最大的特征势必继续表现为个性文化的觉醒以及小众文化的繁荣。

5.3.4 互联网对企业文化建设的影响

1.互联网使组织结构扁平化，导致企业文化体系发生变化

随着互联网技术及应用的快速发展，传统企业的组织架构将发生变化。高度信息化让组织透明度越来越高，传统的企业层级制、金字塔式的组织结构越来越不适应快速变化的市场环境，正在被扁平化的组织结构和灵活的管理机制代替。管理的重心下移，弹性的工作模式、项目式的团队、较短的决策链，都要求企业内部的文化特质能够适应外部的多变环境。以项目为核心的团队文化、反映客户需求的速度文化、企业班组文化、员工个体文化开始凸显其重要性。这就需要企业适应互联网时代的要求重构文化的体系。

2.互联网使组织的边界发生变化，企业文化的融合性越来越强

互联网使企业的边界开始“消失”，企业成为与利益相关者共生共赢的生态组织。企业无论是在行业内还是行业外，与其他组织的关系越来越紧密，企业的社会属性更加明显。因此企业文化也不再是企业的“内部文化”，客户文化、社会文化的加入和渗透，必将改变企业文化的特质与方向，使企业文化与外部的融合性越来越强，企业就需要保持内外部文化价值传递的平衡，尤其让利益相关者能够充分感受到企业文化使命、愿景和价值观。

3.互联网时代新生代知识型员工群体的需求多样化，对企业文化的建设和管理提出了新的挑战

进入新时代，企业中的知识型员工、年轻一代的员工越来越多，各种信

息更加透明和对称，员工的主体意识、平等意识日益强烈，使传统的等级管理已经不适应新的环境。组织内外部环境的变化不同程度地削弱以往领导层的决策权和控制权。这就要求企业管理者不能再囿于权力的集中控制，而应当实施分散性的管理策略，以增强组织的适应性、灵活性，把员工个人的行为纳入组织协调管理的范畴，尊重员工的个性化，激发员工的活力，使具有创造力的员工，专业化技能得到充分的发挥，个人价值得到最大的实现。因此，依靠员工的个人价值观与组织的集体价值观的融合与协调来进行管理，已成为有效提升组织效率的最重要手段。这也是互联网时代企业文化建设的新课题。同时，互联网时代“85 后”“90 后”员工群体已逐渐成为企业的主体力量，他们学历层次高、自主意识强，喜欢追求自由、平等、民主，愿意参与企业的决策，体验个人的价值感。他们有理想但更注重现实，重精神也更考虑物质。他们从小受多元文化的熏陶，崇尚自由，个性张扬，喜欢无拘无束，对实现自我有比较强烈的渴望。这些特点对互联网时代的企业文化建设提出了新的挑战。

4. 互联网促进了企业管理方式的转变，使以人为本的文化理念更加鲜明

互联网时代的企业网络化，使组织架构更加扁平化，更容易把企业、员工和客户变成一个“利益共同体”，使整个组织的管理重心从管理员工的群体逐渐变成为企业管理者通过激励帮助员工去实现客户梦想，领导的任务也相应地变成了通过赋能协助每个员工实现个人和组织的目标。由此要求管理更加重视发挥个体的创造精神和创新活力，更加强化以人为本的管理，更加注重吸收员工参与决策或赋予员工决策权，给员工发展提供更大平台，使员工在为企业的奋斗中充分实现个人的自我价值。因此，互联网时代的企业文化建设就应当更加重视人、尊重人、包容人，应当更加重视员工的成长和发展，将企业打造成个人价值实现的平台。

5. 互联网时代网络的开放与互动，使企业文化传播渠道更加多样化

互联网和移动互联网时代，伴随着信息技术的发展与迭代，各种门户网站、微博、微信、社交空间等多元化媒体层出不穷。这些多元化的信息传播

媒介，也催生了网络文化、群体文化、部落文化等多元文化。加之，互联网用户至上、体验为王、免费模式、颠覆式创新的零距离思维与开放、合作、包容、共赢的平台，让各种资讯都可以无障碍地进入人们的视野，使企业原有的“文化围墙”被拆除，时时会受到外来文化(信息)的冲击。特别是传播方式的网络化、即时化，使生活在现实中的员工，增加了无限的虚拟空间，各种有形的非正式组织也拓展到了无形的同学圈、邻居圈、亲属圈、朋友圈以及各种群聊、论坛、空间等，形成了各种各样非正式的网络组织。更为重要的是，在自媒体条件下，每一位员工既是企业文化的实践者，也是企业文化的参与者和传播主体。员工可以随时随地、随心所欲地发表言论，而且内容更加多元。与此同时，移动互联网时代的平台化特征和突破、超越与信息多元化等特点，信息的来源渠道多元化、信息的数据海量化、信息的价值判断多样化，将彻底颠覆企业领导者文化传播主体的垄断地位，有效增加企业文化的传播对称性，使企业文化不再是企业家的主观意志，从形式、内容、建设主体到建设过程、传播方式，打破了传统企业文化建设的固有规则，员工成为媒介信息的生产者、传播者和受益者。所有这些，都会使企业文化的传播渠道更多、范围更广、频次更高、内容更丰富。

5.3.5 互联网时代企业文化建设的对策

1.注重企业文化建设的内外部互动

互联网时代要更加强调组织文化的内外部一致性，协调好包括企业与客户之间、企业与合作者之间以及企业与政府社区之间的关系。通过企业文化的对外调适功能，构建与外部相关主体的良性互动。企业要遵循互联网思维，主动向社会开放，不断整合社会资源，在与社会交流中，在与时代相融中，构建文化共同体。企业还要积极与价值链上的合作伙伴互动，传递企业文化的价值主张和为客户创造价值的服务理念，让更多的利益相关者了解企业的价值追求，保持文化的内外部价值传递力度平衡。

2.构建“以人为中心”的文化体系

文化管理必须适应时代和员工需求的变化，反映年轻员工群体“寻求一种新的工作方式”等需求，用更多的精神激励凝聚员工，以无形感染力和渗透力推动企业文化管理形成强大凝聚力。由于网络给人们提供了更加开放、平等、自由和民主的工作、生活平台，文化定位的全过程要积极适应深入员工当中，自下而上，自上而下，不断促进企业内部的文化交流。在网络时代，“即时性”高于一切，信息的传递、交流、获取变得更加迅捷，文化传播既要利用传统文化传播渠道，又注重互联网条件下新媒体、自媒体的作用，打造开放式平台，发挥员工智慧，集思广益，构建双向、平等、互动、双赢的企业文化建设模式。同时还要高度关注互联网时代的文化冲突，对于不同特质文化相互接触、交流时产生的撞击、对抗和竞争，要强调包容性。

3.更加注重价值观管理

在信息多元化的互联网时代，网络型组织的有效性取决于组织的自我协调能力和自我实现能力，而这种能力是靠价值观、靠文化来管理的。因此价值观管理作为一种管理思想，应当成为企业文化建设的鲜明主题。企业主流价值观是企业的基本性格与灵魂，它指导着企业的发展方向与目标，主导着企业的经营策略与行为准则，构成企业精神文化的核心。美国的西蒙·L.多伦多指出：进入21世纪，随着知识型员工越来越多，依靠员工个人价值观与组织价值观进行管理，已成为有效提升组织效率的重要手段。首先价值观的塑造在传承企业优秀文化基因的同时，应该体现互联时代的特征，处理好企业主流价值观与多元文化的关系；其次要真正形成以人为本的价值观，创造一种不断促进员工学习和成长的组织氛围，形成组织不断创新的核心能力。

4.重视新生代知识型员工群体的管理

互联网时代，具有创造力的员工，其专业化技能能够得到充分的发挥，是企业文化的真正意义所在，也是企业生存发展的核心动力。因此，企业要重视研究“85后”“90后”新生代群体思维模式，淡化等级制度，鼓励积极参与，给予员工更多的自由时间和独立空间；不断探索适应新的管理环境的管理策略，增强组织的机动性、灵活性，尊重和培育其个性化的拓展；企业要积极发展和培育网络文化，让员工在工作和生活中实现自我、创造价值、体验快乐。

5.3.6 知识型员工的激励

知识型人才最早由管理学家彼得·德鲁克提出，他认为知识型人才是能够掌握和运用符号与概念，知识与信息工作的人。[①] 有学者认为，那些脑力活动多于体力的财富创造者便是知识型员工，知识型员工通过对产品、服务进行创新、分析、判断、综合以及设计等方式，提升产品或服务的价值。[②] 汪群、王颖(2001)等学者提出，知识型员工是那些通过对知识技能的运用、从事生产、创造、扩展等相关工作以及能够为公司价值增值做出贡献的人。[③] 例如，高层管理人员、研发技术人员、产品或程序设计人员以及市场营销人员等，知识型人员几乎涉及各个岗位，成为企业重要的人力资源。随着互联网的快速发展，新生代员工概念更多被提及，知识型员工也将不断被赋予新的含义。

1.知识型员工的特点

知识型人才的特点可以分为两个维度来讨论：一是基于个性特质的知识型员工特点，二是基于工作特征的知识型员工特点。

1)基于个性特质的知识型员工特点

第一，知识型员工有着极高的单体综合素质。在互联网时代，企业每天要接受大量信息，还要面对着激烈的行业竞争，处于一个不确定的环境，因此企业需要综合处理、分析、筛选信息，来适应复杂和不断变动的内外部环境，并且能够及时更新、创造出新的竞争优势。从资源基础观角度来看，伯格·沃纳菲尔在1984年的"企业资源基础观理论中"提出，企业核心竞争力是靠资源的异质性来获得的，企业独特的资源与能力是持久的竞争优势的源泉。企业竞争优势源于异质的、独特的、不易模仿的资源，知识型员工则为企业最具独特的资源之一。由于知识型员工有着很高的单体综合素质，知识型员工成为了企业持续竞争力的源泉，员工不再是简单的体力劳动人

① 参见[美]彼得·德鲁克:《知识管理》，杨开峰译，中国人民大学出版社1999年版，第49～57页。

② 参见赵励宁、刘涤非:《知识型员工的激励研究》,《吉林省经济管理干部学院学报》2011年第4期。

③ 参见汪群、王颖:《浅谈知识型员工及其有效激励机制构建》,《现代经济探讨》2001年第8期。

员，而是企业的创新者、产品服务附加价值的缔造者，是企业保持竞争优势的特有资源，也是推动企业发展的重要力量。

第二，知识型员工有较强的主观能动性。基于需求层次理论，人的需要可以分为不同的层次：一是低层次需求，包括生理、安全、社会三个方面；二是高层次需求，包括尊重和自我实现，涉及人精神层面的需求，人在精神方面的需求是无止境的，这决定了人对高级需求的需求强度，会随着满足的次数不断增加，这点与低级需求相反。① 知识型人才是通过脑力劳动，为企业的发展和创新做出贡献。知识型员工自身素质很强，而且在低层次需求得到满足的情况下，更向往追求更高层次的需求，例如尊重需求和自我实现需求。知识型员工多接受过高等教育，甚至有海外经历的员工不在少数，知识型员工多具备专业领域的知识和技能，并且与其他劳动力相比，往往具备更强的主观能动性。②

第三，知识型员工更追求独立性和个性化。拥有高素质的知识型员工，有着很强的主观能动性，他们更希望得到别人或组织的认可，来实现自我。他们喜欢在相对独立的环境中，进行创新性或有技术含量的工作，而不是简单的机械性工作，因为他们不甘于平庸，希望能显示自己的个性，满足自我实现，对于创造和有一定难度的工作具有热情。从成就需要理论角度来看，知识型员工对权利、情感、地位等高层次需求大于传统员工，并且在得到满足之后，这种需求不会减少而会加强，甚至追求更高层次，因此他们会在组织中不断努力，创造价值。

2)基于工作特征的知识型员工特点

第一，知识型员工一般从事创造性的工作。知识型员工一般从事的不是低端机械式工作，而是在复杂互联网的系统中发挥个人的技能和创新思

---

① 参见崔平丽：《L公司知识型员工激励体系优化研究》，西安石油大学硕士学位论文，2018年。

② 参见李航、窦大海：《浅谈加强企业知识型人才管理》，《山东经济管理研究》2016年第1期。

维。根据个体—环境匹配理论[①]，当个体与环境相匹配时，环境对于个体产生积极作用，个体会通过使用心理资源来克服环境压力。而知识型员工对于环境的适应力以及洞察力较强，因此，企业环境的改变将提高知识型员工的唤醒水平，而高水平唤醒会激发个体通过改变自己或者改变其所在的工作环境来应对，以达到个体特质与组织环境最大限度地匹配。当知识型人才付出的心理资源越多，就会增强内化角色期待的强度，进而产生创新期待。当自我创新期待进一步触发了自我实现预言效应时，知识型人员将激励自己采取创新行动，完成创新过程。由于知识型员工的工作大多为脑力劳动且与创新有关，不像传统体力劳动一样能够找到合适的指标进行衡量。知识型员工的工作绩效一般需要一段时间才可判别，而不能马上得到。同时，知识型员工的工作成果是个人智慧、技能、经验的融合，并且具有创新性和个性化的特点。

第二，知识型员工更注重柔性激励。一方面，知识型员工对于自我价值的实现方面有着很高的要求，并且知识型员工的层次越高，越是重视对于组织工作环境、工作认可度、个人发展、优秀企业文化等方面的追求。卢纪华等在研究组织支持感合组织承诺对知识型员工的激励上，证实了理想承诺对人际友好、角色拓展及工作活力有影响；情感承诺对任务中心、活力、主动参与、价值内化和效能感有影响；继续承诺对主动参与、价值内化和积极坚持有影响；规范承诺对任务中心和积极坚持有影响等。[②] 另一方面，知识型员工更希望企业能给他们自身能发展提供一个公平、广阔的优秀平台，在他们为企业贡献知识、改革创新的同时，企业也能为他们的个人发展提供一些更好的机会和锻炼，进一步开拓他们的视野。[③]

第三，知识型员工具有较高的流动性。研究表明，知识型员工的流动性

---

① J. R. Edwards , C. L. Cooper , "The Person-Environment Fit Approach to Stress: Recurring Problems and Some Suggested Solutions," *Journal of Organizational Behavior* , vol. 11, no. 4 (July 1990), pp. 293-307.

② 参见卢纪华等:《组织支持感、组织承诺与知识型员工敬业度的关系研究》,《科学学与科学技术管理》2013 年第 1 期。

③ 参见张建民:《国内知识型员工激励研究:现状及展望》,《云南财经大学学报》2009 年第 5 期。

会高于传统员工，原因在于知识型员工有着高度的不确定性，具体包括变动性、复杂性，难以预测性。[①] 罗兴鹏、张向前总结前人研究，将知识型人才的不确定性总结为由信息的不对称、员工的有限理性和环境的变动性共同作用而产生的对于自身、环境以及二者之间的关系认知上的偏差，具有客观性、动态发展性、多维性以及难以测量性等特征。[②] 由于这些不确定的特性，造成知识型人才本身的需求复杂性以及对自我实现的追求性，喜欢从事创新的工作，也重视企业的工作氛围，希望工作环境宽松、人际关系和谐等，当这些因素不符合知识型员工的预期时，忠诚度容易降低并导致知识型员工的流失等问题，知识型员工的激励就成为管理者思考的关键问题之一。

2. 知识型员工的激励

在新生代员工越来越多的当下，关键在于发掘、利用和发展知识性员工的创造力与潜能，提高知识性员工的工作热情，培养他们的责任感和敬业精神；建立与企业文化相匹配的激励体系。企业可以通过以下方式激励知识型员工：

1）明确管理理念

柔性激励管理模式对领导管理层的观念建设提出了一定的要求。与传统的刚性激励管理不同，柔性激励管理要求公司管理层确立一种高度重视积极心理能力的新管理理念——公司管理者把员工的积极品质视为最重要财富，员工因此感到被信任和受重视，进而能够更充分发挥自己的才能、优势和潜力，促进公司绩效的提升。[③] 有研究表明，伦理型领导能够显著影响知识型员工的社会公正感和生活满意度；组织公正感和工作满意度能够中介伦理型领导和社会结果变量的关系。[④] 这对于公司领导层的启示是，应适当转变管理观念，以伦理型领导促进员工工作满意度的提升，从而产生更为

① 参见张向前：《知识型人才交易研究》，《科学学研究》2006 年第 6 期。

② 参见罗兴鹏、张向前：《知识型人才不确定性的模糊综合评价研究》，《科技管理研究》2015 年第 6 期。

③ 参见胡书：《如何开展知识型员工的柔性激励》，《当代经济》2012 年第 22 期。

④ 参见金杨华、谢瑶瑶：《伦理型领导对知识员工公正感和满意度的影响》，《科研管理》2015 年第 12 期。

积极的社会结果。总的来说，柔性激励管理模式要求公司上层树立新的管理观念，重视提升员工的工作积极性。

2)完善薪酬体系

完善薪酬体系主要包括优化绩效考评制度、加强股权激励、保证薪酬的内部公平性和外部竞争性等方面。

首先，优化绩效考评制度。优化绩效考评制度是指公司需要考虑不同岗位和性质、提高绩效工资的比重。① 公司需要打破身份界限，按业绩和能力考核制定收入差别，将劳动报酬的高低与企业的经济效益好坏、劳动者本人的劳动成果挂钩，奖优罚劣。② 从根本上激励知识型员工需要给予其与自身知识、专业水平相当的物质报酬，使所得报酬与所具备的知识、专业技能相吻合。总结现有研究，学者普遍认为需要将绩效考评与员工的专业能力、业绩水平等挂钩，从而形成对知识型员工的激励。同时要确保绩效考评制度规范落实到人，以充分发挥出其效力。

其次，加强股权激励。对于一般知识型员工可采取持有股份的策略，将员工的切身利益和企业的经营业绩直接联系起来，促使员工努力工作；对于高层知识型员工，可采取股票期权的方式，充分体现企业对知识型员工为企业所做贡献的肯定和尊重，从而起到长期激励的作用。公司建立起员工持股计划、股票期权等长效激励机制。③ 股权激励是在绩效考评的基础上，对员工薪酬体系的完善和丰富，对于调动员工的工作积极性具有重要价值。

最后，公司还需要采取措施保证薪酬的内部公平性和外部竞争性。公司需要保证有同等技术水平和能力的员工得到的奖励大致相同、工作成果和贡献相同的员工得到的奖励大致相同，即保证薪酬的内部公平性；也需要参考相同地区、相同行业、相同岗位的薪酬，以此为基础确定公司的薪酬水平，即保证薪酬的外部竞争性。④

① 参见王兆勇：《跨国公司知识型员工的柔性激励模式探讨》，《东北财经大学学报》2012 年第 1 期。

② 参见胡书：《如何开展知识型员工的柔性激励》，《当代经济》2012 年第 22 期。

③ 参见岳丽娟：《知识型员工的柔性激励管理策略》，《知识经济》2015 年第 6 期。

④ 参见崔平丽：《L 公司知识型员工激励体系优化研究》，西安石油大学硕士学位论文，2018 年。

3)注重员工个人发展

对员工个人发展的激励能够提高员工对于公司的忠诚度,既要将员工的职业生涯规划纳入考虑,也需要建立健全的职业培训、人才培养机制。

柔性激励管理强调员工个人职业规划与公司发展的高度匹配和吻合。公司需要创造机会和条件保证各类人才能够施展才华,在为公司发展做贡献的过程中实现个人的职业规划目标。柔性激励管理就是要在充分了解和掌握知识型员工个人的基本需求和职业发展意愿的基础上,力争为其提供更富有挑战性的个人发展机会与职业提升的空间,让知识型员工在工作过程中能够随着公司的不断成长壮大而获得更好的职位升迁或新的事业契机。王聪颖和杨东涛(2017)认为新生代知识型员工的期望与公司发展前景差距越大,其产生积极情感的可能性减少;新生代知识型员工的期望与公司发展前景差距越大,其产生消极情感的可能性增加,进一步地会将这种情感转化为对其职业目标的追求,继而产生离职意向。总结来看,公司需要将自身发展与员工职业规划有机结合,通过为员工提供足够的发展空间、晋升机会,实现公司与员工双方的共赢。

企业应开展多元化的、定期或不定期的职业培训,实现对员工个人发展的激励。胡书认为公司应有计划、有针对性地为员工提供免费或部分免费的培训,对优秀人才进行脱产培训,帮助知识型员工更新知识和观念,掌握先进的管理经验。[①] 岳丽娟指出,想要更加有效地激发知识型员工的积极性,给他们提供不断提高自身技能和知识水平的机会都是非常有效的激励举措,这样做还可快速提升所在组织人力资源的整体水平。[②] 总之,企业应该为知识型员工提供多方面的培训机会。一方面可以实现知识型员工在观念、知识和技能上的不断更新,另一方面也能够降低知识型员工的职业倦怠感,激发其工作热情。

---

① 参见胡书:《如何开展知识型员工的柔性激励》,《当代经济》2012年第22期。

② 参见岳丽娟:《知识型员工的柔性激励管理策略》,《知识经济》2015年第6期。

4)管理决策放权激励

公司应当赋予知识型员工一定的管理、决策权限,允许知识型员工在规定的界限内参与公司或项目的管理,结合实际工作情况自主决策。对知识型员工放权,允许员工在管理者规定的权限和范围内根据自己的工作方式和原则进行工作,可以给知识型员工被委以重任的感觉,增加其成就感,激发他们的工作热情。[①] 让知识型员工参与管理的同时,要充分授权,使他们能发挥更大的自主性,这样一来员工将会负有责任感地去工作,也会在工作中不断提升自己的知识和技能。管理决策放权是充分尊重员工自我意识及工作能力的表现,能够提升员工的成就感、责任感、归属感,促使员工最大限度发挥自我价值。

5)企业文化激励

企业文化建设作为一种无形的规范和控制,区别于硬性制度体系,也是柔性激励可采取的手段之一。企业要从职业与生命意义相结合的高度探索知识型员工的管理之道,重视职业召唤所强调的工作对个人的意义和使命感,从职业的社会贡献等方面寻找新的管理和激励措施。管理者必须主动营造良好的环境,包括鼓励团队中创意的分享与讨论、设置工作轮换、布置团队性任务、对团队与个体进行创新奖励、引导团队成员之间的合作等。[②] 可见,企业文化是对公司定位的明确体现,积极向上的企业文化可以在公司内部形成强大的内驱力量,良好的工作氛围能够更好地激励知识型员工创造效益。

精神情感激励强调公司领导与员工、员工与员工之间的沟通交流,以和谐融洽的人际关系对知识型员工形成激励。沟通可以解决员工与员工、员工与公司之间的分歧,使员工可以全身心投入到工作中;沟通还可提高员工的集体荣誉感和责任感;此外,知识型员工与领导沟通的过程中,既可以为

① 参见王兆勇:《跨国公司知识型员工的柔性激励模式探讨》,《东北财经大学学报》2012 年第 1 期。

② 参见张学和、宋伟、方世建:《组织环境对知识型员工个体创新绩效影响的实证研究》,《中国科技论坛》2012 年第 10 期。

领导提供更多的信息，也可以从领导那学习到更多的新知识。[①] 建立具有亲和力的人际关系氛围，适当增加公司的集体活动，有利于促进各专业人才间的相互交流、配合与团结协作，形成优良的交流平台，有效地发挥公司的潜能与提高知识工作者工作的满意度。[②]

企业也应该营造重视心理资本开发的企业文化。要想长期保存知识型员工的活力和激情，就必须不断地给知识型员工灌输具备积极正向心理资本的企业文化。只有在和谐、向上、不服输的企业文化环境中才能培育出积极向上、敢于承担、对未来充满希望的员工，也只有当企业拥有这样一批员工才可能创造出高的工作绩效。[③] 同时，应该尊重员工工作价值观，引导积极在职行为，不同时代成长的员工都有特定的时代烙印，管理者不应该去批判和指责在他们身上体现的代际差异，而应积极、主动地去了解并尊重这种差异和特征。当新生代员工切身感受到组织对他们的个性尊重和价值肯定时，他们会加倍珍惜组织承诺的角色身份，表现出高度的积极在职行为。[④]

5.4 互联网企业的文化构建[⑤]

互联网在商业领域内广泛应用促进互联网企业诞生，且正在颠覆传统的商业模式，对传统价值观念、创造逻辑以及思维方式提出挑战。截至2017年12月，我国境内外上市互联网企业数量达到102家，总体市值为8.97万亿元人民币，其中腾讯、阿里巴巴和百度公司的市值之和占总体市值的73.9%，上市企业中网络游戏、电子商务、文化传媒、网络金融和软件工具类企业分别占总数的28.4%、14.7%、10.8%、9.8%、5.9%。[⑥] 互联网企业呈现迅猛发展之势，一方面是因为其经营模式是建立在互联网基础之上，在商

① 参见崔平丽：《L公司知识型员工激励体系优化研究》，西安石油大学硕士学位论文，2018年。

② 参见林小纳：《柔性激励对知识型员工创新绩效的影响研究》，广西大学硕士学位论文，2018年。

③ 参见孙鸿飞等：《知识型员工心理资本与工作绩效关系实证研究》，《科研管理》2016年第5期。

④ 参见李燕萍、侯烜方：《新生代员工工作价值观结构及其对工作行为的影响机理》，《经济管理》2012年第5期。

⑤ 参见王德胜等：《互联网企业的文化特质与演化逻辑——基于文化特质集的系统性与交互性分析》，《东岳论丛》2019年第7期。

⑥ 参见中国互联网络信息中心（CNNIC）：《中国互联网络发展状况统计报告》，2018年1月31日，http://www.cac.gov.cn/2018-01/31/c_1122346138.htm.

业模式、资源整合、盈利模式以及营销方式等方面较之于传统企业具有很大优势；另一方面更是与自身优秀而独特的企业文化息息相关。在互联网企业20多年的蓬勃发展中，逐渐探索和形成了符合企业自身发展的独特文化，而正是由于互联网企业自身的文化特征，才有力支撑了企业的技术创新、制度创新以及管理创新等。对于互联网企业，作为组织适应过程的组成部分，特定的文化特征可能是企业经营绩效的有用预测因子。① 无论是与对手竞争、为顾客提供产品或服务，还是处理企业内外部关系，企业文化所形成的竞争力能够产生强有力的经营效果。

学者们在以往研究中更多关注传统企业的文化特征与企业经营绩效之间的关系②，强调企业文化某一维度或某种特征对企业经营绩效表现的影响，没有对互联网企业这一新兴群体所特有的企业文化进行探讨。互联网企业在面临新技术、新商业模式等逐渐显露出了深层次的文化问题，衍生出了企业自有的文化特质，产生了适用于自身发展的文化体系。然而，鲜有学者对互联网企业文化特质进行系统地分析、提炼与总结，对于互联网企业的主要文化特质有哪些、互联网企业的文化特质演化逻辑如何、应该如何构建互联网企业文化等问题，以往研究并没有给予富有解释力的回答。

5.4.1 互联网企业的文化特质

互联网企业的内涵和商业模式随着随着互联网技术及应用的发展而不断演进。早期的互联网企业大多以提供互联网服务为主要业务，内容包括互联网接入、内容提供、网络设备以及软件提供等。互联网经济时期的互联网企业呈现多元化的发展，按服务类型或功能划分，包括行业基础服务类、商务应用类、交流娱乐类以及互联网媒体类等。李琛认为互联网企业可以被定义为运用信息和网络技术的，具有某种创新生产方式的企业内容体

① D. R. Denison, A. K. Mishra, "Toward a Theory of Organizational Culture and Effectiveness," *Organization Science*, vol. 6, no. 2 (April 1995), pp. 204-223.

② 参见吴爱华、苏敬勤:《专用性视角下创新型文化、创新能力与绩效》,《科研管理》2014年第6期。

系。[1] 王嵩将互联网企业界定为互联网内容提供商和电子商务企业，即企业产品和服务内容完全融合于互联网平台，并以互联网业务为企业经营内容的企业。[2] 金定海、顾海伦认为现代意义上的"互联网企业"必须是依附于互联网产业生存的，以互联网接入服务、信息服务、数据服务、在线处理服务等为主要业务，以技术为核心竞争力，为互联网产业的存在提供基础服务的企业。[3] 随着互联网的不断发展，互联网行业市场更加细分，互联网企业概念范畴与分类也将随之不断的演化。因此，我们认为互联网企业是指其经营模式建立在互联网产业基础之上的、以互联网业务为企业经营内容的企业。

从企业文化角度看，互联网企业主要有以下特征：(1)平台性。互联网实现了企业跨界，重塑产业格局，资源呈现高效率整合低效率趋势。范保群、王毅认为互联网企业提供开放平台的做法正是顺应商业生态系统竞争规则的体现，以扩大系统的共同"做大饼"的方式来避免共同"分小饼"式竞争。[4] 钟耕深等认为大企业在自身发展的同时，还要顾及合作伙伴以及整个商业生态系统的健康发展，懂得分享利益给产业链上的其他企业。[5] 当今互联网企业更加注重企业文化中平台思维、共享思维的培养，以开放的态度面对自身发展。(2)开放性。互联网带来的变革，不仅仅是营销渠道和品牌建设方式的改变，也是企业员工分工和协作方式的重构，更是整个商业思维模式的转变。传统企业组织架构在互联网时代受到挑战，互联网企业在组织架构方面多采用超扁平化的结构。较之于传统企业，在互联网企业中信息流转更能快速响应市场需求，信息的上传和决策更加迅速，是互联网企业更加贴近用户、实现用户价值。(3)创新性。技术创新、制度创新、商业模式创

① 参见李琛：《基于双边市场理论的互联网企业基础平台加增值服务商业模式研究》，中国社会科学院研究生院硕士学位论文，2011年。

② 参见王嵩：《互联网企业战略行为中竞争情报作用研究》，武汉大学博士学位论文，2016年。

③ 参见金定海、顾海伦：《论互联网企业的定义与再定义问题》，《现代传播（中国传媒大学学报）》2016年第5期。

④ 参见范保群、王毅：《战略管理新趋势：基于商业生态系统的竞争战略》，《商业经济与管理》2006年第3期。

⑤ 参见钟耕深等：《企业发展与商业生态系统演进——基于奇虎360公司和腾讯公司纷争的案例分析》，《东岳论丛》2011年第10期。

新是企业创新的主要方式，技术和制度作为关键因素影响着商业模式创新的成败。① 互联网行业的技术、市场结构以及行业细分推动了互联网企业不断地创新和发展，并突出地体现在了商业模式、技术和服务三个方面。商业模式的创新，源自互联网改变了基本的商业竞争环境和经济运行规则。技术创新又是服务创新的基础。互联网企业竞争激烈，产品和服务同质化严重，能够在此竞争环境中生存和发展，创新是最有效的途径。

企业文化特质研究方面，国内外学者进行了一定程度的研究。国外研究方面，"特质"作为一般术语起源于心理学领域特质理论。特质理论(Trait Theory)最早由奥尔波特(Allport)创立，该理论认为人格由许多特质要素构成，特质是指导个体各种反应的心理结构。奥尔波特认为，特质是指一种心理结构，这种结构使个体能够对许多作用相同的刺激进行反应，并且激活和引导相同形式的适应行为或表现行为，并将人格特质分为个性特质和共同特质两类。② 企业资源异质性研究方面，沃纳菲尔、巴尼等学者提出了企业能够依靠资源的差异性能够获取竞争优势。威廉姆森首先提出的家族企业的特质性概念，认为家族企业具有高度特质性，家族企业中的特异性知识没有得到制度化，而是作为一种边干边学中产生的专用性人力资本存在的。③ 杜阿尔特认为需要提高竞争力的企业所面临的挑战是在现有企业文化特征基础上提高竞争和效率的能力，而不是采用或复制不符合其文化背景的管理实践。④ 定义价值并重新表达文化特征是建立考量本地文化竞争性管理实践的基本要求，这一复杂过程可能比引进与当地文化不符的国外管理实践的风险要小。

---

① 参见张娜娜等:《互联网企业创新子系统协同机制及关键成功因素》,《科学学与科学技术管理》2014 年第 3 期。

② G. W. Allport, "What is a trait of personality?" *Journal of Abnormal & Social Psychology*, vol. 25, no. 4 (January 1931), pp. 368-372.

③ O. E. Williamson, "Transaction-Cost Economics: The Governance of Contractual Relations," *Journal of Law & Economics*, vol. 22, no. 2 (October 1979), pp. 233-261.

④ R. G. Duarte, "Leveraging competitiveness upon national cultural traits: the management of people in Brazilian companies," *International Journal of Human Resource Management*, vol. 16, no. 12 (December 2005), pp. 2201-2217.

国内研究方面，李俊英认为企业文化特质应该表现为企业的发展理念，即在对企业客观现实和未来充分认识的基础上所产生的自成体系的独创见解，企业文化特质的核心是形成企业共同价值观和对企业发展战略和制度的“认同”与“内化”。[①] 陈传明、张敏认为，企业环境和企业能力发生变化时，企业需要对其过去选择的目前正在实施的战略方向或路线进行调整，企业文化作为“企业成员广泛接受的价值观念以及这种价值观念所决定的行为准则和行为方式”，则对这种战略调整或选择产生重要的影响[②]。颜爱民、高超认为，一系列文化模因构成的动态整体是企业文化演化的基本架构；企业文化选择结果由最佳期望利益和组织有限理性共同决定，差序格局是中国企业产生选择理性偏差的重要原因；企业文化最终的保存和内化取决于该文化的存活率、传播的准确性和繁殖力。[③] 邵雪廷认为，企业文化特质是组织做事的方式，是组织的价值观、信念和行为模式。企业文化特质则是对企业价值观、行为模式的高度凝练，是区分企业文化类型的关键，企业文化的不同分类是对企业文化特质最好的体现。[④]

综上易见，学术界对企业文化特质尚未达成统一的认识。在实践中，人们一般认为，企业文化是指组织成员的共同价值理念体系，它使企业独具特色，这种共同的价值理念体系实际上是组织所重视的一系列关键特质。这些特质，作为文化的核心要素凸显着不同企业的文化特色和本质。基于此，本书认为企业文化特质是指企业文化在特定的环境下对企业表现出来的一种特性，文化中的这些深层次特性渗透在文化体系的其他层次中，并以此为中介，传递到企业各种能力的形成和提升过程中。它是企业经营过程中沉淀的、有别于其他企业的、为企业员工所共同认可和遵循的、构成一致而稳定的基本文化元素。尽管不少学者研究了企业文化形成的多种机理及其对

① 参见李俊英：《论企业文化的文化特质和经济特性》，《河北学刊》2005 年第 3 期。

② 参见陈传明、张敏：《企业文化的刚性特征：分析与测度》，《管理世界》2005 年第 6 期。

③ 参见颜爱民、高超：《中国企业文化演化机制——来自制造业的跨案例研究》，《软科学》2010 年第 4 期。

④ 参见邵雪廷：《企业文化特质对企业战略的影响研究——以胜利油田为例》，《山东社会科学》2013 年第 4 期。

企业经营活动和绩效的影响，但对于互联网企业这一新型企业群体的文化特质缺少探讨。互联网企业的快速发展预示着企业文化特质领域研究的必要性，其原因之一是知识经济时代的互联网企业文化演变面临更多的不确定性，需进一步厘清其企业文化特质的演化逻辑。因为在信息技术日新月异不断发展的背景下，互联网企业之间的竞争愈加激烈，如何将文化的因素嵌入互联网企业，从而支撑企业快速迭代的发展，是企业文化研究值得关注的新领域、新课题。

5.4.2 基于BAT的案例分析

本书选取百度、阿里巴巴、腾讯三家互联网企业为研究对象，主要基于以下考量：(1)三家企业在互联网行业内极具代表性，符合典型性和普遍性的要求；(2)企业成立时间皆在15年以上，企业发展和实践历程是复杂多变，文化发展皆经过多个阶段且文化特征明显；(3)三企业皆为成功的上市公司，具备成熟的商业模式和文化管理模式；(4)资料可得性较好，可通过多种途径进行企业调研和资料获取，且三家企业相关研究成果丰富，可做补充借鉴。案例基本情况如下：

案例一：百度是全球最大的中文搜索引擎和全球最大的中文网站，从2000年成立之初，就以“让网民更便捷地获取信息、找到所求”为使命，发展成为员工超过35000名、用户超过5亿、占搜索引擎市场近80%份额的大型互联网企业，其业务体系分为两大业务群组(搜索和前向收费)、三大事业部(移动云、LBSU、国际化)、两家独立子公司(去哪儿、爱奇艺)。

案例二：阿里巴巴1999年创建于杭州，成立至今大致经历了初步成长期、快速发展期、业务整合期几个阶段。2002年成为全球首家会员超过百万的商务网；2008年开始，集团对业务与平台整合并进，搭建了一体化网上商务生态系统；2013年，宣布现有业务架构和组织将进行相应调整，成立25个事业部；2014年，在美国纽交所IPO上市并创下了世界最大IPO记录等。伴随着企业发展，企业文化也经历了若干重要阶段，其企业文化源于企业创始人梦想“让天下没有难做的生意”，其演变经过了“西湖论剑”到“独孤九剑”再到“六脉神剑”三个阶段。

案例三:腾讯公司成立于1998年,是目前中国最大的互联网综合服务提供商之一,深刻地影响和改变着数以亿计用户的生活和交流方式。2004年,在香港联交所主板公开上市。腾讯企业文化发展也经历了若干次重大转变,从创业初期"快乐"企业文化理念,进而演化到"做最受尊敬的互联网企业"、与用户和社会要"健康"等文化理念,都可以看出企业文化演变足迹。

1.互联网企业文化特质集提炼

互联网企业文化是由若干特质集合融合而成,每个特征集合由若干基本特质元素构成。因此,本书提出的"特质集"概念是指,由企业文化中基本的文化特质或元素所构成的具有一致性的特质的集合。进而借鉴丹尼森组织文化模型维度,提炼出与模型相匹配的互联网企业的四大文化特质集,即"适应性特质集""参与性特质集""一致性特质集"以及"使命特质集",四大特质集包含了12个主要文化特质,具体如表5-3。同时对各个特质集及其文化特质进行了如下分析:

1)适应性特质集:与用户共同成长、注重知识学习、敢于创新试错

(1)与用户共同成长。百度从成立以来,公司秉承"用户至上"的理念,不断坚持技术创新,致力于为用户提供"简单可依赖"的互联网搜索产品及服务。阿里巴巴坚持微笑面对客户,在坚持原则的基础上以用户喜欢的方式对待客户,其实质是帮助客户赚钱,帮客户成长。腾讯自成立以来一直秉承"一切以用户价值为依归"理念,从用户需求出发,让用户需求落地;出台一系列奖励管理办法,构成"腾讯荣誉激励体系",表彰"一切以用户价值为依归"的行动和成果;为用户搭建一个网络生活的平台,快速对用户做出反馈。

(2)注重知识学习。阿里巴巴成立互联网第一家企业学院——阿里学院帮助中小型企业和广大网商运用电子商务理念和使用电子商务平台,同时对客户进行培训,与客户共同成长。腾讯根据公司发展需要成立了腾讯大学,为年轻员工提供学习渠道,搭建职业通道。为应对不断出现的互联网技术革命,鼓励员工在工作中打破常规,进行自我创新,以开放的心态跨界学习。自由开放成为其文化鲜明特色。

(3)敢于创新试错。作为一家以技术为信仰的高科技公司,百度将技术

创新作为立身之本,着力于互联网核心技术突破与人才培养,在搜索、人工智能、云计算、大数据等技术领域处于全球领先水平。阿里巴巴“汪庄会议”解决了内部公司方向之争的分歧;关明生加入并提出“独孤九剑”之“群策群力”“教学相长”“质量”“简易”以及“激情”等价值观总结,统一明确了公司价值观和使命;在收购雅虎中国过程中,派出专门小组进行协调和帮助文化整合。腾讯企业文化建设是一种把战略转换为全员思想和行动的有效管理手段。3Q大战促使腾讯以领导厂商的角度,以社会关注为杠杆展开企业文化转型,使得企业更加坚定走开放共享之路。

2)参与性特质集:有效授权放权、注重团队协作、重视员工需求

(1)有效授权放权。阿里巴巴从集权层级型组织结构到分权型组织结构再到扁平网络型组织结构,组织结构灵活性和适应性不断增强,在组织结构演变过程中,能够有效地进行授权和分权。在百度,李彦宏经常提醒管理人员一定要充分授权,要让团队中的每一个人在自己的职责范围内都拥有处理事务的充分自由。腾讯管理体系较为扁平,从高层管理到员工不超过四级,表现出色的员工容易被发掘提拔;同时腾讯也注重从高层向下层辅导机制。

(2)注重团队协作。百度文化强调“你不是孤军”“百度不仅是李彦宏的,更是每一个百度人的”主人翁意识。阿里巴巴团队文化强调不让团队中任何人失败,注重沟通、优势互补等,在企业文化环境影响下,员工大多以公司大局为重,极少离职或产生冲突。在腾讯看来,强大的企业文化能够吸引人才并留住人才。在企业人员递增过程中,最大挑战在于腾讯原有的优秀文化、特质可能会被稀释。

(3)重视员工需求。百度会给予员工自由的空间、舒适的办公环境,成立百度深度学习研究院,在实践中锻炼和培养人才;在百度崇尚工程师文化,注重团队精神、合作能力、弹性工作制等,以人为本和尊重个性。在阿里巴巴每位新进员工都要参加为期两周的名为“百年阿里”的培训。在培训期间通过上课、拓展、游戏等方式向新员工介绍企业发展历史与现状,学习其优秀而独特的价值观并培养合作意识。为构建公司培训体系,腾讯在企业学院把服务对象分为三个层面,即员工层面、经理人层面和公司层面。对于

新员工不仅注重公司理念、文化的传承，还要注重新老员工的有效沟通交流。

3)一致性特质集:倡导积极、价值观匹配、平等与协调

(1)倡导积极。阿里巴巴价值观雏形为“可信、亲切、简单”，杜绝“办公室政治”，大大减少了沟通成本和内耗，增强了团队的凝聚力和战斗力。关明生加入阿里后，明确提出公司价值观，即“独孤九剑”，后将其简化为六大价值观，在客户、团队、环境、员工等方面更加体现积极主动性。腾讯核心价值观“正直、进取、合作、创新”则更为体现积极性。

(2)价值观相匹配。阿里巴巴“四项基本原则”强调不会投资任何网络游戏，并将利润和实惠返还给制造商和消费者，同时也非常不赞同美国以及其他地区将股东利益放在公司最高目标的看法，认为这正是造成当前经济混乱状态的重要原因。六大价值观，其中“诚信”和“客户第一”是两条高压线，任何时候都不能违背。腾讯早期成立跨功能的最高层管理人员参与其中的团队文化管理委员会，推广企业价值观，加快新融入公司的步伐。

(3)平等与协调。充分信任、平等交流是百度的沟通文化基础，沟通方式永远都是开放的、直接的和有效的。阿里巴巴与腾讯在公司职能部门的协调配合方面皆较为重视，各自成立相应跨职能部门的文化小组或团队进行文化整合，消除沟通障碍和文化壁垒，促进个各个部门之间合作。

4)使命特质集:高度凝练、专注于未来、开放协同共享(见表 5-3)

(1)高度凝练。愿景应当有着高度特异性，这种特异性源自企业。百度的核心价值观为“简单可依赖”，五个字包含企业文化内涵;2017 年百度发布新使命“用科技让复杂的世界更简单”。阿里巴巴企业愿景从创业初期的“企业要活 80 年”到企业成熟发展期的“让客户相会、工作和生活在阿里巴巴，并持续发展最少 102 年”，企业愿景高度凝练。腾讯的愿景则是“成为最受人尊敬的互联网企业”，在度过早期的生存阶段后，随着企业不断成长过程中如何将企业的经济效益和社会效益结合起来将是腾讯未来继续成长发展中的重要因素。

(2)专注于未来。阿里巴巴在成立之初，就提出公司将会为互联网模式带来一次革命，并确立了“让天下没有难做的生意”的使命，并确立坚持成为

“世界十大网站之一”发展目标。腾讯发展经历了以产品为中心、以平台为中心的发展阶段，并进入以社区为中心的时代。过去几年，腾讯做成了最赚钱的企业并遭受非议，正因如此，腾讯开始走上“开放共享”的转型之路。

(3)开放协同共享。百度未来将致力于以关系为底层生态，构建一个开放的、更有价值的生态系统，为更多的行业及合作伙伴提供了一个开放、完整、安全的平台。腾讯公司宣布成立腾讯产业共赢基金，正式公布“开放战略”，从专有平台向开放平台转型，通过生态链实现用户价值。随后腾讯进一步明确专注做连接器，连接人、设备和服务，通过深层次的连接推出“泛娱乐”布局战略，推动无边界连接生活互联网智能融合。

表 5-3　百度、阿里巴巴及腾讯企业文化特质提炼

<table>
<tr><th colspan="2">丹尼森组织文化模型</th><th rowspan="2">百度企业文化关键词</th><th rowspan="2">阿里巴巴企业文化关键词</th><th rowspan="2">腾讯企业文化关键词</th><th colspan="2">互联网企业文化特质提炼</th></tr>
<tr><th>特征</th><th>维度</th><th>维度变化</th><th>特质集</th></tr>
<tr><td rowspan="3">适应性</td><td>组织学习</td><td>保持学习、自我价值、自我负责</td><td>知识管理、基于情境、不断学习</td><td>知识管理、自我学习、共同成长</td><td rowspan="3">“适应性”各个维度在原有基础上更加强调客户、成长、学习、创新等</td><td rowspan="3">* 与用户共同成长
* 注重知识学习
* 敢于创新试错</td></tr>
<tr><td>客户至上</td><td>用户需求、最高纲领、共同成长</td><td>第一位置、客户价值、长远利益</td><td>用户价值、用户需求、共同成长</td></tr>
<tr><td>创造变革</td><td>允许试错、迅速迭代、创业激情</td><td>拥抱变化、适时应变、不断创新</td><td>勇于试错、深入学习、宽容失败</td></tr>
<tr><td rowspan="3">参与性</td><td>授权</td><td>充分授权、各司其责、自由</td><td>充分放权、信任、团队</td><td>有效授权、客户了解</td><td rowspan="3">“参与性”各个维度更加强调信任、团队、文化稀释、员工需求</td><td rowspan="3">* 有效授权放权
* 注重团队协作
* 重视员工需求</td></tr>
<tr><td>团队导向</td><td>优秀人才、主动性、对事不对人、百度人</td><td>共享、共担、平凡、分享、主人翁、参与</td><td>各司其职、协作、主动、团队绩效</td></tr>
<tr><td>能力发展</td><td>环境舒适、平台自由、赋予新职责</td><td>多元需求、能力提升、言传身教、晋升</td><td>人才财富、快乐工作、多渠道培养</td></tr>
</table>

续表

<table>
<tr><th colspan="2">丹尼森组织文化模型</th><th rowspan="2">百度企业文化关键词</th><th rowspan="2">阿里巴巴企业文化关键词</th><th rowspan="2">腾讯企业文化关键词</th><th colspan="2">互联网企业文化特质提炼</th></tr>
<tr><th>特征</th><th>维度</th><th>维度变化</th><th>特质集</th></tr>
<tr><td rowspan="3">一致性</td><td>核心价值观</td><td>简单、可依赖</td><td>客户第一、团队合作、拥抱变化、诚信、激情、敬业</td><td>正直、进取、合作、创新</td><td rowspan="3">“一致性”各个维度格外重视价值观的匹配、平等与协调</td><td rowspan="3">*倡导积极
*价值观匹配
*平等与协调</td></tr>
<tr><td>配合</td><td>信任、平等、沟通、开放、直接</td><td>共同价值观、沟通、主人翁、开放</td><td>价值观相似、互补性强、兼顾</td></tr>
<tr><td>协调与整合</td><td>部门沟通、主动分享帮助别人</td><td>共创会、平等、客观</td><td>主动推动，勇于吃亏，不急不躁，换位思考</td></tr>
<tr><td rowspan="3">使命</td><td>愿景</td><td>用科技让复杂的世界更简单</td><td>让客户相会、工作和生活在阿里巴巴，并持续发展最少102年</td><td>赢得用户、员工、行业、社会尊重，成为最受欢迎互联网企业</td><td rowspan="3">“使命”各个维度在时间维度上的内容更加专一于未来，更加强调整体生态系统</td><td rowspan="3">*高度凝练
*专注于未来
*开放协同共享</td></tr>
<tr><td>目标</td><td>用科技让复杂的世界更简单</td><td>让天下没有难做的生意，构筑未来商业基础设施</td><td>为用户提供一站式在线生活服务，提升人类生活品质</td></tr>
<tr><td>战略导向与意图</td><td>构建 SEM、搜索广告系统为核心生态系统</td><td>打造“开放、协同、繁荣的电子商务生态圈”</td><td>构建开放的、更有价值的生态系统</td></tr>
</table>

2.互联网企业文化特质演化逻辑分析

企业文化特质形成于企业文化长期演化，企业文化演化实质取决于企业发展阶段。在描述互联网企业的文化特质演化逻辑时，依据案例企业将其演化过程分为初创期、成长期以及成熟期三个阶段进行分析。为更好地构建互联网企业的文化特质演化逻辑，提出了特质集内系统性和特质集间交互性两个概念。基于系统观点，企业不仅是构成社会经济大系统基本载体，其本身也可看作为包含产品、文化、技术等多个子系统的企业系统。互联网企业文化系统的演化过程极其复杂，探讨其文化特质更能反映基本演化逻辑。通过对案例企业文化特质的提炼过程发现，文化特质集在互联网企业不同发展阶段并非是完备的，特质集内文化特征元素多是经过自身成长发展、不断学习试错甚至是经历巨大变革等过程而形成并沿袭下来的，经过了由"离散"到"系统"的演化过程。各个特质集内化于企业文化整体演化过程并长期影响企业文化表现。特质集间交互性则充分体现在企业各阶段的文化特征表现，如初创期的"使命特质集"与"一致性特质集"的交互则充分表现了创始人个人价值观和团队凝聚力的表现。基于此，拟提出了以"特质集内系统性—特质集间交互性"横纵坐标为衡量标准的互联网企业文化特质整体演化的基本逻辑，如图 5-5。同时对互联网企业各个阶段的文化特质演化逻辑进行具体分析。

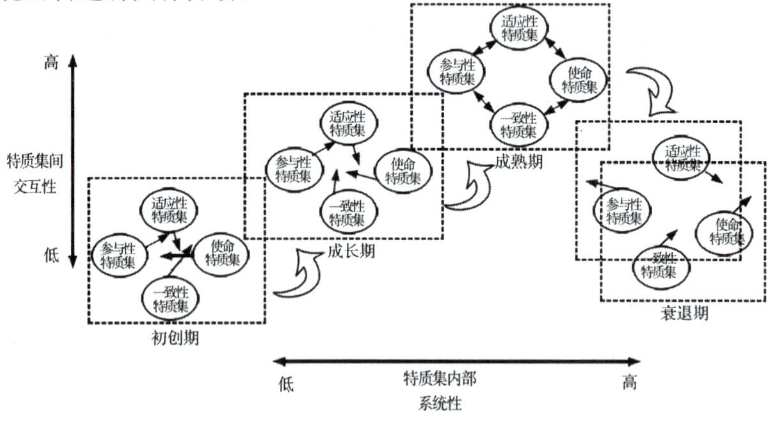

图 5-5 互联网企业的文化特质整体演化逻辑

1)初创期文化特质演化逻辑:低特质集内系统性与低特质集间交互性

互联网企业在初创期的文化特质集中体现企业创始人或企业的个人信念、价值观和基本假设。初创期成功的企业,其成员之所以坚持自己的文化主张主要出于“这些文化假设本身就来自他们自身”以及“这些文化假设同样反映了企业创始人的意志”两方面的原因。但这种明显带有企业家个人品质的企业文化特质要经过反复的检验过程,即企业要经过多个发展阶段对初创者个人文化假设进行补充或删减。这些文化特质显然成为互联网企业的重要资产,这些共享的信念、假设和价值观是将企业所有成员团结在一起的最基本的黏合剂和身份认同最重要的来源,同时也是定义企业独特竞争力的主要方式。对于互联网企业初创阶段的文化机制,国内外学者大多强调了创始人和领导者“言行一致”的重要意义,因此初创者个人行为是企业文化特质成型的决定因素。此时,文化特质集体现出较低程度的内部系统性以及较低程度的特质集之间的交互性,企业文化特质集内部开始朝着系统完备的方向发展,且特质集之间开始彼此相互聚拢,初创阶段文化特征集尚未形成非常复杂的系统。

2)成长期文化特质演化逻辑:低特质集内系统性与高特质集间交互性

关于企业成长期的文化机制及其文化假设,沙因认为成长时期的企业文化演化包括一般演化和特殊演化的自然演化过程、通过解读和引导的演化过程、通过“文化融合者”管理文化的演化过程以及通过整合关键亚文化的演化过程四种形式,我们将其概括为“自然型演化”“引导型演化”“融合型演化”以及“整合型演化”。“自然型演化”文化假设是关于创造了有关世界本质和企业成长历程的“与众不同”文化的问题;“引导型演化”文化假设是关于“关键是清楚自己的共享假设是什么”的问题;“融合型演化”文化假设是关于高层管理者能够意识到企业到底缺什么;“整合型演化”文化假设是关于意识到亚文化重要性与“工作怎样运行以及应该怎样工作”的问题。此阶段中,文化特质集体现出较低程度的内部系统性以及较高程度的特质集之间的交互性,企业文化特质集内部开始趋于系统完备,特质集之间开始彼此相互作用,并产生基于诸如上述多种文化演化形式的结果。

3)成熟期文化特质演化逻辑:高特质集内系统性与高特质集间交互性

成熟企业管理制度与由创始人领导的初创企业管理制度不同,前一时期文化机制不一定运用于后一时期。成熟时期企业管理已经不再由初始家族主导且至少经过多代职业经理人管理。显然在这两种情况下企业文化特质的取向不尽相同,初创家族强调特定价值观而职业经理人可能会更加强调经济状况。据沙因的观点,成熟阶段的企业文化最危险的一面就是共享默认假设已经无形中成为企业内部大多数工作的决定因素。因此,在文化特质运行较好的企业中多会涉及“并行学习系统”,从而学习并验证新的文化假设。在此阶段,互联网文化特质集体现出较高程度的内部系统性和较高程度的特质集之间的交互性,企业文化特质集内部更加完备、系统,特质集间交互作用良性运行,文化特质集能够有机的融合为一个系统,并产生较为稳定的企业文化行为。同时,成熟期的互联网企业文化与其他企业在文化表现上呈现一定程度的共性,但也有很大区别,本书认为这些区别就在于文化特质的作用和影响。

5.4.3 互联网企业文化特质体系构建

在结合案例研究方法与丹尼森组织文化模型基础上,首先,通过分析百度、阿里巴巴以及腾讯三大互联网企业的文化特征,提炼出了包括 12 个主要文化特质在内四大互联网企业文化特质集;其次,提出了基于“特质集内系统性—特质集间交互性”两维度的互联网企业文化特质演化整体逻辑,认为当互联网企业发展处于不同阶段时,其文化特质集呈现不同程度的特质集内部系统性和特质集间交互性,并产生了从初创期创始者个人假设,到成长期多种形式演化结果,再到成熟期稳定的企业文化行为等互联网企业文化表现和形态。通过互联网企业文化特质演化逻辑分析,本书提出了未来互联网企业文化特质体系构建“文化特质培育——文化特质强化——文化特质创新”的基本路径及其具体措施。

1. 文化特质培育:构建价值观驱动型企业文化

互联网企业的文化形成阶段的特征是较为注重“价值观匹配”“团队协作”“专注于未来”等文化特质。互联网企业的成功除了与特有的商业模式相关之外，更与企业价值观的内外部一致性密切相关。互联网企业文化的价值观匹配直接关系到企业员工工作努力程度以及企业合作伙伴之间的关系。一方面，企业员工的内部认同是互联网企业文化建设的首要条件，拥有共同价值观的员工才能共同致力于企业发展和目标，而互联网企业的知识型员工对于自我价值的实现方面有着很高的要求，并且呈现需求多元化、高度流动性等特点，因此如果企业的核心价值观、管理方式、激励机制等得不到员工的认同，必然会导致员工工作倦怠甚至离职。另一方面，企业文化的外部认同能够将企业的合作伙伴联系起来共同致力于未来长远发展。互联网企业的发展更加趋向于开放、共享，更多的互联网企业选择价值观相近、具有共同发展理念的企业进行合作，使价值观驱动型的企业文化成为彼此合作的纽带。

对于互联网企业文化特质的培育，应该注重企业价值观中所特有的元素，如对客户的态度、目标的实现以及愿景的描述等，这些元素正是企业价值观中优秀的文化特质。互联网企业可以通过价值观管理解决企业内部分歧、经营目标以及企业发展战略等问题，在价值管理管理实践中不断培育核心文化元素。纵观互联网企业文化发展，构建价值观驱动型企业文化是互联网企业文化未来发展的必然趋势。例如，阿里巴巴通过提出“约法三章”基本价值观原则、构建员工价值观考核体制等解决企业文化价值观问题。因此，在互联网企业文化特质的培育过程中，应该构建价值观驱动型的企业文化。

2. 文化特质强化：构建人才自组织型企业文化

互联网企业有别于传统企业的特征之一就是容纳了更多新生代员工和知识型员工。在互联网企业中，“80后”“90后”占据重要位置，新生代的“00后”也正逐渐成为生力军。知识型员工具有较高的独立性、需求层次、参与性以及创新性等明显特征，例如拥有对专业知识技能的掌握、强烈的独立自主意识、受教育程度较高且需求层次更倾向于社会尊重和自我实现以及对自身工作有较高的参与需求等。因此，知识型员工的管理也为互联网企业文化带来了极大的挑战。

互联网企业文化特质的强化，应该通过自组织的方式将企业文化特质强化到每一个团队甚至个人当中，使每个人都能够为企业愿景、目标共同努力，而每个个体都可能成为重要事件的引爆点。而传统直线型金字塔式组织结构很大程度上约束了知识型员工能力和创造性的发挥，取而代之的是各种工作团小组或团队。而在团队中，知识型员工对问题的分析、机会的把握可能更为准确，如何最大程度激活个体能力是自组织型文化可以予以回答的。自组织管理是团队采取的一种敏捷性实践，旨在加强团队成员合作，从而提高团队整体工作效率。在组织架构中，组织的形态、内部运行机制以及内部控制方式发生了变化，而团队中每个人都有主导自己的空间，以及追随他人工作的空间。因此，构建人才自组织型互联网企业文化能够强化知识型员工团队性、参与性、体验性以及契约性的文化特质。

3. 文化特质创新：构建开放共享型企业文化

就个体与企业而言，在互联网背景下互联网企业中的个体和顾客都能够更大程度地发挥主动性和创造价值，互联网企业将会更加依附于个体。就互联网企业与其他企业而言，互联网如同有机生态系统将企业间各种经营活动的联系更加紧密，互联网使得企业更加开放，而互联网企业更加体现这一属性。

互联网文化特质的创新应强调“开放”“共享”的新思维。首先，注重开放性文化特质的创新。互联网企业发展更加趋向于平台化，与合作者、客户等利益相关者构成命运共同体，实现价值共创。其次，注重共享性文化特质创新。在互联网企业中，组织结构的超扁平化趋势加之技术便利性使企业信息共享更加顺畅，互联网企业作为第三方平台可以为其他企业、客户分享企业的知识和经验或者筹集资金等，这种新思维也是互联网实现持续发展的新趋势。因此，互联网企业文化特质的创新，应该着眼于当前互联网企业发展实践，专注于未来持续发展，构建开放共享的互联网企业文化。

5.5　本章小结

本章主要分析了企业文化变革的现实必要性以及变革所可能遇到的阻力，借用勒温的组织变革模型，提出了企业文化变革三个阶段的过程及不同对策。从企业文化影响和作用于企业持续竞争优势的目的出发，阐述了如何构建企业的个性文化、利益相关者价值文化、创新文化和学习文化。同时简要分析了互联网时代的特征，提出了互联网对企业文化建设的影响及对策；进一步结合丹尼森的组织文化模型，选取阿里巴巴、腾讯、百度三大互联网企业为分析案例，对互联网企业的文化特质进行提炼和总结，并提出了互联网企业文化构建的途径和方法。

第6章　基于持续竞争优势的企业文化管理与运用

企业文化管理是伴随着企业管理模式的演变而变化,是管理理论发展的一个新阶段。企业要想获取和保持竞争优势,必须将企业文化管理运用到企业发展各个环节。企业文化管理的对象是整个企业,其内容必然涉及企业经营管理各个层面,包括企业组织规划、运营控制、品牌管理、队伍建设等各个方面。

本章主要内容:

●企业文化管理概述

●企业文化管理与战略管理

●企业文化管理与组织管理

●企业文化管理与品牌管理

●企业文化管理与企业创新

6.1　企业文化管理概述

6.1.1　企业文化管理的形成与意义

1. 企业文化管理的形成

企业文化管理是伴随着企业管理模式的演变而变化。文化管理概念是一种管理学理论,是管理理论发展的一个新阶段。管理历史大致可以分为经验管理、科学管理和文化管理三个阶段,文化管理取代科学管理是世界管理的必然趋势。[①]

---

① 参见张德:《文化管理——对科学管理的超越》,清华大学出版社2008年版,第28页。

经验管理阶段（1769～1910 年）：在经验管理阶段，对员工的管理前提按照对“经济人”的假设，认为人性本恶，天生懒惰，不喜欢承担责任、被动。管理者采用的激励方式是以外激为主，激励力式是胡萝卜加大棒，对员工的控制也是外部控制，主要是控制人的行为。

科学管理阶段（1911～1980 年）：企业规模比较大，靠人治则鞭长莫及，把人治变为法治，但是对人性的认识还是以“经济人”假设为前提，靠规章制度来管理企业。对员工的激励和控制还是外部的，通过惩罚与奖励来督促员工工作。员工因为按企业的规章制度行事，在管理者的指挥下行动。管理的内容是管理员工的行为。

文化管理阶段（1981 年至今）：企业边界模糊，管理的前提是“社会人”假设，认为人性本善，人是有感情的，喜欢接受挑战，愿意发挥主观能动理性，积极向上。以内激励为主，企业要建立以人为本的文化，通过建立人本管理和建立学习型组织来实现企业的管理。[①]

从管理发展的总体趋势来看，企业文化管理是对科学管理的新发展，是管理适应现代社会经济发展大趋势的必然选择。管理实践应当充分体现文化管理的基本精神。文化管理就是从文化的高度来管理企业以人性化为基础，强调人的能动作用，强调团队精神和情感管理，管理的重点在于人的思想和观念。过去只是把企业文化作为一个很抽象的概念来对待，在竞争激烈的 21 世纪就应把企业文化作为一种具体的管理模式引入组织中去，提到组织战略与生存的高度来认识。

2.实施企业文化管理的意义

管理是通过计划、组织、控制、激励和领导等环节来协调人力、物力和财力资源，以期更好地达成组织目标的过程。现代企业已经不再把人当作“经济人”而是一种“社会人”来看待，管理制度开始对人本身有了更多的思考。随着企业文化理论的传播和企业界对文化建设的重视，实现文化管理已成

---

① 参见邵学全：《赢在企业文化——企业文化建设路径方法与操作实务》，清华大学出版社 2015 年版，第 185 页。

为众多企业在经营管理方面实现飞跃的希望。

根据马斯洛的需求层次理论，“经济人”的假设仅仅为了满足人的生理需求，而“社会人”的假设最多也只满足到人的社会需求。现代人追求更多的是一种自我实现的需求。一方面，如果企业仍以刚性的制度规定来约束员工行为，就会违背基本的人性假设，产生消极怠工甚至跳槽现象。企业文化管理在于管理的机械性、强制性逐渐弱化，人性化管理的灵活性、引领性逐渐发挥作用，管理制度的功能中发挥作用较多的是权限界定和行为的规范。另一方面，实施企业文化管理可以弥补企业制度的缺陷和层级文化带来的不足。机械地按章管理和被动地接受管理都达不到通过管理增加效益的目的。只有培养企业员工的服务意识，才能打破职位差距所产生的隔阂。正是由于企业经营管理中存在以上缺陷，企业才高度重视企业文化建设，用企业文化管理来弥补不足。企业组织结构是一个金字塔或者扁平式，成员所处的岗位和作用不同，在人格上大家都是一样的，企业按流程配置资源，实行人性化管理、尊重人、关心人，才能把企业做强做大。

6.1.2 企业文化管理的内涵与特征

在管理实践的推动下，与文化管理有关的理论研究开始兴起，国内外很多学者都在这方面做了一定的研究。无论企业界还是学术界，对文化管理的概念还没有达成完全一致的看法。“文化管理”(Cultural Management)一词最早出现在美国管理学家迪尔和肯尼迪于 1982 年合著的《企业文化——公司生活的典礼和仪式》一书，书中指出研究的目的是为企业领导人提供有关文化管理的入门知识。随着 20 世纪 70 年代末、80 年代企业文化热的兴起，“文化管理”的提法开始为企业界和管理学界所采用。文化管理的概念与“企业文化”(Corporate Culture)有密切联系。文化管理通常指企业文化在企业管理中的运用或者是一种管理的手段和方法。

文化管理作为一种管理理论，是研究如何运用和建设具有特色的企业文化进行企业管理的理论体系。有学者认为文化管理是指人格化的企业组织及其管理方法要从人的心理和行为特点入手，培养企业组织的共同情感、共同价值，形成组织自身的文化；从组织整体的存在和发展角度，去研究和吸收各种管理方法，进而形成统一的管理风格；把企业的软要素作为管理的中心环节，以文化引导为根本手段，通过企业文化培育、管理文化模式的推进，以激发职工的自觉行为为目的的管理思想和管理方式，也有观点认为文化管理既是一种管理思想和管理理念，又是一种系统的管理学说和理论，还是包括企业管理在内的组织管理的一种管理模式。[①] 如何形成先进文化，才是企业文化管理的关键。范广垠认为企业文化管理是企业为了生存与发展，自觉地激活、发掘、学习和传播一定的理念和价值观，形成相应的习惯性的行为方式，并以此来提升企业竞争力的过程。[②] 代兴军基于对企业文化本质和层次的认识，认为企业文化管理就是企业为提升自身价值，立足企业经营管理总体目标，根据企业文化的内在规律和特点，系统、主动地对企业文化实施管理的过程。[③] 从管理的过程看，企业文化管理主要就是指如何实现企业文化的"知"到"行"的统一，"知""行"的统一是个自觉的而非自然演进的过程，是一个需要管理的过程。企业文化管理的难点和关键就是如何实现由"知"到"行"，并使"行"成为一种常态、一种习惯，一旦这种"行"不可延续，企业文化就没有形成。

综合上述，企业文化管理的内涵可以包括以下几个方面：(1)文化管理是以人为中心的管理思想和管理理念，它既不同于此前以物为中心的管理思想，也有别于西方的人本管理思想。(2)文化管理是以文化竞争力作为核心竞争力的系统的组织管理学说和理论。它针对科学管理学说的缺陷和不足，又立足于科学管理的理论和实践成就之上。(3)文化管理是把组织文化建设作为管理中心工作的管理模式，即文化管理思想、学说和理论在现代组织的管理实践方式。

企业文化管理的特征主要包括：(1)企业文化管理的对象是整个企业，其内容必然涉及企业经营管理方方面面，包括企业战略规划、支持保障、决策程序、营销组织等各个方面。(2)企业文化管理以提升企业价值为根本目

---

① 参见张德：《文化管理——对科学管理的超越》，清华大学出版社 2008 年版，第 28 页。

② 参见范广垠：《企业文化的新界定与企业文化管理模型》，《华东经济管理》2009 年第 2 期。

③ 参见代兴军：《关于企业文化管理若干问题的思考》，《经济纵横》2013 年第 4 期。

标,其根本目的是改善企业整体的业绩表现和核心竞争力。(3)企业文化管理需要全员参与,要培育共同价值观。企业每个成员既是实施企业文化管理的主体,也是企业文化管理作用的对象。因此,企业文化管理并非由企业管理层和特定部门主导的个别行为,而是一个由企业全体成员共同参与、密切互动的复杂过程。(4)企业文化管理具有长期性和连续性。管理重点从行为管理转向思想管理,控制方式由外部控制为主向自我控制为主转变。企业文化管理并非企业特定阶段的工作任务,而是贯穿企业发展始终和经营管理全过程的客观存在。

企业文化管理的特征与传统意义上的企业文化建设形成鲜明对比。后者以提高企业的文化表现力为目标,通过使企业文化体系更加系统、完善和规范,使各种表现形式的企业文化更加生动并富有感染力,从而使企业文化在机构成员间得到更好的认同和分享等。因此,两者在目标、对象、手段及作用等各方面均存在根本区别。

6.2 企业文化管理与组织管理

6.2.1 企业文化管理与组织管理的关系

企业是经济发展的基本载体,其最大特点是在于追求利益,即企业是从事生产、流通、服务等经济活动,以生产或服务满足社会需要,实行自主经营、独立核算、依法设立、具有经济法人资格的一种营利性的经济组织。企业能否取得成功,关键在于内部是否做到了分工协作、它的产品或服务是否受市场欢迎。在所有组织中,企业最讲究“内部协调”和“外部适应”,对这两个方面的敏感性最强,哪一方面没做好,影响都立竿见影。如果企业的员工不能很好地分工协作,效率一定不高,投入大于产出,企业便没有多大的盈利空间;如果产品或服务不能适应市场的需要,不能适销对路,企业就无法实现价值的提升。

在企业发展的过程中,既需要整体性的规划来给企业确定发展方向,为企业发展指引航向,又需要一个适应企业发展的企业文化来为企业提供源源不息的精神动力,以促进企业组织决策的实施。一方面,企业在确定科学的目标、计划、实施方法以及控制方法等基础上,后续发展中就容易形成优秀企业文化特质，进一步形成优秀的文化管理方式；而不合理、不科学的组织管理则很容易产生劣质的文化氛围，成为企业发展过程中消极的因素，导致企业目标不能实现。可以说，企业组织管理是企业发展的整体保证，而企业文化管理则是企业发展的基石。

另一方面，企业文化管理是实现组织管理的重要途径。企业文化可以刺激广大企业人员的工作热情，形成良好的工作风气。同时企业文化有很强的约束性，例如制度一直以来就是用来管理和约束员工，适当的奖惩也是一种规范，而企业文化也可以作为一种管理制度，它主要通过舆论监督、共进的行为模式来促使员工在一片积极主动的文化氛围下自觉自愿的行动，从而推进发展。[①] 一个优秀企业的文化管理会给企业带来巨大的发展动力，促进企业组织管理的贯彻实施，而一个不合乎企业发展的文化管理方式则会使企业最终陷入毫无动力的被动局面。

6.2.2　企业文化管理与人力资源管理

人力资源管理是对人力资源的生产、开发、配置、使用等环节进行计划、组织、指挥和控制的管理活动。人力资源管理研究的是组织中的人与事的配合以及人与人的协调，其目的是充分调动员工的主观能动性，开发其潜能，进而改进工作质量、提高工作效率，以期为企业发展带来强劲内部动力的一系列管理活动。

企业文化不仅对企业员工有着导向作用，对企业人力资源管理一样有着导向作用。企业文化是人力资源管理的理论导向，企业文化是人力资源管理的目标导向，促使员工个体目标与企业目标达成一致，企业文化可以校准人力资源管理的实施方向，这是因为相对于人力资源管理的灵活性和变动性，企业文化固有的稳定性可以保持人力资源管理的变动不至于偏离企业的总体目标。企业文化管理与人力资源管理都重视人，强调以人为中心，都是基于对人的管理。人是企业的核心，企业的管理工作必须围绕着人来进行。企业文化侧重的是无形的软管理，是对人的思想上的管理，而人力资

① 参见赵方：《企业文化在组织战略的地位与作用的机制》，天津大学硕士学位论文，2015 年。

源管理则是制度等的硬管理，是对人行为的约束。

随着生产力的提高，人们开始追求更高层次的精神和物质生活，赚钱谋生已经不再是劳动的唯一需要。最大限度的发挥企业成员的作用，使企业个体成员凝聚成一个有着相同目标的整体，这就是人力资源管理的基本精神。如何激发企业成员的责任感和理想追求，并将其引导整合到企业目标上，从而形成强大、持久的动力，促进个体成员和企业目标的实现，就是当前人力资源管理工作所急需解决的问题。因此，管理者需要找到人力资源管理与企业文化管理的契合点。

一方面，企业文化管理的根本目的在于利用员工行为的改变，促进绩效的提升，而人力资管理则是连接企业文化与员工的重要过程，是促进文化管理的保证。真正有生命力的、强烈的企业文化是蕴藏在企业所有活动中的一种内在东西，只有以企业的人力资源管理政策与实践作为制度支撑的企业文化才能真正深入每一位企业员工的心中，从而具有强大的生命力。另一方面，企业是以契约为基础，通过与环境相互交换，整合各类要素、资源特别是人力资源，创造物质和精神财富。企业若能从竞争中抢占更多更好的人力资源，同时将资源的配置发挥到最大化，源源不断地为企业创造价值。基于企业文化视角实施企业人力资源管理，有助于员工实现个人价值。通过企业文化的落地，在选人用人、培训和考核中，引导员工行为，激发个人潜能，使得员工个人发展目标与企业目标相结合，让员工在企业发展中不断成长，从而实现自己的人生价值。

6.2.3 企业文化管理与团队管理

斯蒂芬·罗宾斯(Stephen P. Robbins)在1994年首次提出了团队的概念，他认为团队是由两个或者两个以上的个体，通过相互作用、相互依赖，为了实现某一特定目标而按照一定规则结合在一起的组织。在后来的团队理论的研究过程中，团队研究者们又对团队的定义进行了不同的表述。在广义的定义中，团队是指与某一目标相关的个体们为了将目标实现而聚力合作组成的组织或者群体。团队与普通的群体最大的区别在于团队成员之间具有互相协作的关系，并且能够充分沟通、共享信息，为相同的目标而努力。

王军(2011)认为,团队是由为数不多的、相互之间技能互补的、具有共同信念和价值观、愿意为共同目的和业绩目标而奋斗的人们组成的正式群体。团队的意义在于,群体成员间通过相互的沟通、信任和责任承担,产生群体的协作效应,从而获得比个体绩效总和更大的团队绩效。[①] 由此可见,团队最显著的特征是:①清晰且一致的目标;②相辅相成的技能;③成员间互相依赖、分工协作的关系;④共享信息、集体决策的机制;⑤成员对团队高度的认同感与归属感。

在激烈的市场竞争环境下,企业如何提高员工自觉性、如何激发员工潜能、如何留住企业人才、如何提高团队凝聚力以及实现企业发展目标都是企业文化管理所关注的问题。长期以来,企业用制度管理建设团队成为最直接、最有效、最常见的手段。但是长远来看,要使团队长期具有竞争力、凝聚力,在团队管理中更需要企业文化为基础,建立一种无形的约束制度来管理团队。企业文化作为一个企业的灵魂和精神基础,可以引导、规范员工行为。员工是企业文化的载体,在利益追求、文化认知理念、企业目标理解上存在较大差距,因此化解文化差异以及统一的认知理念和企业目标理解,对于提高团队凝聚力至关重要。因此,企业文化管理是团队管理的重要基石和途径。

团队已经成为当今组织的流行工作模式,个人—团队匹配是影响团队有效性的重要因素,而随着越来越多的“90 后”“00 后”员工进入职场,团队成员的价值观会越来越多元化,传统与现代的碰撞更为突出。[②] 组织环境和劳动力人口组成的迅速变化使个人与其工作环境之间的契合度以及人口的多样性对管理人员越来越重要。许多企业不断重新设计工作流程,以使得个体适应工作群体,使个体能够更有效地应对环境变化。此时,个人—群体价值契合度就显得更加重要,因为当个人的价值观与其工作团队的价值观

① 参见王军:《基于团队管理组织特征的人力资源管理策略研究》,《深圳大学学报》(人文社会科学版)2011 年第 5 期。

② 参见蔡地等:《领导越谦卑,团队越有效?——地位冲突的中介作用》,《外国经济与管理》2018 年第 7 期。

一致时,团队就会变得更加有效,因为个人可以通过表现与其个人价值观一致的行为来增强自己的心理承诺。

团队成长是一个复杂的过程,影响因素众多,这些因素获取或作用的有效发挥离不开企业文化管理的支持,企业文化管理的关键在于文化自觉:其一,文化自觉能够降低内部交易费用,形成团队合力,提高生产效率,促进国有企业成长;其二,文化自觉能够吸引优秀人才加入,激发企业家与员工的积极性和创造性;其三,文化自觉能够优化组织学习,有助于知识积累与整合,使企业获取持续竞争优势。①

6.3 企业文化管理与战略管理

6.3.1 企业战略管理中的文化作用

"战略"一词最早可追溯到20世纪三四十年代,巴纳德在《经理人员的职能》中首次把战略这个军事术语引入管理学中,借以强调组织管理的重心在于决策而不是作业。60年代上半期,钱德勒的《战略与结构》、安德鲁斯的《商业政策:原理与案例》以及安索夫的《公司战略》这三部著作围绕"如何使企业所拥有资源与外部的商业机会相互匹配"这一主题,突出了战略在企业管理中的核心地位,形成了战略规划理论,战略管理的研究也由此而正式开始。80年代战略管理一度受到冷落,但产业组织理论和波特的竞争战略研究还是使战略管理具有相当的吸引力。90年代,资源基础理论和核心竞争力的研究成为热点,特别是核心竞争力的概念在管理学界颇有影响,战略管理的研究焕发出蓬勃生机。进入新世纪,企业文化成为了战略管理理论研究新方向。

6.3.2 企业文化管理与战略管理的区别

企业文化管理与战略管理的主要区别在于:文化管理是以内部协调带动外部适应,战略管理是以外部适应带动内部协调;文化管理强调人的积极性、激励、氛围、合力,主要强调人和组织氛围;战略管理强调事情、决策、外

① 参见林钰阳:《企业团队建设中对文化差异的管理策略研究》,中国海洋大学硕士学位论文,2015年。

部条件、系统、整体，主要强调事和外部竞争；文化管理把战略视为组织文化的要素，战略管理把组织文化当成一种战略资源。同时两者也存在共性的方面：(1)提高组织活动的效益是共同的目标；(2)追求巧实力是共同的行为准则；(3)崇尚创新是共同的价值取向；(4)系统思考是共同的思维偏好。[①]因此，企业文化管理通过上下讨论形成共识，让企业文化内化于心；通过战略制定、宣传培训，让企业文化外化于行；通过制度建设，让企业文化固化于制；长期坚持，始终如一。[②]

6.3.3　企业文化管理与战略管理的关系

企业文化管理与战略管理是相辅相成、相互促进的关系。一方面，企业战略管理是一个系统性的、全面的管理体系，它不仅包括企业文化管理内容，还包括企业整体发展过程中的计划、分析、实施等一系列管理手段。如果企业确定了科学的战略目标、战略计划、实施方法以及控制方法等，则在后续发展中就会形成优秀企业文化特质，进一步形成优秀的文化管理方式。而战略管理不合理、不科学，则很容易产生劣质的文化氛围，成为企业发展过程中消极的因素，导致企业战略目标不能实现。

另一方面，企业文化是战略实施的重要途径，它可以刺激广大企业人员的工作热情，形成良好的工作风气。一个企业中往往有很多员工，每个人的理解能力不同，不可能所有人对企业新的战略、思路真正理解，所以企业必须做到引导带领大家一同前进，齐心协力，从而推动战略的顺利适应。同时，企业文化有很强的约束性。制度一直以来就是用来管理和约束员工，适当的奖惩也是一种规范。一个优秀企业的文化管理会给企业带来生生不息的发展动力，促进企业战略管理的贯彻实施，而不合乎企业发展的文化管理方式则会使企业陷入被动局面。

文化管理和战略管理的结合就是实现决策、协调和激励的真正统一，协调和激励能提高企业的整体效率，针对外部环境而做出的正确的决策能保

① 参见王虎成：《文化管理与战略管理互补研究》，华中师范大学博士学位论文，2013年。

② 参见冯敏等：《“落地生根”的企业文化才是真正的企业文化——以华为企业文化为例》，《生产力研究》2013年第9期。

证企业经营符合市场的需要。

6.4 企业文化管理与品牌管理

6.4.1 品牌战略中企业文化的作用机制

品牌是对利益相关者价值且企业也能从中获得价值的一种“承诺”，或者说品牌是一个“相互发现价值、相互承诺、相互组成价值网络的企业、个人或其他组织的价值组合”枢纽。企业文化是品牌的灵魂，它通过影响品牌的形成、创新和传播，促进企业品牌的发展和企业战略的实现。

品牌文化作为价值观、制度和行为规范的总和，它是在品牌经营的长期实践中积淀和成长起来的。一般来说，文化因素可以通过两种方式来表现品牌：其一，作为“无形的手”的观念形态存在于人的意识中，从企业的产品和服务上体现出来；其二，作为“有形的手”的物质形态，以商标或广告等形式为社会公众和消费者所感知。所以要创建品牌就必须构建底蕴深厚和渗透力强的文化体系。企业文化在品牌战略中的作用机制具体通过以下三条路径实现。

第一，文化因素在品牌形成过程中起核心作用。文化因素具有发散作用，一种企业文化，一种品牌理念和品牌精神，通过企业家和企业员工的行动，可以催生一个品牌。具体而言，首先，企业文化所拥有的价值观念，将为企业品牌战略的各种行动提供选择的标准；其次，企业文化所拥有的品牌理念，将为企业实施品牌战略提供思路和框架。[①] 企业文化孕育了品牌：企业文化具有凝聚的功能，企业家精神和企业的经营理念，经过领导者的宣传和引导，逐步为全体企业人所接受，成为普遍的行为规范和准则，凝聚着企业员工的精神，必将影响整个企业成长的方向，从而形成产品和服务的特色，促进品牌的形成。

第二，文化因素在品牌创新过程中起先导作用。迈克尔·茨威尔(Michale Zwell)指出：“基于能力的企业文化是鼓励、激发和培养员工为达

① G. M. Fulgoni, “Are You Targeting too Much? Effective Marketing Strategies for Brands,” *Journal of Advertising Research* , vol. 58, no. 1 (January 2018), pp. 8-11.

到组织的目的、实现组织的目标、根据组织的价值观协同工作的组织体系。”[①]文化因素具有能动作用，企业文化的创新、品牌理念和品牌精神的创新，可以带动企业品牌的创新，从而促进品牌的完善。[②] 首先，品牌的创新需要通过文化的创新来选择目标，确定突破口；其次，品牌的创新需要通过文化的创新来提供原则，树立新的理念。由于文化因素这个先导的牵引，可以再造企业品牌。企业文化创新了品牌：企业文化具有导向的功能，观念变革是文化创新的基础，企业家精神和企业理念的创新，必将成为企业创新的先导，最后导致企业品牌的完善。

第三，文化因素在品牌传播过程中起桥梁作用。文化因素具有传播作用，企业文化的传播，品牌理念和品牌精神的传播，可以扩大品牌的社会影响力，促进品牌的传播。这个连接作用主要表现为当企业文化产生社会影响的时候，企业品牌也在社会上确立。正如杰斯帕·昆德(Jesper·Kunde，2002)所说：“当公司从单纯的销售产品转而发展为销售方案、品牌或态度和精神时，公司理念及价值观的交流与传播便将成为衡量成功与否的决定性尺度。”

6.4.2　企业文化管理与品牌建设

一个企业品牌形象的形成和建立需要经过长期的经营与积累，是一个自发演进和人为塑造相结合的产物。品牌形象作为企业的无形资产，是企业价值理念的集中体现，是企业生存和可持续发展的主要依托和载体，也是企业开拓、占领市场能力的标签与证明。一般而言，一个企业品牌形象的塑造需要经历三个阶段，即从产品品牌到企业品牌，再到社会品牌。[③]

第一阶段，产品品牌建设。一个品牌的个性在建立之初都是一样的，都是立足于其产品的功能、特点和用途。也就是说，在企业品牌建立之初，对品牌内涵的理解主要是功能上的。[④] 如营销大师菲利普·科特勒就认为，品

---

① 转引自[丹]杰斯帕·昆德：《公司精神》，王珏译，云南大学出版社 2002 年版，第 158 页 。

② 参见张燚等：《企业文化、价值承诺与品牌成长的路径和机制研究》，《管理学报》2013 年第 4 期。

③ 参见冯尧：《论企业品牌形象的塑造》，《企业管理》2008 年第 1 期。

④ S. D. Hunt ,“The ethics of branding, customer-brand relationships, brand-equity strategy, and branding as a societal institution,” *Journal of Business Research*, vol. 95, no. 2 (February 2019), pp. 408-416.

牌是一个名称、术语、标记、符号、图案，或是这些因素的组合，用来识别产品的制造商和销售商。品牌在这里不过是一种识别标志，是一种产品的功能和特色所能给予消费者的利益的承诺和保证。因此，对产品具体特征的塑造才是品牌个性建立所必须依据的，利用主要受众群体的诉求来进行定位，进而形成受众对品牌的识别。

第二阶段，企业品牌建设。在这一阶段，企业利用舆论、广告和促销等多种公关手段把企业独特的经营理念、观念、价值观、文化、技术等因素传播、移植、扎根于消费者之中，建立起品牌忠诚度，以提升品牌的知名度和美誉度(Byun et al.,2017)。[①] 目前，企业品牌的有形标识即视觉识别的很多设计也越来越相似，企业真正的独特性只有通过隐含在产品、标识背后的企业品牌形象来保持，因为每个企业品牌都是它的历史、领导能力、战略以及价值观的独一无二的复合体。正是这种复合体的品牌形象无法模仿和复制，从而赋予该企业独特的个性，拥有其他企业无法替代的持久竞争力。

第三阶段，社会品牌建设。企业的行业形象与企业的民族形象共同组成企业社会品牌形象。品牌的背后是文化，更确切地说是勇于承担社会责任的企业文化。[②] 品牌的经久不衰必须有内涵，社会责任的企业文化作为支撑，只有通过稳定、积极、健康的企业文化，企业品牌才能具有真正的竞争力。在现在看来，企业社会责任已经成了品牌文化的一个要素，包括公益活动、回报社会、环境保护、诚实守信等。企业的品牌尤其是知名品牌，必须要有坚定的使命感，要对消费者、对整个社会承担起相应的责任，这是品牌的根基所在。

6.4.3 企业文化管理与品牌营销

文化管理与企业营销有着密切的关系。营销活动不仅是将产品传递给

---

① K. A. Byun, D. Song, M. Kim, "The Dilution Effects of Media Strategy on Brands' Copromotion Efficiency: Identifying Best Practices For Copromotion Media Planning," *Journal of Advertising Research*, vol. 57, no. 2 (June 2017), pp. 207-226.

② Y. Tsarenko, D. Tojib, "Consumers' forgiveness after brand transgression: The effect of the firm's corporate social responsibility and response," *Journal of Marketing Management*, vol. 31, no. 17-18 (July 2015), pp. 1851-1877.

消费者的经济行为，更是一种将企业文化理念传播给消费者的文化行为。企业将文化管理与营销管理契合的越紧密，越能够凸显塑造竞争对手难以复制的理念，凸显企业核心竞争力。美国学者利维(Levy,1995)首次提出品牌形象概念，代表着文化营销理论的开端，注意到文化理念是一种产品的附加值，对企业品牌塑造起着积极的作用。另一个重要代表是温德尔·史密斯(Wendell Smith)的市场细分理论，该理论认为文化因素是市场细分的标准之一，明确了文化环境对市场营销的重要影响，营销战略的制定必须考虑文化的因素。

从营销角度看，提升企业核心竞争力的主要有品牌营销、文化营销等方式。两者的作用路径存在以下差别：品牌营销对于提升企业核心竞争力起着积极的作用，认为品牌是企业核心竞争力之一，主要通过文化营销的实施，加强品牌的文化底蕴，以提高企业的核心竞争力。文化营销则是根据其差异化特点，逐渐在市场上证实其在消费者心目中的地位和影响力，成为加强企业核心竞争力的重要手段和提升企业核心竞争力的新途径，有助于构建企业核心竞争力，有利于化解恶性竞争，推动市场良性发展，是市场创新的有效途径。核心竞争力包括营销力、有效经营、核心技术和独特资源，而文化管理通过营销管理贯穿于价值创造和传递的整个过程，加强营销管理可以提升核心竞争力的各个层次。

企业文化对品牌营销的影响体现在：其一，企业通过有意识地发现、甄别、培养或创造某种核心价值观，并将其赋予品牌营销行为中以达成企业经营目标。其二，企业文化对品牌营销的影响表现为企业和消费者的互动，而非孤立地文化展示活动。赋予企业文化理念的产品和行为必须符合或能创造出消费者需求，但又能对社会文明进步起到正向影响作用，而非一味迎合某些消费者的低级需求。其三，品牌营销以满足消费者的文化需求为目的，并同时实现企业的经营目标。通过营造、实施、保持文化渗透来满足消费者对文化的深层需求。在需求层次不断提高的大背景下，企业通过将企业文化寓于品牌营销之中可以促进产品由低端向高端的演化，降低需求的价格弹性，提升产品的价值创造能力。

综合而言,营销理念中赋予文化理念有利于企业建立企业的核心价值观念,增强企业的创新性和竞争优势。优秀的企业文化是独特的,并且是不可模仿的。文化营销向消费者传递是一种文化底蕴,一种价值观念,这种理念是企业根据自身定位和消费者需求所创造出的价值观,它深受消费者的认可,它不会随着技术的改变和产品形态的变化受到影响。企业用文化营销武装自己,在企业的生产经营过程中引入文化理念,在产品、品牌、促销等过程中注入文化内涵,既可以提高产品的价值,又可以建立区域与竞争对手的差异化优势,从而使企业获得竞争优势。[①] 企业通过努力地塑造和传播品牌的独特形象,让众多的消费者感受到该品牌独特性,并使这种特点符合目标消费者的审美,从而使该品牌产品脱颖而出,建立起忠实的顾客群。品牌的核心价值被认为是品牌的基因,往往是独一无二的,可以明显地区别于竞争对手。企业必须通过品牌营销将产品价值和信息传达给消费者。

6.5 企业文化管理与企业创新

企业创新包括企业管理创新、技术创新、制度创新和知识创新等方面。制度创新是技术创新和管理创新的空间条件,技术创新是管理创新和制度创新的基本动力与最终目的,管理创新是技术创新和制度创新的方式保障[②],知识创新是互联网新环境与社会教育水平普遍提高的形势下对企业提出的新要求,是对技术创新、制度创新与管理创新的补充完善。企业文化管理中渗透着企业各方面的创新实践,企业的创新实践最终对企业文化管理能力的提升产生重要影响。

6.5.1 企业文化管理与管理创新

经济学家熊彼特于1912年在《经济发展理论》一书中首次提出了“创新”的概念,创新是指以独特的方式综合各种思想或在各种思想之间建立起独特的联系这样一种能力。对企业来说,创新意味着可以不断地开发出做事

---

① D. Centeno, J. J. Wang , “Celebrities as human brands: An inquiry on stakeholder-actor co-creation of brand identities,” *Journal of Business Research* , vol. 74, no. 5 (May 2017), pp. 133-138.

② 参见王虎成:《文化管理与战略管理互补研究》,华中师范大学博士学位论文,2013年。

的新方式以及解决问题的新办法，将资源以不同的方式进行整合，实现新的组织形式和管理模式，创造出新的价值。

不同学者都对管理创新进行了界定，如常修泽(1994)把管理创新界定为引入新管理方式方法以降低交易费用的过程；芮明杰(1997)认为管理创新就是创造一种更有效的资源整合范式等。尽管学者基于不同的视角给出管理创新的定义，但对管理创新的内涵和范畴已达成较为一致的看法，即通过管理方式或方法的系统创新变革提高组织运行效率，其范畴几乎涵盖所有非技术创新。[①] 在此，企业管理创新是指企业把新的管理要素(如新管理方法、新管理手段、新管理模式等)或要素组合引入企业管理系统以更有效地实现组织目标的创新活动。管理创新包括对企业组织文化、制度、知识等方面的创新，不仅体现在企业对科学管理的继承和完善上，更体现在对经营观念、经营战略、组织结构、管理方法以及企业文化的系统性调整上。

企业文化的管理需要“顶层设计”[②]，即企业或管理者发挥主动性的引领作用，对企业的目标任务、组织层次、系统决策、危机应对等各个方面进行战略战术的策划与设计，因此企业文化管理必然与组织管理、人力资源管理、营销管理等都有着密切的关系，那么它也必然与管理层面的创新有着密切关系。管理创新效力的提升，离不开企业文化的构建。企业文化是企业在生产经营实践中逐步形成的，为全体员工所认同并遵守的使命、精神、价值观和经营理念等，它是企业的灵魂，是推动企业管理创新的源泉。[③] 学者们对企业文化如何影响管理创新存在两种观点：一种认为创建良好的企业文化或组织氛围可以直接影响管理创新效力；另一种认为组织文化通过知识分享、内部沟通等进而间接影响组织管理创新效力。

6.5.2　企业文化管理与技术创新

新技术的采用是创新的重要来源，技术创新可以分为产品或服务、生产方法或工艺、市场、材料来源和内部经营组织等五种创新。技术创新能力可

---

① 参见林海芬、苏敬勤：《中国企业管理创新理论研究视角与方法综述》，《研究与发展管理》2014 年第 2 期。

② 参见赵黎明：《当代国有企业文化建设研究》，吉林大学博士学位论文，2015 年。

③ 参见傅贤治、杜丽燕：《企业管理创新能力评价的变革引擎模型研究》，《科技进步与对策》2012 年第 12 期。

以分解为六种能力:创新资源投入能力、创新管理能力、创新倾向、研究开发能力、制造能力和营销能力。企业的技术创新能力应该包括对企业资源如人力资源、财力资源、知识资源、创新团队及创新氛围等的利用及配置能力。任何企业进行技术创新活动都应该充分利用、有效配置企业所拥有的各种资源,而企业文化则会影响企业资源的积累与塑造进而影响创新能力的提升。①

企业文化对技术创新的作用在于,企业文化作为独特的内部环境,与经济政策、金融环境相比短时间内不易被其他企业模仿,是驱动企业技术创新最重要的因素。企业文化价值结构影响企业凝聚力、稳定和特色,对企业经营管理、人力开发和企业精神的塑造有目标导向和协同作用,对技术创新形成效应,是企业技术创新的精神基础。② 企业文化与企业技术创新之间的互动,是企业软件和硬件之间的互动,优秀的企业,其文化软件和技术硬件必然是良性互促的。③ 优秀的企业文化能够培育员工的创新能力和创新思维,可以通过:(1)对企业全体成员在技术创新过程中的价值取向、行为准则起引导作用;(2)对企业每个成员在技术创新过程中的思想、心理和行为起约束和规范作用;(3)对物质文化、制度文化、精神文化三个层次的激励和约束作用,来促进企业员工技术创新意识的形成和企业技术创新能力的提升、创新过程的实现。④ 技术创新就是通过从创新的价值取向、战略目标与组织规范、发展方向等方面来促成企业价值观,并培育企业精神、塑造企业形象,从而促进企业文化的不断完善与进步的。⑤

然而,企业文化对技术创新同样有阻碍作用,如技术创新可能会影响企

---

① 参见秦德智等:《企业文化、技术创新能力与企业成长——基于资源基础理论的视角》,《学术探索》2015 年第 7 期。

② 参见余子鹏、王今朝:《我国企业技术创新选择影响因素的实证分析》,《科研管理》2015 年第 7 期。

③ 参见肖天明:《精柔型企业文化与企业技术创新的互动研究》,《科技进步与对策》2012 年第 19 期。

④ 参见葛红岩:《制造业企业文化驱动技术创新的路径研究——基于长三角地区制造业企业的实证》,《财经研究》2010 年第 7 期。

⑤ 参见艾亮:《企业文化建设研究》,天津大学博士学位论文,2012 年。

业现有权力与资源分配体制，也会影响现有专业化分工条件下个人或小团体的利益等这种维持现状。同时，某些员工可能会对技术创新产生抵触情绪，这就需要企业进行文化变革，培养进取性的企业文化品质，构建具有创新倾向、组织支持、组织学习、创造力和授权、市场导向、价值导向等特征的创新型企业文化，刺激和推动技术创新的实现。

6.5.3　企业文化管理与制度创新

不同经济学家对制度有不同的定义，其中诺斯在《制度、制度变迁与经济绩效》一书中对制度的范畴给出了详细的解释，他认为，制度是个社会的游戏规则，更规范地讲，它们是为人们的相互关系而人为设定的一些制约。诺斯将制度分为三类：正式制度（规则约束）、非正式制度（规则约束）和各自的实施机制。对企业来说，正式制度指企业为实现经营目标而制定的一系列规则与契约约束，如产权制度、契约制度、人力资源管理制度（企业治理结构与组织结构）、产供销各流程管理制度等，非正式制度指企业成员在长期工作过程中无意识形成的关于企业的价值观念、伦理规范、道德观念、意识形态等因素。实施机制是为了确保正式制度和非正式制度得以执行而实施的相关制度安排。

企业制度创新可以分为企业产权激励制度创新、分配制度创新、人力资源管理制度创新、知识产权经营管理制度创新等。[①] 制度创新是企业动态能力构建的关键和基础，有效的制度创新能促进企业持续创新的能力，从而促进企业持续发展的能力。制度创新的重点是：(1)建立一种产权清晰、企业资产具有明确边界的产权制度，从而改变以往企业产权模糊、缺乏责任主体的状况，使企业的动态能力的构建具有明确的责任主体；(2)建立一种动态的、适度柔性的企业组织制度以及包括股东会、董事会、监事会和经理层在内的公司法人治理结构，使企业能及时应对动态环境、高效决策，适应动态能力构建的要求；(3)在企业内部建立一种权责明确、管理科学、有效激励的企业管理制度，从而激发企业内各团队的积极性和员工的能动性，增强企业

---

① 参见魏芳、魏纪林：《试析以知识产权文化为核心的企业制度创新》，《知识产权》2014 年第 8 期。

动态能力构建与发展的能力。[①]

企业文化与企业制度是相互联系、相互渗透的。一方面,企业制度创新是在一定的文化理念氛围中进行的。在良好的文化创新氛围下,员工有共同的目标和凝聚力、向心力,支持和认同制度创新,使制度更加规范化、合理化和易于推行,从而为企业制度创新减少阻力、降低成本。另一方面,企业制度创新为文化创新提供了良好的制度环境与规范保障。企业制度的创新和调整,必然会带来绩效考评、奖金薪酬等与员工利益切身相关的规章制度的更新,进而影响员工价值观念、思维方式和行为习惯的重新选择。企业文化作为一种柔性设计,与企业制度这样一种刚性设计互为补充、相辅相成,共同促进企业的管理更加规范化和人性化,共同促进企业的成长与革新。

6.5.4 企业文化管理与知识创新

知识是人们在改造世界的实践中所获得的认识和经验的总结,是通过学习或经验获得的事实、技能和理解。一般地,知识可以分为隐性知识和显性知识,显性知识可以被语言、书面文字、图表和数学公式等一定的符码系统加以表述;而隐性知识与隐性知识相对,是个人的、受特定情境限制的、能够感知却无法被表述出来的知识。企业的隐性知识是指存在于员工个体和企业内各组织中难以规范化,难以言明和模仿,不易交流和共享,也不易被复制或窃取、尚未编码和显性化的各种内隐性知识,同时还包括通过流动与共享等方式从企业外部有效获取的隐性知识。

对知识创新的界定有很多,大致可以表述为知识创新是通过对知识的获取、处理、整合与共享,将所创造的新的思想性、流程性知识具体应用于新产品的开发和生产过程中,以实现企业盈利、经济发展和社会进步的过程。[②]企业知识创新是在企业知识共享的环境下,在实现个人和企业利益的动机下,知识主体在现有知识资本的基础上,以市场为导向,整合内外部知识、挖掘知识,并结合反馈信息不断学习和创造知识,实现创新成果市场化和提高

① 参见龚一萍:《基于企业动态能力构建的制度因素与长效机制探析》,《江汉论坛》2012年第1期。

② 参见龙跃:《知识创新研究综述与评析》,《情报杂志》2013年第2期。

企业竞争优势的过程。[①] 在知识创新过程中，各个层级的显性知识与隐性知识之间相互作用、相互转化，呈螺旋上升的态势，是知识创新的源泉，能够增强企业竞争优势。

知识创新是一个复杂的过程，创新的主体、客体等受到多种因素的影响，呈现出复杂化、多样化特征。这些影响因素可归纳为两方面：一是创新主体方面，如创新主体的形成的环境氛围、文化、组织边界等；二是创新客体方面，如知识的隐含性、复杂性等。知识创新能力的关键在于组织文化，企业只有不断加强团队文化、学习文化、知识共享文化等以人为本的思想文化的建设，才能有效地实现知识管理。企业的知识主要来自企业员工，只有在良性地企业文化中，即每个成员都愿意将自己的知识奉献出来实现知识共享，企业才能建立和完善特有知识库。文化对员工思想和行为的规范，也为知识创新理清了道路。

建立以基于产品平台的协同创新机制、基于技术标准开放的协同创新机制为特点的知识创新链是促进企业文化内文化共享、企业外文化输出和形象维护的一个重要手段。知识创新链是指核心创新企业与上游供应商、下游销售商、同行业竞争对手及其他产品配套提供主题所构成的合作伙伴关系。知识创新链单元通过互动学习、共生共存、共同学习、共同进化，构建共同的技术创新系统。[②] 如何通过知识创新链留住顾客，促进目标消费者知识消费的持续热情，拉长目标消费者知识消费的持续时间，是企业在知识创新时代需要正视的问题。

6.6　本章小结

本章主要简述了企业文化管理的形成、意义、内涵以及特征，通过进一步探讨文化管理在企业组织管理、战略管理、品牌管理以及企业创新等方面的运用，分析了企业文化管理对于企业持续竞争优势提高的影响和作用。

① 参见李倩等:《基于隐性知识共享的企业知识创新模型研究》,《情报理论与实践》2014 年第 6 期。

② 参见吴绍波等:《知识创新链视角的战略性新兴产业协同创新研究》,《科技进步与对策》2014 年第 1 期。

第7章　企业文化对持续竞争优势作用的案例分析

——以高成长性企业为例

案例研究法是进行管理科学研究时非常重要而且普遍应用的一种方法，许多问题的发现都是研究者对企业个案调研归纳所得，因为管理科学需要解决的问题即是企业里的问题。基于此，当企业文化选择的经济结果从理论抽象回归到企业经营的实践后，我们可以发现高成长性企业的成长现象可以从文化的角度得到解释。因此，对高成长性企业的文化特色进行分析，可以进一步验证企业文化与企业竞争优势的关系，从而给予企业的文化选择以启示。

本章主要内容：

●高成长性企业的界定和指标选取

●高成长性企业的文化特征分析

●高成长性企业的文化竞争优势分析

7.1　关于高成长性企业的界定①

7.1.1　国外高成长性企业的特征

费歇尔等(Fischer et al.，1997)根据销售指标，将五年内企业年均销售额增长率至少为20%的企业认定为高成长性企业。德尔马等(Delmar et al.，2003)认为对高成长企业的绝对雇员数量、绝对有机雇员数量、相对雇员

① 参见唐晓云：《中国高成长性企业的文化战略模式探析》，山东大学硕士学位论文，2009年。

数量、相对有机雇员、绝对销售额、相对销售额这六个指标每年都有所增长。巴林杰等(Barringeret al.,2005)将高成长企业定义为三年内年销售增长率在 80%以上的企业,认为快速的增长速度是市场接受和企业成功的重要标志。

通过对美国高成长性企业进行分析和排名资料分析并结合相关资料整理,我们可以把美国高成长性企业普遍特征总结为:(1)高成长性企业成功的首要条件是拥有强有力的人力资源管理,典型案例研究发现:在企业快速成长的背后必须具有强大的人力资源整合能力;(2)高成长性企业可以筹集到企业发展所必需的资金,快速而稳健的投融资能力是高成长性企业必须具备的;(3)高成长性企业具有顽强的生命力,能够应对恶劣、多变的经济环境条件,美国的高成长性企业有很强的柔性和适应能力;(4)美国高成长性企业的创业者非常热爱自己所从事的事业;(5)高成长性企业拥有比较固定的企业价值观,软性的"文化"是高成长性企业成长持续发展的内核和源动力。

7.1.2　国内高成长性性企业的研究

国内关于高成长性性企业的研究较多,学者们从不同的视角、不同主体去研究高成长性性企业,这样就产生较多的研究方向。纵观国内高成长性性企业研究文献,学者们主要从市场、财务(金融证券)、行业(包括技术)、能力的角度或者综合各个角度对高成长性企业进行研究分析,给出高成长性企业概念界定及相应的高成长性企业的标准,比较有代表性的观点如下:

从市场的角度的界定,"高成长性企业"是由"企业成长性"这一基本概念派生出来的。高成长性性企业是指那些在较长时期(如 5～10 年以上)内,发展速度快,经营效益好,具有高增值作用,能引起生产领域的变革并处于当代经济发展前沿的企业。[①] 高成长性企业是一个动态的、相对的概念和范畴,而不是静止和绝对的。随着经济社会的发展,由于产业结构的调整、市场竞争的加剧或者企业自身管理出现问题和决策失误等原因,现在的高成

① 参见王中亮:《高成长性企业的形成条件及其风险防范》,《现代财经(天津财经大学学报)》2006 年第 7 期。

长性企业经过若干年后有可能不再具有高成长性，被新的高成长性企业取代。单宝(2006)、王中亮(2006)主要以市场指标对中国高成长性企业标准做出界定：年增长率达到30%以上；公司持续5～10年以上的可持续成长；公司业绩好于行业内其他公司；公司具有引领市场附加价值的关键技术。项国鹏、徐立宏(2010)认为，高成长性企业是指成长速度超过平均成长速度的企业，也被称为“快速成长企业”。随着“超竞争”时代的来临，市场机会稍纵即逝，企业成长速度的高低快慢便成为衡量经营成败的重要指标。金融证券界对国内外高成长性企业标准归纳如下：(1)所处行业是朝阳行业或新兴行业；(2)产权的多元化；(3)合理的资本结构和完善的公司治理结构；(4)主营业务的非多元化与专业化；(5)卓越的企业战略和战略实施能力；(6)卓越的激励机制与约束机制；(7)有完整创新体制和强大的创新开发能力；(8)多渠道的融资和再融资能力，为企业的高成长性提供了有力金融支持；(9)具有优秀的企业文化及员工对文化的高度认同；(10)拥有杰出企业家或职业经理人。

从财务的角度来看，成长性企业是按照一定的评价体系进行界定的。自2000年起，中国企业评价协会提出一种专门评估成长型中小企业的GEP评估法。这种评估法以企业历年(3年以上)财务指标为直接依据，对企业发展状况、获利水平、经济效益、偿债能力和行业成长性五大类指标进行综合评价。李红松、熊莉(2018)结合前面时期长度的选择，基于上市公司是全部企业中的优秀群体，本书按相对较高的标准确定增长阈值，取三年平均增长率的25%作为高成长性的界限，阈值之上为高成长性企业，之下为非高成长性企业。田红云等(2014)认为应该基于不同研究目的和需要，在测度与界定高成长性企业时遵循如下原则：(1)观察期至少为3年；(2)在考察初期，企业雇员>10人，且初期销售额>10万美元(我国高成长性企业初期销售额可设定为>50万元)；(3)采用绝对测度法时，增长率在3年内至少保持年均增长20%。相对测度法可以选取样本中增长最快的1%～10%企业，为了减少样本差异所带来的影响，高成长性企业必须3年内年均增长率>20%，如果样本中发展最快10%企业达到这一要求，研究者要降低高成长性企业所占比例，如果样本中没有企业连续3年年均增长20%，说明样本中没有高成长性企业，有必要考虑重新抽样。

从企业划型标准看，我国很多地区针对中小企业发展提出了“瞪羚”企业扶持办法。“瞪羚”企业是指创业后跨过死亡谷以科技创新或商业模式创新为支撑进入高成长性期的中小企业。各地多从成长性指标进行评定。例如，山东省2017～2019年瞪羚企业认定培育和奖励行动计划指出高成长性工业中小企业标准：上年度总收入在2000万～1亿元，近两年收入复合增长率达到30%或利润复合增长率达到30%的企业；上年度总收入在1亿～4亿元、近两年收入复合增长率达到25%或利润复合增长率达到25%的企业；上年度总收入4亿元及以上，近两年收入复合增长率达20%或利润复合增长率达20%的企业。福州高新区瞪羚企业认定及培育办法指出高成长性中小企业标准：上年度营业收入在500万～2000万元的企业，连续2年收入增长率达20%或利润增长率达10%；上年度营业收入在2000万～1亿元的企业，连续2年收入增长率达15%或利润增长率达到10%；上年度营业收入在1亿～5亿元的企业，收入增长率达到10%或利润增长率达到10%等。

从综合性观点出发，高俊山(2008)把成长性指标的选择分为实体经济和虚拟经济两个方面，实体经济是指物质产品、精神产品的生产、销售及提供相关服务的经济活动；虚拟经济是指与证券、期货、期权等虚拟资本的交易有关的经济活动。他借助实体和虚拟两个方面的标准对高成长性企业进行界定。[①] 周志丹(2007)认为，成长型企业是指那些在一定时期(一般考察时限为3～5年)内，具有持续挖掘未利用资源的能力，不同程度地呈现整体扩张态势，未来发展预期良好的企业。[②] 王爱群等(2016)认为高成长性企业的核心竞争力和核心能力较强，基本都具有引领市场附加价值的关键技术，并能促进技术横向交叉和纵向垂直地向前发展，能够帮助企业在竞争中取

---

① 参见高俊山等：《基于时序样本的高技术企业与传统企业成长性比较研究》，《科学管理研究》2008年第3期。

② 参见周志丹：《高新技术企业成长性评价的实证分析》，《工业技术经济》2007年第11期。

得优势,支撑企业持续快速成长。[①]

另外,高成长性企业在行业中有一定的知名度和美誉度,能够在行业中占据较高的市场份额,有的甚至是行业的领头羊。陈春花在《高成长企业的组织与文化创新》一书中把高成长企业界定为:发展速度快,能带来高效益,具有高增值作用,能引起当代生产领域的变革并处于当代经济前沿的企业。认为高成长企业具有以下特点:(1)前导性。高成长企业是处于当代科学、技术最前沿的企业,具有知识管理的性质,横向交叉和垂直纵深地向前发展;(2)增值性。高成长性企业的产品往往引领市场,性价比高,利润空间大,因此增值能力强,具有高经济效益;(3)独占性。高成长性企业在品牌、市场局部、技术创新、服务增值等方面都具有独占性;(4)全球性。高成长企业都具有"引进来"和"走出去"的能力,能从经济和社会各领域向全球各地广泛渗透,实现生产能力的国际化转移。因此,高成长企业被认为是促进经济发展的新的增长点。

7.2 高成长性企业的研究设计

7.2.1 高成长性企业的界定

综合国内外文献对高成长性企业的界定及特征和标准划分,结合中国国情并参考国外高成长性企业最新研究动向,尤其是国内学者对不同高成长性企业界定的研究引用情况。本书对高成长性企业的界定为:处在一个市场容量或者市场潜力巨大的产业之中,已经渡过生存期,并在较长(3 年以上)的时期内保持较快发展,经营效益好,具有高增值性,不同程度地呈现出整体扩张态势,未来发展预期良好的企业。

高成长性企业的判断标准具有整体性,如果一个企业的定量指标仅在销售额或利润上出现了增长,而生产能力、资产规模等其他方面并未发生相应增长,并不能构成严格意义上的成长型企业。只有当企业在生产能力、资产规模、市场份额以及销售额和利润等方面均保持某种程度的整体增长状

---

① 参见王爱群等:《高成长企业内部控制问题与对策》,《东北师大学报》(哲学社会科学版)2016 年第 2 期。

态时，才能被认为具有成长性。同时，高成长性企业也应该从定性方面有所判断，主要包括企业是否具有前导性、增值性、独特性和战略性。

7.2.2 高成长性企业的指标选取

按照本书对高成长性企业定义的界定，我们主要从定量和定性两个方面确定选取高成长性企业的标准，这些指标涉及市场、关键财务指标、能力（运营、持续发展）等定量指标以及战略、增值性等定性指标。

1. 定量指标

(1)销售额增长率（15～17 年平均销售增长率），选取标准 10%以上。

(2)利润增长率（15～17 年平均利润增长率），选取标准 20%以上。

(3)资产增长率（15～17 年平均资产增长率，即企业总资产逐年增长率的均值），选取标准原则上保持在 10%以上。为了选取不同行业的样本可以灵活选择。

(4)运营能力，通过资产周转率指标反映，选取标准是 40%以上。

$$\text{资产周转率(以总资产为准)：} TA = I/A_a \qquad (7-1)$$

式(7－1)中，TA 为总资产周转率（周转次数），I 为营业收入，A_a 为平均资产总额 。

(5)偿债能力，通过资产负债率财务指标衡量，选取标准在 30%以上。

$$\text{资产负债率：} R = D/A \times 100\% \qquad (7-2)$$

式(7－2)中，R 为资产负债率，D 为负债总额，A 为资产总额。

2. 定性指标

(1)前导性。高成长性企业是能够掌握科学、技术和管理等行业所需核心能力的前沿企业，具有知识管理的性质，横向交叉和垂直纵深地向前发展。

(2)增值性。高成长性企业由于市场、产品战略得当，公司运营高效、资产增值保值能力强，具有较高经济效益。

(3)独特性。高成长性企业除了具有所处行业中所需一般核心能力以外，还具有自身独特核心能力。这种能力包括品牌、技术、服务、经营、资金等方方面面。

(4)战略性。高成长性企业具有战略制高点的作用,掌握和控制着高新技术,影响市场的成长速度,能以点带面,带动全局。因此,高成长性企业被认为是促进经济发展的新的增长点。

7.3 高成长性企业的文化分析

7.3.1 样本企业的成长特征

从21世纪中国企业发展看,高成长性企业主要集中在互联网业、家电业、饮品业、汽车制造业等。根据高成长性企业的特征,我们选择了6个行业的10家企业作为主要分析样本,这些企业基本覆盖了中国主要的高成长性行业。家电业我们选取了青岛海尔集团(以下简称“海尔”)、珠海格力电器股份有限公司(以下简称“格力电器”)以及美的集团(以下简称“美的”)作为样本;酒行业选取贵州茅台酒厂股份有限公司(以下简称“茅台”);IT行业选取阿里巴巴、腾讯;汽车行业选取比亚迪股份有限公司(以下简称“比亚迪”);餐饮行业选取四川海底捞餐饮股份有限公司(以下简称“海底捞”);地产行业选取恒大地产集团有限公司(以下简称“恒大”);电力行业选取国家电网有限公司(以下简称"国家电网”)。

海尔从1984年创业至今,经过了名牌、多元化、国际化、全球化品牌等多个战略发展阶段,2012年宣布进入第五个发展阶段,即网络化战略阶段。经过多年的发展,海尔表现出了明显的成长性特征。2013年度全球主要家电品牌排行榜中,中国家电制造商海尔以其9.7%的零售份额位列排行榜首位。在制造商排名中,海尔也以其11.6%的市场份额位列第一,连续12年居中国最有价值品牌榜榜首。2015年,海尔入围年度“世界品牌500强”前一百强,并位居全球白色家电品牌第一名;海尔连续14年入选“中国企业500强”,并继续蝉联家电行业第一。2016年,海尔入围年度“世界品牌500强”排行榜百强;第22届中国品牌价值100强榜单中,海尔以1516.28亿的品牌价值,连续15年蝉联榜首。2018年6月世界品牌实验室(World Brand Lab)发布2018年《中国500最具价值品牌》分析报告,海尔以3502.78亿元的品牌价值居榜单第三位,品牌价值同比提升20%,此次榜单中,海尔首次被归类为物联网生态行业。

格力电器是一家多元化的全球型工业集团，公司自1991年成立以来，始终坚持“自主创新”的发展理念，秉承“百年企业”的经营目标，凭借领先的技术研发、严格的质量管理、独特的营销模式、完善的售后服务享誉海内外。2012年，董明珠升任格力电器董事长兼总裁，带领格力迅速发展。2013年4月，格力电器实现营业总收入1001.10亿元，同比增长19.87%；净利润73.8亿元，同比增长40.92%，成为中国首家突破千亿的家电上市企业。2014年4月，格力电器实现营业总收入近1 200亿元，净利润近109亿元，纳税超过102亿元，成为中国首家净利润、纳税双双超过百亿的家电企业。2015年5月，格力电器大步挺进全球500强企业阵营，位居“福布斯全球2000强”第385名。2016年格力“双11”当天，格力空调销售约7亿元，约为2015年销售额的2倍，高居家电行业同类产品销售榜首。“双11”期间，格力线上线下累计销售额突破34亿，比去年同期增长近1倍。

美的于1968年成立于中国广东，是一家消费电器、暖通空调、机器人与自动化系统、智能供应链(物流)的科技集团。目前，美的在世界范围内拥有约200家子公司、60多个海外分支机构及12个战略业务单位。2015年，美的成为首家获取标普、惠誉、穆迪三大国际信用评级的中国家电企业，评级结果在全球家电行业以及国内民营企业中均处于领先地位。2016年，美的营收1598亿元，净利润159亿元，在全球有数亿的用户及各领域的重要客户与战略合作伙伴，并拥有约13万名员工。美的在2017《财富》世界500强排名中位列450位，利润排名第208位。2017年美的财报显示，营业总收入为2 419.19亿元。

阿里巴巴于1999年在浙江杭州创立。2014年9月，阿里巴巴集团于纽约证券交易所正式挂牌上市，股票代码“BABA”，创始人和董事局主席为马云。2015年9月，阿里巴巴集团荣膺世界零售大会(World Retail Congress)最高奖项“年度最佳零售商”。2015年11月，阿里巴巴“双11”购物狂欢节当天交易量达到912.17亿元人民币，比2014年“双11”成交额提升近60%，而2009年阿里巴巴第一次“双11”的销售额为5200万元人民币。2016年3月，阿里巴巴零售平台2015财年交易额突破3万亿元。这是阿里巴巴第一次发布实时年交易额。2017 年 2 月，英国知名品牌价值资讯公司“品牌金融”(Brand Finance)发布 2017 年度全球 500 强品牌榜单，阿里巴巴排名第 23 位。2017 年“中国互联网企业 100 强”榜单发布中，阿里巴巴排名第二位。2018 年 7 月，全球同步《财富》世界 500 强排行榜发布，阿里巴巴集团排名 300 位。

腾讯公司成立于 1998 年 11 月，是中国最大的互联网综合服务提供商之一，也是中国服务用户最多的互联网企业之一。2014 年，腾讯首次入选由世界品牌实验室编制的第十一届“世界品牌 500 强”排行榜。2015 年财报显示，企业年总收入为 1028.63 亿元，比上年同期增长 30%，净利润为 288.06 亿元，比上年同期增长 33%；2015 年第四季度总收入为 304.41 亿元，净利润为 71.64 亿元，分别比上年同期增长 45%和 21%。2016 年 8 月，股票价格在香港股市上升 6%，市值达到 2490 亿美元，超越市值 2460 亿美元的阿里巴巴，成为中国市值最高的科技公司。2017 年 8 月，腾讯总市值 30 375 亿港元，超越阿里巴巴的 3878.27 亿美元，成为中国市值最大的上市公司，在全球市值排名中位列第 8 位。

比亚迪创立于 1995 年，是一家拥有 IT、汽车及新能源三大产业群的高新技术企业，2002 年 7 月在香港主板发行上市。2007 年 12 月，分拆出来的比亚迪电子(国际)有限公司在香港联交所挂牌上市，集资约 60 亿元。2015 年，公司实现营业总收入 800.14 亿元，同比增长 37.49%；实现归属于上市公司股东的净利润 28.29 亿元，同比增长 552.63%。2016 年 4 月，比亚迪汕尾公司获得的全球单笔最大纯电动客车订单(44.66 亿元)；8 月，在“2016 中国企业 500 强”中排名第 175 位。

贵州茅台是由中国贵州茅台酒厂有限责任公司、贵州茅台酒厂技术开发公司、贵州省轻纺集体工业联社等八家公司共同发起，并经过贵州省人民政府批准设立的股份有限公司。2012 年，贵州茅台位列中国上市企业百强榜首。2013 年，贵州茅台品牌价值以 824.08 亿元高居食品、饮料行业榜首。2014 年，茅台品牌价值逾千亿，位列华樽杯酒类榜首，荣膺品牌中国华谱奖。2015 年，茅台酒销售收入 419.12 亿元，利润 227.22 亿元。2015 年，茅台夺得 2015 中国食品企业国际贡献奖，贵州茅台首次入选世界品牌 500 强。

2016 年，茅台实现销售量同比增长 37.6%，实现销售额同比增长 40.6%。

海底捞成立于 1994 年，是一家以经营川味火锅为主、融汇各地火锅特色为一体的大型跨省直营餐饮品牌火锅店。2011 年 5 月，董事长张勇荣获由中国烹饪协会颁发的“2010 年度中国餐饮业十大人物”，同时海底捞党支部的成立标志着公司向更加正规化的道路发展；2011 年 12 月，SAP 系统全集团推广应用，对业务流程进行了全面梳理和系统落地，统一了集团数据规范，实现了门店和物流全业务的集成，为管理分析提供平台；新加坡店的开业，标志着海底捞海外第一家分店正式开业，进一步推广了海底捞的品牌形象。2018 年 5 月，海底捞国际控股在港交所递交上市申请，2017 年营收总额为 106.37 亿元；海底捞在香港召开新闻发布会，宣布其股份将于 9 月起在香港公开发售并正式登陆香港资本市场。

恒大集团是以民生地产为基础，文化旅游、健康养生为两翼，高科技产业为龙头的世界 500 强企业集团。自 1997 年成立以来，恒大集团历经七次重大战略决策，形成了科学、前瞻、有效的发展模式，不断实现跨越式发展。2009 年 11 月 5 日，恒大于香港联交所成功上市，上市当日，公司股票收盘价较发行价溢价 34.28%，创下 705 亿港元总市值的纪录，成为起于内地、在港市值最大的海外企业。2010 年，恒大全年销售金额突破 500 亿元大关，稳居中国房企第一军团，并以超过 80 亿元的品牌价值位列第一。2017 年，公司启动战略转型，在发展模式上，从“规模型”向“规模＋效益型”模式转变；在经营模式上，从高负债、高杠杆、高周转、低成本的“三高一低”模式向低负债、低杠杆、低成本、高周转的“三低一高”模式转变。2017 年，公司核心业务利润 405.1 亿元，同比增长 94.7%，净利润 370.5 亿元，同比增长 110.3%，营业额 3 110.2 亿元，同比增长 47.1%；总资产达 17618 亿元，同比增长 30.4%；现金余额 2 877 亿元，多项核心数据均创行业第一。

国家电网有限公司成立于 2002 年 12 月，是由中央直接管理的国有独资公司，是关系国民经济命脉和国家能源安全的特大型国有重点骨干企业。公司以投资建设运营电网为核心业务，承担着保障安全、经济、清洁、可持续电力供应的基本使命。公司经营区域覆盖 26 个省（自治区、直辖市），覆盖国土面积的88%以上,供电服务人口超过11亿人。公司注册资本8295亿元,资产总额38 088.3亿元,稳健运营在菲律宾、巴西、葡萄牙、澳大利亚、意大利、希腊、中国香港等国家和地区的资产。公司连续14年获评中央企业业绩考核A级企业,2016～2018年蝉联《财富》世界500强第2位、中国500强企业第1位,是全球最大的公用事业企业。

7.3.2 样本企业的核心文化描述

1.海尔企业核心文化描述

海尔创业于1984年,成长在改革开放的时代浪潮中。30年来,海尔始终以创造用户价值为目标,一路创业创新,历经名牌战略、多元化发展战略、国际化战略、全球化品牌战略四个发展阶段,2012年进入第五个发展阶段——网络化战略阶段,目前已发展为全球知名白色家电品牌。海尔致力于为全球用户提供美好生活解决方案。海尔通过建立人单合一双赢的自主经营体模式,对内打造节点闭环的动态网状组织,对外构筑开放的平台,成为全球白电行业领先者和规则制定者,全流程用户体验驱动的虚实网融合领先者,创造互联网时代的全球化品牌。“海尔之道”即创新之道,其内涵是:打造产生一流人才的机制和平台,由此持续不断地为客户创造价值,进而形成人单合一的双赢文化。海尔以“没有成功的企业,只有时代的企业”的观念,致力于打造基业长青的百年企业,一个企业能走多远,取决于适合企业自己的价值观,这是企业战略落地、抵御诱惑的基石。海尔企业文化的核心价值理念如表7-1所示:

表7-1 海尔企业文化的核心价值理念

所属行业	企业使命与愿景	企业价值观
家电业	对用户来说,海尔的愿景和使命是要给用户提供整套的智慧生活解决方案;对企业来说,海尔的愿景是变成一个开放的平台、一个生态系统	“永远以用户为是,以自己为非”的是非观是海尔创造用户的动力。创业创新的“两创”精神是海尔文化不变的基因。人单合一双赢的利益观是海尔永续经营的保障

2. 格力电器企业核心文化描述

成立于 1991 年的珠海格力电器股份有限公司是目前全球最大的集研发、生产、销售、服务于一体的专业化空调企业。公司自 1991 年成立以来，秉持“创新”“核心技术”“精品”等经营理念以及“顾客的每一件小事都是格力的大事”的服务理念，紧紧围绕“专业化”的核心发展战略，以创新精神促进企业发展壮大，以“诚信、务实”的经营理念赢取市场和回报社会，使企业在竞争异常激烈的家电市场连续多年保持稳步健康发展取得了良好的经济效益和社会效益。格力企业文化的核心价值理念如表 7-2 所示：

表 7-2　格力电器企业文化的核心价值理念

所属行业	企业使命	企业愿景	企业价值观
家电业	弘扬工业精神，追求完美质量，提供专业服务，创造舒适环境	缔造全球领先的空调企业，成就格力百年的世界品牌	少说空话、多干实事，质量第一、顾客满意，忠诚友善、勤奋进取、诚信经营、多方共赢，爱岗敬业、开拓创新，遵纪守法、廉洁奉公

3. 美的企业核心文化描述

美的于 1968 年成立于中国广东，迄今已建立全球平台。美的坚守“为客户创造价值”的原则，致力于创造美好生活。美的专注于持续的技术革新，以提升产品及服务质量，令生活更舒适、更美好。美的始终坚持通过技术创新提升产品品质和服务，并以此贡献人类，提高人类生活质量，促进人类生活更舒适、更轻松、更美好；践行“为客户创造价值，为员工创造机会，为股东创造利润，为社会创造财富”的信念；致力于成为国内家电行业的领导者，跻身全球家电综合实力前三强，使“美的”成为全球知名的品牌；不断提升境界、放眼全球，以全球化经营的理念为指弓 I，瞄准国际领先企业，不断创新、深化改革、培养人才，打造具有全球优势的企业价值链。美的企业文化的核心价值理念如表 7-3 所示：

表 7-3 美的企业文化的核心价值理念

所属行业	企业使命	企业愿景	企业价值观
家电业	为人类创造美好生活	做世界的美的	开放:面向未来,胸怀宽广,承认差距,博采众长 大胆用人,诚信包容,积极学习,勇于尝试 和谐:目标一致,胸怀坦荡,真诚沟通,合作协同 有序竞争,互相促进,责任共担,利益共享 务实:抓住根本,理性决策,追求实效,稳健进取 作风踏实,不事张扬,信守承诺,勤勉工作 创新:发展科技,创新机制,自我否定,主动变革 永不满足,持续改进,追求卓越,不断成长

4.阿里巴巴企业核心文化描述

“让天下没有难做的生意”是阿里巴巴的企业使命。阿里巴巴将自身存在与发展的目的与理由,定位为帮助客户成功、追求客户成功、推动商业国际化发展。阿里巴巴认为成就了客户就等于成就了自己的事业,只有如此才能真正把产业做大,把企业做强,成就一番令世人瞩目的伟业。“建立一家持续发展 102 年的企业;成为世界十大网站之一;只要是商人就一定要用阿里巴巴”是阿里巴巴的三个奋斗目标。这三个奋斗目标浑然一体,相互联系,相互促进,形成了阿里巴巴的目标体系,体现了阿里巴巴集团追求企业的全面系统、可持续发展以及世界名牌、行业典范、国际导航的思想。

阿里巴巴的六个核心价值观围绕着企业使命与企业目标展开,是支配企业一切行为的指南,更是企业文化基因的重要组成部分。“客户第一,关注客户的关注点,为客户提供建议和资讯,帮助客户成长。”“团队合作,共享共担,以小我完成大我。”“拥抱变化,突破自我,迎接变化。”“诚信,诚实正直,信守承诺。”“激情,永不言弃,乐观向上。”“敬业,以专业的态度和平常的心态做非凡的事情。”阿里巴巴的企业价值体系,既全面又各有侧重,全方位地反映了阿里巴巴的市场导向的意识、客户服务的意识、团队合作的意识、创新求变的意识、坚守诚信的原则、激情创业的精神及端正态度的诉求。阿里巴巴以这样的价值取向，衡量企业应该做什么或不应该做什么，规范企业管理和员工行为，不但符合了时代进步和企业发展的需要，而且满足了员工发展的要求，有机地促使企业文化与企业发展、员工发展保持和谐统一。阿里巴巴企业文化的核心价值理念如表 7-4 所示：

表 7-4　阿里巴巴企业文化的核心价值理念

所属行业	企业使命	企业愿景	企业价值观
IT	让天下没有难做的生意	建立一家持续发展 102 年的企业；成为世界十大网站之一；只要是商人就一定要用阿里巴巴	客户第一，团队合作，拥抱变化，诚信，激情，敬业

5.腾讯企业核心文化描述

腾讯公司成立于 1998 年 11 月，是目前中国最大的互联网综合服务提供商之一，也是中国服务用户最多的互联网企业之一。成立十多年以来，腾讯一直秉承一切以用户价值为依归的经营理念，始终处于稳健、高速发展的状态。腾讯有着非常完善的企业文化。腾讯的愿景：最受尊敬的互联网企业。腾讯的使命：通过互联网服务提升人类生活品质。腾讯的企业精神：锐意进取，追求卓越。腾讯的价值观：正直，尽责，合作，创新。腾讯的经营理念：一切以用户价值为依归，发展安全健康活跃平台。腾讯的管理理念：关心员工成长、强化执行能力、追求高效和谐、平衡激励约束。腾讯企业文化的核心价值理念如表 7-5 所示：

表 7-5　腾讯企业文化的核心价值理念

所属行业	企业使命	企业愿景	企业价值观
IT	通过互联网服务提升人类生活品质	做最受尊敬的互联网企业	一切以用户价值为依归，发展安全健康活跃平台；关心员工成长、强化执行能力、追求高效和谐、平衡激励约束

6.比亚迪企业核心文化描述

比亚迪坚持以人为本的人力资源方针，尊重人，培养人，善待人，为员工建立一个公平、公正、公开的工作和发展环境。比亚迪将责任感强、勤奋务实的员工视为公司最重要的资源和第一财富。尊重个性、激发潜能，为员工提供发展平台。公司鼓励员工团体习作，互相帮助、互相学习。公司致力于帮助员工实现个人提升与发展，为员工的职业生涯发展铺就绿色通道，引导员工实现个人职业生涯规划，鼓励员工在个人生活和职业生涯之间平衡发展。公司为员工提供多种形式的培训机会，促进员工主动学习业务知识与技能，提高自身的工作能力。

从无到有是创新，排列组合也是创新。对一个公司而言，创新不仅仅是技术，也不仅仅是制度，更重要的是观念的创新，而创新的精神核心往往就是“否定与批判”。所谓“不破不立”，环境不断变化，市场不断变化，敢于否定陈俗，敢于否定自己，不能不说是一种超越。比亚迪的创新主要是体现在技术创新上。比亚迪始终坚持“技术为王、创新为本”的科技发展理念，把掌握核心技术作为创新的基石。回顾比亚迪的发展，企业从无到有，从小到大，从弱到强，靠的就是掌握核心技术。比亚迪对技术创新的投入非常大，相对也取得了很好的成绩，不仅在专利总数上遥遥领先，还十分注重申请专利的质量。比亚迪企业文化的核心价值理念如表7-6所示：

表7-6　比亚迪公司企业文化的核心价值理念

所属行业	企业使命	企业愿景	企业价值观
汽车	打造民族的世界级汽车品牌	造世界水平的好车	核心文化：平等、务实、激情、创新 经营理念：科技创新、成就梦想 发展理念：技术为王、创新为本 价值观：以人为本、环境保护、社会责任

7.贵州茅台企业核心文化描述

贵州茅台始终以“酿造高品位的生活”为企业使命，以“健康永远，茅台永恒”为企业愿景，秉持“以人为本，以质求存，恪守诚信，继承创新”的核心价值观，不断升华企业文化内核。在企业发展过程中，不断培养企业品质、品牌、工艺、环境以及文化等企业核心竞争力，重视以才兴企、人企共进的人才理念，强调崇本守道、坚守工艺、贮足陈酿、不卖新酒的产品质量观以及以行动换取心动、超值体现价值的服务理念等。贵州茅台以其特有的企业文化、历史、品质、地位和价值，显示出企业强大深厚的生命力和鲜明厚重的企业形象。贵州茅台企业文化的核心价值理念如表 7-7 所示：

表 7-7　贵州茅台企业文化的核心价值理念

所属行业	企业使命	企业愿景	企业价值观
酒行业	酿造高品位的生活	健康永远，茅台永恒	以人为本，以质求存，恪守诚信，继承创新

8. 海底捞企业核心文化描述

海底捞火锅能成功除了它的营销方式、商业模式及公司领导者的智慧外，它的企业文化对公司的影响也是不可忽视的。海底捞的企业文化是海底捞全体员工在长期工作和生活中培育、积淀形成的一种氛围，是能反映海底捞人特征的做法、习惯、观念、意识等的总称。海底捞的经营理念里，对待服务要热情、细致、耐心、周到，把顾客的每件小事都当成自己的大事来完成。海底捞通过有效的授权和放权来激发员工的自豪感和凝聚力。区域经理以及普通员工的自主决定权及时避免了顾客抱怨。海底捞设置了管理、技术和后勤三个晋升体系，让员工有充分的发展空间。更加重要的是，其管理者和重要岗位人员都必须从底层做起，从为客户直接服务做起。这一切行为都是出于海底捞的企业理念“一切以顾客的意愿需求为中心”。海底捞人也有自己的特征即朴实、勤奋、积极、自信、厚道、阳光、真诚、激情等。企业倡导成为一名海底捞人应该具有传统美德、孝敬父母、忠于爱情、爱护员工、知恩图报等精神品德。海底捞企业文化的核心价值理念如表 7-8 所示：

表 7-8 海底捞企业文化的核心价值理念

所属行业	企业使命和愿景	企业价值观
餐饮业	致力于让更多人在餐桌敞开心扉，吃得开心，打造全球年轻人都喜爱能够参与的餐桌社交文化	用心创造差异化、把员工当家人、优先培养人才、追求顾客和员工满意度

9.恒大企业核心文化描述

恒大集团成立于1997年，是一家以民生住宅产业为主，集商业、酒店、体育及文化产业为一体的特大型企业集团。恒大集团自创立以来，始终坚持民生为本的发展理念，为给老百姓创造美好生活不懈努力。集团始终秉持“质量树品牌，诚信立伟业”的企业宗旨，形成了“艰苦创业，无私奉献，努力拼搏，开拓进取”的企业精神和“精心策划，狠抓落实，办事高效”的企业作风，滚动开发，高效运作。在20多年的发展历程中，集团先后制定实施八个“三年计划”，经历了“规模取胜”战略阶段、“规模＋品牌”战略过渡阶段和“规模＋品牌”标准化运营战略阶段，通过科学前瞻的战略规划，以及围绕战略的高效执行，推动着企业的高速发展。恒大集团企业文化的核心价值理念如表7-9所示：

表 7-9 恒大集团企业文化的核心价值理念

所属行业	企业使命和愿景	企业价值观
房地产业	坚持民生为本的发展理念，为给老百姓创造美好生活不懈努力	企业宗旨：质量树品牌，诚信立伟业 企业精神：艰苦创业，无私奉献，努力拼搏，开拓进取 企业作风：精心策划，狠抓落实，办事高效

10.国家电网企业核心文化描述

国家电网有限公司成立于2002年，公司以投资建设运营电网为核心业务，承担着保障安全、经济、清洁、可持续电力供应的基本使命。国家电网有限公司坚持树立“以客户为中心，专业专注，持续改善”的核心价值观，把以客户为中心的理念贯穿于公司生产经营全过程，以市场需求为导向，大力弘扬工匠精神、专业精神，不断提升专业能力和水平，以钉钉子精神做好每一项工作。公司始终保持强烈的事业心、使命感，向着世界一流水平持续奋进，敢为人先、勇当排头，不断超越过去、超越自我、超越他人，坚持不懈地向更高质量发展、向更高目标迈进，精益求精，臻于至善。国家电网企业文化核心价值理念如表 7-10 所示：

表 7-10　国家电网有限公司企业文化的核心价值理念

所属行业	企业使命和愿景	企业价值观
能源行业	推动再电气化，构建能源互联网，以清洁和绿色方式满足电力需求。	企业宗旨：人民电业为人民 业核心价值观：以客户为中心，专业专注，持续改善 企业精神：努力超越，追求卓越

7.3.3　样本企业的文化特征分析

1. 评价模型——丹尼森模型简介

“丹尼森组织文化模型”是由瑞士洛桑国际管理学院(IMD)的著名教授丹尼尔·丹尼森(Daniel Denison)创建的。该模型从组织的外部适应性、内部整合性、稳定性、灵活性四个方面两两对应进行研究，被公认为衡量组织文化最有效、最实用的测评模型之一。丹尼尔森在对 1500 多家公司进行研究后，从外部适应性、内部整合性、稳定性、灵活性四个方面总结出了组织文化的四个特征：(1)参与性(involvement)：涉及员工的工作能力、主人翁精神和责任感的培养。公司在这一文化特征上的表现，反映了公司对培养员工、与员工进行沟通以及使员工参与并承担工作的重视程度。(2)一致性(consistency)：用以衡量公司是否拥有一个强大且富有凝聚力的内部文化。(3)适应性(adaptability)：主要是指公司对外部环境(包括客户和市场)中的各种信号迅速做出反应的能力。(4)使命(mission):这一文化特征有助于判断公司是一味注重眼前利益,还是着眼于制定系统的战略行动计划。成功的公司往往目标明确,志向远大。

我们根据研究需要,对丹尼森组织文化模型进行修正,将参与性、一致性、适应性、使命四个特征分为对内和对外两个维度,即内部员工参与性、外部顾客参与性、内部行为一致性、外部形象一致性、内部适应性、外部环境适应性、内在使命、外部社会使命,可以比较准确地确定高成长性企业的文化类型与明显特征。如图 7-1 所示:

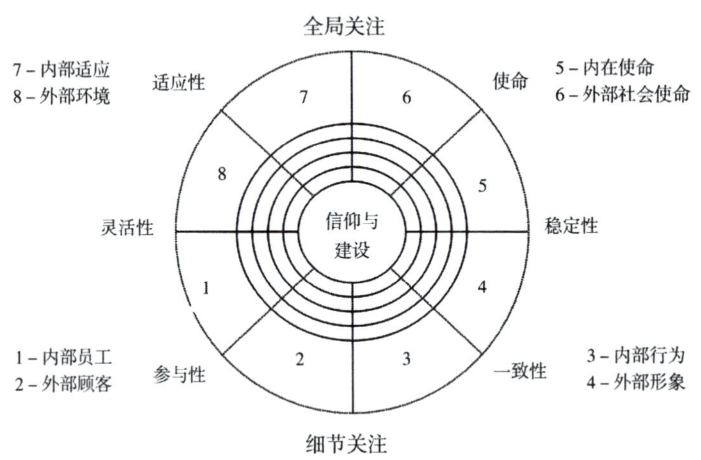

图 7-1　丹尼森组织文化修正模型

在模型中,适应性与参与性强调的是 组织的灵活性和变革欲望与能力。而使命和一致性则强调组织保持可预测性与稳定性的能力,两者构成了一对矛盾主体。而适应性与使命强调的是一个组织的宏观控制和适应能力,参与性与一致性强调的是一个组织微观的执行能力,这又构成了组织文化建设中的一对矛盾主体。两对矛盾主体,也是一个组织在文化建设中所要平衡和解决的主要冲突,对于这两对矛盾的解决,也决定了一个组织文化建设的成败。

2.企业文化特征分析

丹尼森关于企业文化的四个特征，每一个特征中还包含三个指标，在测量企业文化时可以通过问卷、访谈进行测量。为了简化程序，仅从四个维度对样本企业的某些主要文化特征作简要分析。

1)海尔企业文化特征分析

(1)使命。海尔的使命是：创中国的世界品牌，为民族争光。在这种使命的引导下，海尔已走出国门，走向世界，成为我国家电业乃至中国企业的一面旗帜。同时，“真诚到永远”这句口号高度概括了海尔的使命，将对顾客的承诺和企业愿景紧密地结合在一起，对内对外，都担负起了企业应付的社会责任。

(2)一致性。海尔文化的内部一致性与外部一致性都很明显。海尔集团 CEO 张瑞敏的企业家精神与意识对海尔的企业文化影响举足轻重的，并且得到了企业员工的广泛认同。海尔的“真诚到永远”，帮助客户成功，已经深入人心，并且，极力地参与推动公共事业的发展，在公众树立了良好的企业形象与品牌形象。

(3)参与性。对内，海尔的参与性体现在“人人是人才，赛马不相马”，海尔提出你能够翻多大跟头，给你搭建多大舞台。企业坚信现在缺的不是人才，而是出人才的机制，管理者的责任就是要通过搭建“赛马场”为每个员工营造创新的空间，使每个员工成为自主经营的战略事业单位(Strategical Busmess Unite)。赛马机制具体而言，包含三个原则：一是公平竞争，任人唯贤；二是职适其能，人尽其才；三是合理流动，动态管理。在用工制度上，实行一套优秀员工、合格员工、适用员工三工并存，动态转换的机制。在干部制度上，海尔对中层干部分类考核，每一位干部的职位都不是固定的，届满轮换。海尔人力资源开发和管理的要义是，充分发挥每个人的潜在能力，让每个人每天都能感到来自企业内部和市场的竞争压力，又能够将压力转换成竞争的动力，这就是企业持续发展的秘诀。对外，海尔提出“星际服务”，宗旨是用户永远是对的，即用户就是衣食父母，只要能够不断给用户提供最满意的产品和服务，用户就会给企业带来最好的效益。

(4)适应性。海尔以创新作为企业的根本,根据企业面临的外部环境变化,迅速做出反应,根据企业的总体规划,提出发展战略创新的五个阶段。

名牌战略阶段(1984—1991年):只干冰箱一个产品,探索并积累了企业管理的经验,为今后的发展奠定了坚实的基础,总结出一套可移植的管理模式。

多元化战略阶段(1992? 1998年):从一个产品向多个产品发展,从白色家电进入黑色家电领域,以"吃休克鱼"的方式进行资本运营,以无形资产盘活有形资产,在最短的时间里以最低的成本把规模做大,把企业做强。海尔集团的创业过程是一个典型的兼并之路,总共兼并了18家家电生产企业,比如广东顺德洗衣机厂、莱阳电熨斗厂。在发展过程中,海尔集团坚持把用户感受放在第一位,驱动企业长期健康发展。

国际化战略阶段(1998—2005年):产品批量销往全球主要经济区域市场,有自己的海外经销商网络与售后服务网络,海尔品牌已经有了一定知名度、信誉度与美誉度。在企业实现国际化发展的时候,海尔在思考自身品牌与世界名牌之间的差距。2005年,海尔集团提出了"人单合一双赢"模式,这在互联网时代具有划时代意义。同时海尔还创办了海尔大学,对企业的高层管理人员、各部门经理进行经典管理教程的培训,如企业文化管理,海尔OEC管理,海尔的人力资源,市场营销管理等,体现了海尔较强的学习能力。

全球化战略阶段(2005? 2012年):海尔集团意识到全球化和国际化发展的根本区别在于本土化,倘若一味地"走出去",不断推广自己的产品,倒不如去迎合当地市场的需求和特点。2012年,海尔集团实施海外兼并之路,收购了日本、东南亚的洗衣机冰箱业务,值得一提的是在收购的过程中成功地解决了跨国文化融合问题。

网络化战略阶段(2012? 2019年):2016年,海尔的战略方向是以诚信为核心竞争力,以社群为基本单元,建立后电商时代的共创共赢新平台。2016年1月15日,海尔与GE签署战略合作,成为了海尔全球化进程的又一个里程碑,通过与GE的合作,青岛海尔整合通用电气家电业务,形成了新的战略联盟。随着"走出去"战略的逐步实行,海尔成为全球大型家用电器的佼佼者。

2)格力企业文化特征分析

(1)使命。格力致力于给消费者以精品和满意,给创业者以机会和发展,给投资者以业绩和回报。在对待消费者方面始终把服务贯穿于企业整个生产经营活动之中,强调售前、售中、售后三服务。售前服务:在产品设计、制造过程,控制好设计、制造质量,制造出“精品”,不拿消费者当试验品。售中服务:正确宣传、引导顾客,让顾客做出正确的购买决策;制定一套严格的管理制度,将责任和义务细化,加强监督,保证各级经销商和特约维修点能配合企业做好销售和安装工作。售后服务:用真诚、一流的服务态度,消除顾客的不满意,让顾客买得称心、用得放心,使顾客成为忠诚的顾客。

格力在 1999 年,2000 年的“800 万”“1000 万”用户大回访活动,负责为顾客提供空调保养服务,向顾客介绍空调使用、保养和维护方面的常识,向用户派发服务监督卡,向用户收集意见和建议。并且开膛剖腹地将空调解剖拆散零部件给消费者看,让消费者真正体验货真价实的优质格力空调。

(2)一致性。一致性充分体现企业对员工的要求。作为一名格力人,首先必须对公司忠诚,对企业忠诚,对消费者忠诚。以友善和真诚对待所有人,对待每一位员工、每一位消费者。鼓励员工勤奋学习,勤奋工作,以不断进取的精神,在观念、技术、管理、质量、营销、服务等方面大胆创新,保持和拓展格力空调日新月异、精益求精的核心竞争能力。公司各种管理制度的推出,强调科学化、合理化,并随着企业的时间和环境的变化而不断地修订和完善,从而形成公司自我否定、自我完善的文化气氛。内部网络化的建立,大大提高了各种信息的共享程度,从而使工作效率、工作质量得到显著提高。在弘扬格力企业文化、增强企业凝聚力方面,格力电器做了很多扎扎实实、富有成效的工作,员工都以成为一名格力电器的员工而感到骄傲和自豪。公司善待员工,员工也把格力电器当作是自己的家。格力每一位员工在企业文化的熏陶下,在企业精神的激励下,充分发挥其工作的积极性、主动性、创造性和工作潜能,为企业服务,为社会服务。

(3)参与性。格力坚信员工的每一件小事都是格力的大事,秉承“以人为本”的理念，致力于建设一套科学的人力资源开发和管理机制，激发员工努力工作、自身发展，发挥员工的最大潜能；创建了一支高效率、高素质，具有团队精神和较强竞争力与国际接轨的员工队伍。“以人为本”，这是格力对员工的承诺，作为一名格力员工，可以享受公平竞争的机会，企业为每一位员工营造了一个良好的工作身心环境，一个不断学习、成长的机会。企业进行中层干部的公开招聘，给每一位员工提升晋级的机会。高成长性企业之间的竞争就是人才之间的竞争，格力非常重视科技人员，为他们提供施展个人才华的通道。为了加强员工的凝聚力，调节员工身心，每年都举办丰富多彩的文化生活，自从 1994 年以来每年组织员工进行淡季旅游。格力经常性地开展各种各样的员工培训学习和再教育，使员工与企业同步、高速成长。

(4)适应性。2009 年，格力在近 200 家试点企业中，凭借对技术创新的不懈追求成为家电行业唯一入选的企业，被授予“国家创新性企业”称号。格力自成立以来，始终坚信“创新是企业的灵魂”“创新永无止境”，致力于技术创新，把掌握核心技术作为企业立足之本。埋头专注于空调核心技术的研发工作。格力电器拥有全球最大的空调研发中心，成立了制冷技术研究院、家电技术研究院、机电技术研究院三个专门从事基础性技术研究的研发机构和近 300 座国际一流的实验室，组建了一支拥有 2000 多名优秀技术人才的精锐团队，拥有国内外专利技术近 2000 项，是家电行业获得专利最多，周期最短的企业。

3)美的企业文化特征分析

(1)使命。美的自成立以来，一直秉持企业发展使命，为人类创造美好生活，为客户创造价值、为员工创造机会、为股东创造利润、为社会创造财富。努力为客户创造价值，提高品质，因为客户是企业的衣食父母，只有客户的关怀和呵护，企业才能发展壮大。为员工提供就业机会，营造劳动的乐园，因为员工是财富，员工进步，企业才有进步。为社会发展慈善事业，因为社会是企业成长的源泉，企业应该饮水思源，倡导慈善，回报社会。为股东带来丰厚回报，股东是企业坚强的后盾，丰厚股东的回报是经营者义不容辞的责任。

(2)一致性。美的的每一次创新、每一次变化都是在向企业目标和对手靠近与超越的具体行动。对于企业来说，不断推出新产品，高度重视技术研发与改进是其创新的中轴线。集团发动全员参与，提升产品质量和核心技术。在企业内部，部门与部门之间，研发团队与研发团队之间互相协作，互相信任，共创共享。企业指导员工，要做到恪尽职守、敢于承担敬业精神，鼓励员工永不满足、精益求精，同时要注重服从大局、协同合作的写作精神。

(3)适应性。美的始终坚持"和谐发展、科学发展、有效发展、协调发展"的发展理念，注重"尊重事实与数据、从贤不从众、民主决策、权威管理"的决策原则，在资源配置方面，强调集中配置于关键点或战略生长点，认为优质资源首先要配置到最能产生机会的地方，资源使用注意成本意识、效率意识等。在利益相关者方面，股东与经营层之间注重契约经营与利益共享，企业与员工之间注重互动双赢与共同成长，企业与合作伙伴之间注重互利互惠与携手前进，企业与社会之间注重恪守商道与责任承担等。正是这种建立在互惠、互利基础上的合作关系，让企业内外部产生较强的信任感，配合融洽。

(4)参与性。美的的企业文化中的"合作协同，共担责任"的和谐精神以及"追求实效，不事张扬"的务实精神，都很好地诠释了美的对团队合作的重视，清晰的传递了美的企业文化的核心诉求。美的在企业文化中倡导员工能够积极主动地挑战压力，学会有效沟通、换位思考以及彼此尊重等。为了广罗人才，企业出台了一系列互相衔接的人才激励机制，加快内部人才的培养和外部人才的引进，人才引得进、留得住、用得起。美的逐渐将作为企业灵魂的企业文化提升到战略的高度来看待，使企业文化更加系统化。

4)阿里巴巴企业文化特征分析

(1)使命。阿里巴巴的使命是，让天下没有难做的生意。阿里巴巴把自身存在与发展的目的与理由，定位为帮助客户成功、追求客户成功、推动商业国际化发展。阿里巴巴的使命主要是体现企业的社会责任方面，虽然没有明确的指出本企业的对内使命，但是仍然体现了阿里巴巴的业务为辅助客户，帮助客户成功。

(2)一致性。阿里巴巴文化的内部一致性与外部一致性都很明显。阿里巴巴董事长马云的企业家精神与意识对阿里巴巴的企业文化影响举足轻重的，并且得到了企业员工的广泛认同。阿里巴巴的“让天下没有难做的生意”，帮助客户成功，已经深入人心，在公众树立了良好的企业形象与品牌形象。

(3)参与性。阿里巴巴的企业文化中突出地体现了参与性。“团队合作”“诚信”“敬业”等都体现了阿里巴巴的人本管理。阿里巴巴的“六脉神剑”中有三点提到了员工的人文管理。“六脉神剑”的第一点就是，客户第一，关注客户的关注点，为客户提供建议和资讯，帮助客户成长，充分体现了阿里巴巴对客户的重视，也体现了阿里巴巴的顾客价值文化。

(4)适应性。“拥抱变化，突破自我，迎接变化”，是阿里巴巴提出的对待市场环境日益变化的理性态度，在变化中自我调整，同时也蕴含了创新的成分于企业文化中。阿里巴巴的企业文化还提出，面对变化，全体员工都要积极面对，乐观向上，具有前瞻意识，建立新方法、新思路。可见，阿里巴巴的文化中，内部适应性与外部适应性具有突出表现。

5)腾讯企业文化特征分析

(1)使命。腾讯的使命为“通过互联网服务提升人类生活品质”。腾讯在这一使命的激励下，始终以高品质的内容、人性化的方式，向用户提供可靠、丰富的互联网产品和服务；而且腾讯的产品和服务像水和电一样源源不断融入人们的生活，丰富人们的精神世界和物质世界；同时腾讯还持续关注并积极探索新的用户需求、提供创新的业务来持续提高用户的生活品质；腾讯通过互联网的服务，让人们的生活更便捷和丰富，从而促进社会的和谐进步。腾讯用实际行动践行了自己的使命。腾讯将以长远的眼光、诚信负责的操守、共同成长的理念，发展公司的事业。与公司相关利益共同体和谐发展，以受到用户、员工、股东、合作伙伴和社会的尊敬为自身的自豪和追求。2005 年 7 月 19 日，第三届“中国大学生最佳雇主”年度评选结果正式揭晓，腾讯公司凭借其独具特色的企业文化、强大的品牌号召力以及规范的管理和人才培养机制，成为唯一一家入选此项殊荣的互联网企业。

(2)一致性。不可否认，马化腾对腾讯的发展壮大起着举足轻重的作用。马化腾总是站在中立的态度看问题，同时还能尊重他人的意见，他认真执 着，学习力惊人，同时尤其肯去倾听不同人的不同观点，不会很主观臆断地去下结论。马化腾是个崇尚共享、自由精神的人，与其他创业者不同的是他绝不会单纯强调“我”的价值，他从心底里知道团队的意义。腾讯的几个创始人都曾在深圳电信、网络界有多年的从业经验，几乎是深圳第一批搞互联网的人，这无疑可以在技术和业务层面为腾讯提供很多帮助。“创业不是说着玩的事，腾讯也并非一帆风顺。一开始，我们的服务器都无处托管，创建一家公司可比写软件复杂多了。”

这种企业家精神在腾讯的企业文化中也得到了体现。腾讯的价值观是“正直，尽责，合作，创新”，做人德为先，正直是根本，保持公正、正义、诚实、坦诚、守信，有强烈的责任意识，有杰出的肩负责任的能力，有勇于承担责任的品格。所有这些使腾讯在内部建立起强大且富有凝聚力的内部文化，并且使每个员工都能够站在一定的高度理解公司的企业文化，塑造了企业的企业家精神，从而塑造了公司良好的形象。

(3)参与性。对内，腾讯始终关心企业员工的成长，重视员工的兴趣和专长，以良好的工作条件、完善的员工培训计划、职业生涯通道设计促进员工个人职业发展；重视企业文化管理，以健康简单的人际关系、严肃活泼的工作气氛、畅快透明的沟通方式，促进员工满意度的不断提高，使员工保持与企业同步成长的快乐；激发员工潜能，追求个人与公司共同成长。作为个人要有先付出的意识，甘于为团队奉献智慧和勤奋，以优秀的团队成就个人的优秀。

对外，腾讯一切以用户价值为依归。坚持“用户第一”理念，为用户创造价值、维护用户正当利益是经营的第一要务；保持对用户需求的敏感，重视用户的消费体验，服务水平适当超出用户的期望；注重培育用户的满意度和忠诚度，不断提高与用户沟通的服务水平；以用户价值的最大化创造公司价值的最大化。

(4)适应性。腾讯把“创新”写在了公司的价值观中,认为创新不仅是一种卓越的工作方法,也是一种卓越的人生信念。腾讯人在方式、方法、内容上,时时寻求更好的解决方案,精益求精,谋求更好的成果水平;不断激发个人创意,完善创新机制,以全面的技术创新、管理创新、经营模式创新,推动公司的不断成长。

腾讯的企业精神是“锐意进取,追求卓越”。腾讯人勇于变革,善于变革,以变革求生存、求发展,同时注意培养提高学习能力,善于学习,持续学习。正是有腾讯人这种不服输、善学习的精神,才使得腾讯在市场竞争中不断取胜,在反省中超越自我,在学习中超越平庸、不断进步。

腾讯在企业内部形成了一种有利于企业员工发挥创造性的创新氛围,并逐步形成了倡导创新意识,运用创新思维,精通创新之道,敢于创新竞争,鼓励尝试风险的企业文化环境。这种良好的企业文化氛围最终成就了腾讯终极竞争力。

6)比亚迪企业文化特征分析

(1)使命。比亚迪的企业文化在使命这个角度表现非常明显,比亚迪的使命分为对内使命和对外使命两个层次。对外比亚迪致力于社会责任和环境保护,比亚迪以产业报国,努力将公司升华为社会的企业,得益于社会并回报于社会,争取增强国力和共同致富,并且永远致力于环境保护和可持续发展战略。对内立足高新科技,发展 IT 行业零部件制造技术,并发挥优势拓展汽车品牌产品和核心的汽车零部件制造技术,致力于成为中国乃至世界一流的、专业的 IT 精密零部件和汽车整车与零部件制造商。这充分显示了比亚迪的成长发展的目标。

(2)一致性。比亚迪在一致性方面主要体现内部一致性,外部一致性不是很明显,比亚迪注重内部员工团结,鼓励团体协作,并且团结、严谨、活泼、发的人文精神铸就比亚迪独具魅力的企业文化,提升了员工对企业认同感,增强了企业凝聚力。

(3)参与性。比亚迪实行人本管理,鼓励员工参与,立足员工个人发展,为员工提供优美的工作和生活环境,坚持以科学化、人性化管理为员工搭建良好的个人发展平台。公司为员工提供多种形式的培训机会，员工主动学习业务知识与技能，提高自身的工作能力。这些都体现比亚迪文化的内部参与性。比亚迪追求顾客至上，一流服务。该公司以顾客为中心，提高顾客参与度，实现顾客价值，体现外部参与性。

(4)适应性。平等、务实、激情、创新是比亚迪企业文化的最核心内容。其中创新使得比亚迪能够不断适应内外界环境的变化，比亚迪重视环境的变化，把握时代的需要，从原来的电池到现在的绿色汽车无一不体现着比亚迪的创造力。比亚迪的文化中也提到了企业内部的学习，这些都成为比亚迪内外部适应性的核心内容。

7)贵州茅台企业文化特征分析

(1)使命。茅台集团在发展生产、追求成长过程中，始终秉承以德为先，对国家、对社会、对伙伴至诚至信。致远即茅台人志存高远，着力实现贵州茅台的基业长青。不断培育“爱我茅台，为国争光”的企业精神，爱我茅台意味着员工要以忠诚、敬业、奉献、卓越来要求自己，为国争光则要求将茅台事业做大、做强、做久、做美，为国家、为社会创造价值。结合企业品牌优势，精心提炼、严肃确立、努力践行“以质求存，以人为本，恪守诚信，团结拼搏，继承创新”为核心价值观和“酿造高品位生活”的经营理念，“以顾客求生存，以质量求发展，以创新求完美”为质量方针的企业文化，真正构筑成茅台集团核心竞争力。依靠持续创新谋求企业长期发展，通过观念创新、制度创新、产品创新、技术创新、营销创新、管理创新、文化创新，不断推动企业从优秀走卓越。

(2)一致性。人才是茅台最宝贵的资源和财富，是企业发展的动力源泉；企业有发展，个人有前途，茅台与员工的进步互为动力。茅台领导者的务本，就是致力于实现茅台使命和愿景，坚守茅台核心价值理念，坚守领导者肩负的责任。兴业就是振兴茅台事业，创造最佳业绩。正德就是端正自己和他人的德行。领导者的权威源于人格魅力。领导者必须谦虚谨慎，清正廉洁，公平公正，在团队、企业及公众中建立良好的个人形象，在制度和规则面前率先垂范，并带动员工共同执行。树人就是培育人才。

(3)参与性。如今的茅台集团没有因过往的光荣而自满,而是以更加饱满的热情和民族责任感建设企业文化,全体员工始终坚持"以质生存,以人为本,继承创新,捍卫国酒地位,博取行业第一"的企业宗旨,坚持"以质量求生存,创新求发展,竭力追求完美"的经营宗旨,坚持"走新型工业化道路,做好酒的文章,走出酒的天地"的发展方向和"铸造一流企业"的愿景,把自己信奉的"立足茅台,奉献社会,成就自我,完美人生"的价值理念付诸实际行动。

(4)适应性。贵州茅台坚持实行民主决策,充分发挥集体智慧,严格依照程序进行决策;以事实为依据,尊重科学,尊重规律。日常决策要讲求速度,适当授权,明确决策范围和决策责任。决策一旦确定,均应步调一致,果断执行。企业在发展过程中,积极借助内部和外部各种智力资源,科学分析,理性论证;必须统筹母公司与子公司的共同发展;统筹酱香型白酒与其他香型白酒、茅台酒与系列酒的平衡发展;追求低投入、高产出,确保可持续发展;必须统筹企业与利益相关方的和谐发展,实现共赢。

8)海底捞企业文化特征分析

(1)使命。海底捞成立于1994年,公司从最初的麻辣烫小摊,到全国知名的餐饮连锁,董事长张勇付出了巨大的努力。在海底捞企业文化里,交流是人与人之间传递的刚需,而来自中国的火锅是天生的社交餐饮。海底捞致力于让更多人在餐桌敞开心扉,吃得开心,打造全球年轻人都喜爱能够参与的餐桌社交文化,始终秉承"服务至上、顾客至上"的理念,为顾客提供"贴心、温心、舒心"的服务,为员工创建公平公正的工作环境,实施人性化和亲情化的管理模式,提升员工价值,创造客户价值。

(2)一致性。海底捞富有特色的企业文化,营造温暖的家文化,给予员工平等的尊重,带给顾客五星级的服务,使得海底捞成为餐饮连锁的一个奇迹。给予员工充分的自主性和信任能使员工产生"企业主人翁"的自豪感,因此对这个"大家庭"的归属感会更加强烈。授权是对员工的尊重,尊重员工才能实现员工价值,最终才能创造客户价值。

(3)参与性。截至2017年底,海底捞已经在中国内地、香港、台湾等100

多个城市以及新加坡、美国、澳洲、韩国、日本等国家经营300多家直营门店，拥有超过5万多名员工。海底捞能成功除了它的商业模式及公司领导者的智慧，更有它的企业文化对公司的影响。企业文化是一个公司的灵魂、前进方向、员工动力，它激励着员工努力、忘我地在一线奋斗，它能让整个公司的运行自然顺畅。海底捞对人力资源部分很谨慎很有规划。一方面，是海底捞的激励机制。领导随时保持和员工在一起的状态，一旦发现员工有做得好的地方就会进行激励。另一方面，充分信任合理授权。海底捞通过有效的授权和放权来激发员工的自豪感和凝聚力。上至区域经理有百万以上的自主权，下至普通员工能够根据实际情况做出判断，自主决定是不是可以给客人免费送一些小菜等，这些措施都促进了员工的参与性。

(4)适应性。海底捞的“变态”服务备受称赞，在海底捞等餐的时候，能够享受免费水果、免费茶水、免费美甲、免费上网、免费玩牌等服务。海底捞菜品丰富，价钱公道，分量足，还能点半份菜，没吃没动的还可以退菜。海底捞就是敢于突破常规，为客户创造价值。出去吃饭等位的现象很常见，但大都是干等，海底捞却把等待变成了一种享受，把等待变成了一件容易的事，留住了更多的顾客。2017年海底捞的老鼠事件引起了社会的广泛关注，在老鼠事件刚刚爆发4小时水海底捞就迅速做出了反应。当然可以说这是危机公关的成功，但这其实更是企业文化的成功。大众都以为会看到海底捞公关的各种解释，但是等来的只有公关的道歉以及坦诚，这令大众措手不及，无一例外地选择原谅海底捞。很少见到一家大众型公司能如此迅速、坦诚地做出反应。如果海底捞上层骨子里没有对公众负责的价值观，如果不是企业家和决策团队真心相信的东西，企业就不能够顺利渡过危机。

9)恒大企业文化特征分析

(1)使命。恒大始终秉持“质量树品牌，诚信立伟业”的宗旨，在实现企业战略目标进程中，内铸精品，外塑形象，铸就国际品牌；坚持以诚信为核心，将诚信贯穿于经营管理、客户服务、沟通合作、发展共赢等每一个环节，打造“百年恒大”。20多年历经七次重大战略决策，形成了科学、前瞻、有效的发展模式，不断创造跨越式发展奇迹，为服务普通百姓和促进经济社会发展做出了贡献。

(2)一致性。恒大集团以全球化视野,通过理顺组织架构、制度化建设、监督制约机制、目标计划管理、企业文化建设等方面措施,逐步形成了具有恒大特色的紧密型集团化管理模式。在这种模式下,恒大通过标准化运营,打造出项目选择、规划设计、工程管理等七重标准化运营体系,实现"三个确保",即确保地区公司不走弯路、确保地区公司降低运营成本,确保集团精品战略坚定不移推行。同时,公司在管理上形成了目标计划管理、柔性管理等科学的管理体系以及"严格管理,奖罚分明"的管理机制,共同构建起科学完备的现代化管理体系。

(3)参与性。"团队一流"是恒大"三个一流"目标战略的保证。恒大重视团队建设,多渠道引进人才、高效机制培养人才、广阔平台晋升人才,为企业在激烈竞争中立于不败之地提供强有力的保障。在人才引进方面,恒大建立高标准、适度超前的人才引入机制,开辟校园招聘、社会招聘、海外引进等渠道,广纳贤才。在人才培训方面,恒大建立了全方位、系统化的培训体系,以文化融入为关键,以计划管理为核心,以在实战中提升员工能力水平为落脚点,培养了一批又一批努力拼搏、开拓进取的恒大人。在人才晋升方面,恒大的高速、多元化发展,为每一个恒大人提供了广阔的发展空间和晋升平台。员工的主观能动性得到了最大限度地发挥,内在潜力得到了最大程度地挖掘,公司内部也因此形成了良好的激励氛围。

(4)适应性。恒大自创立以来,主要历经三个发展阶段:

第一阶段:"规模取胜"战略阶段(1997－2004 年)。1997 年,恒大确立了"小面积、低价格"的发展模式,这是基于当时企业发展战略"规模取胜"而做出的决定,也是当时公司基于对目标市场及市场规模的分析、对目标市场内一般消费者负担能力的评估及可供使用的财务资源估计而制定的。而到 2004 年,公司开始同时开发十多个项目,公司的员工人数由 1997 年的不足 20 人升至 2000 多人。凭借初创阶段持续一致的努力,公司逐步跻身广州房地产十强企业、广东省房地产企业竞争力第一名、中国房地产十强企业及中国房地产品牌价值十强企业。

第二阶段:“规模+品牌”战略过渡阶段(2004－2007年)。2004年开始,由于中国房地产市场渐趋成熟,市场竞争日益激烈,恒大开始转变原来的企业发展战略,除了实现规模的飞跃,公司开始着重“规模+品牌”的同时发展,以确保持续发展。在规模扩充方面,公司跨越广东省,将地理版图扩充至其他战略性城市,使房地产组合的开发面积从几十万平方米大幅增加至几百万平方米,在此过程中,公司在同时管理全国多个项目方面取得了宝贵的经验。

第三阶段:“规模+品牌”标准化运营战略阶段(2007年之后)。自2007年起,恒大继续专注于发展“规模+品牌”战略,为了在全国有效实施这一策略,公司进一步利用标准化运营模式,推动其在国内的迅速拓展。

10)国家电网企业文化特征分析

(1)使命。作为国家能源战略布局的重要组成部分和能源产业链的重要环节,国家电网公司在中国能源的优化配置中扮演着重要角色。坚强的智能电网不仅是连接电源和用户的电力输送载体,更是具有网络市场功能的能源资源优化配置载体。国家电网有限公司把推动再电气化作为公司的战略任务,通过构建广域泛在、开放共享的能源互联网,促进清洁能源大规模开发利用,灵活满足用户各种用电需求,全面提高全社会电气化水平,让人民群众生活更美好。

(2)一致性。国家电网有限公司坚持集团化、节约化、标准化、精益化、数字化和国际化的战略方针。

集团化:坚持全公司一盘棋,发挥总部战略决策中心、资源配置中心、管理调控中心和电网调度中心的作用,深化总分部一体化、市县一体化,加强集团统一管控,优化组织架构,构建高效协同的发展格局,打造产业链优势,形成强大集团合力,实现整体价值最大化。

集约化:推进人财物等核心资源在更高水平上深度集约,坚持因地制宜、分类管控,推进科学集约、流程优化、合理授权,提高基层配置资源的灵活性和快速响应市场需求能力,最大限度发挥规模效应,防范经营风险。标准化:针对业务网络化、同质化的特点,完善覆盖各专业、全流程的统一技术标准和通用制度体系，强化标准和制度的执行、评价和考核，提升运营效率效益和管理规范化水平。

精益化：基于量化分析，发展上精准投入、注重产出，管理上创新方式、优化提升，流程上精简环节、提高效率，强化各层级、各业务科学管控、有机衔接，实施精准管理、精准作业、精准考核，提升发展质量和投入产出效率。

数字化：推进数字技术与企业生产经营深度融合，加强数据资产管理，综合运用“大云物移智”等先进信息通信技术和现代控制技术，深入挖掘大数据价值，保障数据和网络信息安全，发挥数据的基础资源作用和创新引擎作用，支撑管理变革和转型升级。

国际化：坚持人类命运共同体理念，落实中央“一带一路”建设部署，以电网互联互通、优质资产投资运营、国际产能合作为重点，统筹利用国内国际两个市场、两种资源，实行投资、建设、运营一体化和技术、标准、装备一体化，实现全产业链、全价值链走出去，坚持市场化经营、长期化经营、本地化经营，持续提升国际竞争力和影响力。

(3)参与性。发展是公司的第一要务，管理是公司发展的永恒主题，人才是公司发展的第一资源，近年来，公司遵循“服务发展，人才优先，以用为本，创新机制，高端引领，整体开发”指导方针，制定了《国家电网公司优秀人才管理手册》，建立四级、四类、四种称号人才选拔培养体系（其中四级人才分国家、公司、省公司、地市公司四个层级；四类人才分经营、管理、技术和技能四个类别；四种称号人才分科技领军人才、专业领军人才、优秀专家人才和优秀专家人才后备四种称号），明确人才逐级选拔培养原则，构建各级各类人才发展通道。

(4)适应性。国家电网有限公司主动适应电网向能源互联网发展的客观趋势，适应传统电网业务向综合能源服务等新业态、新模式扩展的客观趋势，打造具有全球领先的大电网安全控制能力、能源资源配置能力、自主创新能力、优质服务保障能力、“一带一路”开拓能力、企业可持续发展能力的世界一流能源互联网企业。

再电气化是与21世纪蓬勃兴起的能源生产和消费革命相适应的新电气

化进程。与传统能源生产和消费方式下的电气化相比，再电气化在能源生产侧体现为可再生能源特别是风能、太阳能等新能源的大规模开发利用；在能源消费侧体现为电能对终端化石能源的深度替代和全社会用电范围的广泛拓展。能源互联网代表电网发展的趋势和方向，是以坚强智能电网为核心、以新一代电力系统为基础、网络广泛互联、用户灵活参与、支撑可再生能源大规模开发利用和各种能源设施即插即用的智慧能源系统。

7.4 高成长性企业的文化竞争优势分析

7.4.1 企业文化对资源获取能力的作用

首先，高成长性企业的企业文化本身就是一种重要的无形资源。巴尼从经济学的角度对企业文化进行了讨论，并定义了企业文化影响企业绩效的条件。他提出文化成为持续竞争优势的来源必须满足三个条件，即具有价值性(Valuable)、稀缺性(Rare)、不可完全模仿性(Inimitable)，因此有学者把企业文化的这三个特性简称为“企业文化的VRI属性”。①企业文化的价值取决于它能否在企业获取竞争优势的过程中做出贡献，巴尼认为企业文化首先应该能够提高销售、降低成本、增加盈利以提高企业的价值。②企业文化的稀缺性的要求则反映了竞争的需要，如果企业间的文化呈现趋同性，企业就难以获得竞争优势。③巴尼认为企业文化的不可完全模仿性是企业持续竞争优势的最有效和最坚固的壁垒。因此，从另一个角度看，无法理解和复制自身文化是对其竞争优势的保护，远比制度保障更为有力。

其次，企业文化能增强企业的资源获取和配置能力，特别是对人力资源的整合能力。传统管理学把人单纯地理解为企业发展“工具”的理性人，或只追求物质需要的“经济人”。而人本文化把人看成是企业发展最为宝贵、最有潜力的资源，是具有多方面需要和发展能力，追求自我实现和全面发展的“复杂人”“文化人”；把人的积极性看成是企业发展的主要推动力量，致力于开发人力资源，把尊重人性，为人的自我实现和人性完美创造良好的条件，促进人的全面发展和自我实现，确立为企业基本的价值观。杰出的企业文化能依托其价值观吸引到企业所需的优秀员工，构建团队合作精神，形成人才聚合效应，而员工的不同个性、观念、态度与企业核心价值观的良性互动，又能不断锤炼和提升企业核心价值观，并最终形成企业人力资源相对于竞争对手的差异和优势。

通过样本企业的案例分析发现，高成长性企业都具有较强的资源配置和获取能力。在资源配置方面，美的始终坚持“和谐发展、科学发展、有效发展、协调发展”的发展理念，注重“尊重事实与数据、从贤不从众、民主决策、权威管理”的决策原则，强调集中配置于关键点或战略生长点，认为优质资源首先要配置到最能产生机会的地方，资源使用注意成本意识、效率意识等。与此同时，高成长性企业都有一个较为明显的共同特征，那就是重视人才和吸引人才、推崇以人为本最大限度调动和发挥员工的主观能动性。海尔的创新之道，注重打造产生一流人才的机制和平台，海尔坚信现在缺的不是人才，而是出人才的机制，管理者的责任就是要通过搭建“赛马场”为每个员工营造创新的空间，使每个员工成为自主经营的战略事业单位；阿里巴巴以“拥抱变化，突破自我，迎接变化”价值观规范企业管理和员工行为，符合了时代进步和企业发展的需要，满足了员工发展的要求，有机地促使企业文化与企业发展、员工发展保持和谐统一。

随着知识经济时代的来临，员工尤其是优秀的人才更注重企业价值观与自身的价值观念是否一致，企业的文化能否提供给其以发展的空间，能否通过实现企业价值而得到自我价值的实现。若自我价值观念与企业核心价值观、企业文化相吻合，则更容易释放自身的才能，为企业的持续发展创造更大的活力。因此，企业关键人员的人力资源具有很好的资源位障碍保护机制，能够帮助企业竞争优势和价值的实现。

7.4.2 企业文化对核心能力的作用

著名的兰德公司经过长期研究发现，企业竞争力可分为三个层面：第一层面是产品层，包括企业生产品及控制其质量的能力、企业的服务能力、成本控制的能力、技术发展的能力。第二层面是制度层，是各经营管理要素组成的结构平台，包括企业内外人、事、物、环境、资源关系、企业运行机制、企业规模、企业品牌、企业产权制度。第三层面是核心层，包括以企业理念、企业价值观为核心的企业文化，内外一致的企业形象和创新能力，差异化和个性化的企业特色，稳健的财务运作，拥有卓越的远见和长远的全球化发展目标。

通过样本企业的案例分析，我们从这些高成长性企业可以看出企业文化对企业增强竞争力的重要作用。格力电器秉持“创新”“核心技术”“精品”等经营理念，紧紧围绕“专业化”的核心发展战略，以创新精神促进企业发展壮大。自成立以来，格力始终坚信“创新是企业的灵魂”“创新永无止境”，致力于技术创新，把掌握核心技术作为企业立足之本；茅台集团在企业发展过程中，不断培养企业品质、品牌、工艺、环境以及文化等企业核心竞争力，重视以才兴企、人企共进的人才理念，强调崇本守道、坚守工艺、贮足陈酿、不卖新酒的产品质量观以及以行动换取心动、超值体现价值的服务理念等，以其特有的企业文化、历史、品质、地位和价值，显示出企业强大深厚的生命力和鲜明厚重的企业形象。

核心能力是企业生存的保障，发展的支撑，因此企业的主要活动都围绕或涉及寻求、转变、维持、壮大核心能力。任何一个企业都很难凭借某种能力长久的保持竞争优势，然而企业文化却是一个例外，因为它是经过企业领导者长期倡导、全体员工共同认同与实践所形成，带有历史时期、具体环境的烙印，竞争对手难以甚至无法完全模仿。

7.4.3 企业文化对创新能力的作用

创新能力对于企业来说是一种综合性的素质要求。企业创新能力是指企业为了满足顾客和消费者不断变化的需求，提高企业竞争优势而从事的技术创新、制度创新、管理创新、市场创新等一系列创新活动。要实施这些创新活动，需要在企业建立相应的创新机制和制度，也需要形成企业的创新价值观念，以此来将创新形成为企业的一种理念和思维，并长期坚持和贯彻，能有效应对外部环境变化的和柔性的企业文化则有助于企业创新能力的形成和持续发展。

从案例的分析可以看出，企业文化对创新能力的影响主要体现在对创新的激励和创造有助于创新的环境氛围两个方面。例如，比亚迪始终坚持“技术为王，创新为本”的科技发展理念，把掌握核心技术作为创新的基石，企业从无到有，从小到大，从弱到强，靠的就是掌握核心技术，比亚迪不仅在专利总数上遥遥领先，还十分注重申请专利的质量；美的坚持通过技术创新提升产品品质和服务，并以此贡献人类，提高人类生活质量，促进人类生活更舒适、更轻松、更美好；海底捞通过有效的授权和放权来激发员工的自豪感和凝聚力，上至区域经理有百万以上的自主权，下至普通员工能够根据实际情况做出判断，自主决定是不是可以给客人免费送一些小菜等，这些措施都促进了员工的参与性。正是由于这种创新文化的激励和熏陶，使得高成长性企业始终以创新立企，立足于行业的前列，引领行业的发展。

企业文化的激励功能可以形成一种有利于企业员工创造性的发挥、倡导创新意识、运用创新思维、精通创新之道、敢于创新竞争、鼓励尝试风险的企业文化环境。良好的企业文化氛围不仅有助于新思想的产生，而且也能使这些新思想迅速而有效地转变成实际运用。

7.4.4 企业文化对学习能力的作用

当前的企业竞争已不再局限于特定产品或技术的竞争，而表现为企业所拥有的整体知识和运用知识的能力竞争。这种竞争能力的获得很大程度上取决于建立学习型的企业文化，把企业转化为能持续学习、有效积累知识和能力、避免知识流失的学习型组织。彼得·圣吉指出，学习型组织是这么一种组织：在其中，大家得以不断突破自己的能力上限，创造真心向往的结果，培养全新、前瞻而开阔的思考方式，全力实现共同的抱负以及不断一起学习如何共同进步。因此，组织学习是一个持续的过程，是组织通过各种途径和方式，不断地获取知识、在组织内传递知识并创造出新知识，以增强组织自身能力，带来行为或绩效的改善的过程。企业要构建这样的学习过程，很大程度上取决于企业能否在物质条件、工作流程和制度以及价值理念上予以支持，也取决于企业领导人对知识与能力获得和积累方式的认可。而且，以员工个人拥有的技能和知识为体现的企业知识和能力的获得与持续拥有，也依赖于企业完善的培训、知识传递和保留机制。

在前文中，我们利用丹尼森的模型对国内十家企业的文化从使命、一致性、适应性和参与性四个维度进行分析，发现这十家高成长性企业都具有较强的学习能力。例如，格力进行中层干部的公开招聘，给每一位员工提升晋级的机会。为了加强员工的凝聚力，调节员工身心，格力通过举办丰富多彩的文化生活，经常性开展各种各样的员工培训学习和再教育，使员工与企业同步、高速成长；比亚迪致力于帮助员工实现个人提升与发展，为员工的职业生涯发展铺就绿色通道，引导员工实现个人职业生涯规划，鼓励员工在个人生活和职业生涯之间平衡发展，为员工提供多种形式的培训机会，员工主动学习业务知识与技能，提高自身的工作能力；腾讯始终关心企业员工的成长，重视员工的兴趣和专长，以良好的工作条件、完善的员工培训计划、职业生涯通道设计促进员工个人职业发展；重视企业文化管理，以健康简单的人际关系、严肃活泼的工作气氛、畅快透明的沟通方式，促进员工满意度的不断提高，使员工保持与企业同步成长的快乐；激发员工潜能，追求个人与公司共同成长等。

从这些企业的企业文化中可以看出，企业都十分重视自身学习能力的建设与提升，将企业学习能力、员工学习能力的不断加强置于企业发展的首要地位，认为学习能力是企业发展之本，是企业其他能力形成的基础，同时也是企业核心竞争力的重要组成部分，最终使企业形成自己独特的、其他企业无法模仿的竞争优势。

7.5　本章小结

本章通过对高成长性企业的定量、定性指标界定，选取了 6 个行业的 10 家高成长性企业。对这些企业的文化核心价值理念进行了描述，利用丹尼森模型的四个维度进行了具体分析，在此基础上阐述了高成长性企业的企业文化对企业能力、企业持续竞争优势的影响和作用。

第 8 章　总结与展望

本章作为全书的总结，一方面对本书的研究工作进行了回顾，列举了本书完成的工作与取得的成果；另一方面也提出了本书研究的局限和不足，展望了今后值得进一步研究的问题。

本章主要内容：

●主要研究内容回顾

●本书取得的研究成果

●进一步研究的问题

8.1　全书总结

8.1.1　研究内容总结

本书共分为 8 章，各章主要研究内容如下：

第 1 章主要论述了研究背景、研究目的，明确提出企业的持续竞争优势是企业面对动态复杂环境下的战略关键，提出了本书研究的核心问题，对国内外关于企业文化与企业持续竞争优势关系的研究不足进行了分析，阐述了本书研究的理论意义和实践意义，以及本书的结构安排、研究思路和方法，从理论层面、实践层面和方法论层面归纳了本书的创新点。这一章是全书的纲领。

第 2 章对企业竞争力、核心能力、竞争优势和持续竞争优势的基本概念进行了辨析，对企业持续竞争优势研究新进展进行了回顾，对企业持续竞争优势和企业文化的相关理论研究进行了综述，并从不同视角对两者之间关系的主要研究观点进行了梳理。本章为后面的论述奠定了理论基础。

第 3 章对内生性持续竞争优势的理论进行了比较,并分析了其内在的一致性,在此基础上构建了企业持续竞争优势的分析框架,指出企业是一个能力体系或者能力集合,驱动企业持续竞争优势的能力包括资源配置能力、核心能力、创新能力和学习能力,分析了四种能力与企业获取持续竞争优势的关系。随后从界定企业文化的内涵入手,对企业文化的特质进行了测量,总结提炼了企业文化的整合性、适应性、激励性、共享性四种特质。由于企业文化不能直接作用于企业的持续竞争优势,而是通过能力这个中间变量发挥作用,因此分析了不同特质的企业文化对企业能力的影响机理,提出了理论假设,进而构建了企业文化对企业持续竞争优势作用的理论模型,并对模型进行了说明。本章是全书的重点和核心内容。

第 4 章对企业文化之于持续竞争优势作用的理论模型进行了实证检验。首先,对问卷调查与样本进行了描述,根据文献资料和前人较为成熟的测量表对变量进行了设计与测量;其次,对问卷中的变量进行了信度和效度检验,最后,通过多元回归分析,对假设进行了验证。

第 5 章主要分析了企业文化变革的现实必要性以及变革所可能遇到的阻力,借用勒温的组织变革模型提出了企业文化变革三个阶段的过程。在充分反思总结我国企业文化建设存在问题的基础上,从企业文化影响和作用企业持续竞争优势的目的出发,阐述了如何构建企业的个性文化、利益相关者价值文化、创新文化和学习文化。简要分析了互联网时代的特征,提出了互联网对企业文化建设的影响及对策;进一步结合丹尼森的组织文化模型,以互联网企业为分析案例对互联网企业的文化特质进行提炼和总结,提出了互联网企业文化构建的途径和方法。

第 6 章主要简述了企业文化管理的形成、意义、内涵以及特征,分析了企业文化管理对于企业持续竞争优势提高的影响和作用。进一步探讨了文化管理在企业战略管理、组织管理以及营销管理等方面的运用,分析了企业文化管理对于企业持续竞争优势提高的影响和作用。

第 7 章在对高成长性企业进行界定的基础上,选取了 6 个行业的 10 个样本企业,运用修正了的丹尼森模型,按四个维度对样本企业的文化特征逐一进行分析描述，在此基础上阐述了高成长性企业的企业文化通过资源获取能力、核心能力、创新能力以及学习能力等企业能力对持续竞争优势产生的影响和作用。

第8章通过总结，对研究工作与取得的成果进行了阐述，并指出研究的不足和有待于研究的问题，为进一步进行该领域的深入研究明确了方向。

8.1.2 研究的主要成果

1.全面梳理了企业持续竞争优势和企业文化及其二者关系的相关理论，对该领域的最新研究成果进行了综述，在继承前人研究成果的基础上，指出了已有研究存在的不足。

2.对企业持续竞争优势内生论的各种理论流派，即资源理论、核心能力理论、动态能力理论、组织学习和知识管理理论进行了整合，分析了彼此之间的内在一致性，据此创新性地提出了驱动企业持续竞争优势的四种能力，并从理论和实践两个层面分析了彼此的逻辑关系。

3.把驱动企业持续竞争优势的能力作为中间变量，通过分析企业文化对企业能力的影响，进而揭示和分析了企业文化对企业持续竞争优势的作用机理。

4.借鉴了西方学者对企业文化定义的视角，明确了企业文化本质上是一种价值理念体系，从而廓清了由于对企业文化内涵理解上的混乱而导致的观点分歧。同时为了避免对企业文化的价值性或作用泛泛而谈，或与企业的能力及竞争优势简单对应，根据文献检索和调查访谈，对企业文化的特质进行了测量，提出了整合性、适应性、激励性、共享性的文化特质。

5.通过理论分析和假设，提出了不同特质的企业文化对企业能力的作用，构建了以能力为中间变量的企业文化与企业持续竞争优势理论模型，并进行实证检验。

6.从企业文化自身的特性以及企业在复杂环境下永续发展的需求出发，分析了企业文化变革的动因和阻力，指出了企业文化变革的对策；从解决企业文化建设存在的主要问题和企业获取持续竞争优势的角度，提出了企业文化构建的重点和主要内容。

7. 在分析互联网时代网络经济特点的基础上，对互联网背景下企业文化建设的对策提出了相应的建议。

8. 以高成长性企业为例，利用修正的学术界较为公认的丹尼森模型对其文化特征进行了分析，阐述了高成长性企业的文化对其竞争优势的作用。通过多案例研究，进一步对本书所运用的理论、构建的逻辑关系、得出的观点和结论进行了有说服力的检验和补充。

8.2　研究展望

8.2.1　研究的局限性

1. 企业文化对于持续竞争优势的影响和作用，是一个极为复杂的动态变化的因果关系网，很难完整地描述和解释其中的所有关系。因此，已有的研究所存在的缺陷和不足是不可避免的。在理论上，确立企业文化与企业持续竞争优势之间的中间机制是最大的难点和挑战，已有的理论模型在变量数目和分析水平上均很难取得一致。如何确立变量的数目以及合理的界定水平，使之既能够确切地描绘企业文化与企业持续竞争优势的作用机制，又不至于使模型复杂到难以验证，是研究二者关系的困境，本书的研究也存在这一点。

2. 企业文化与企业持续竞争优势的关系既需要理论逻辑的合理解释，又需要企业实践的不断检验。而且理论即便是在实践中得到了某些企业的证实，也还不能说明这个理论就可以适用于所有企业。企业文化对企业持续竞争优势的作用在理论上适合于任何行业、任何战略的企业，但对不同行业、不同战略、不同发展阶段的企业，作用是不同的。本书的研究也未区分不同情况的企业。

3. 企业文化与企业持续竞争优势的关系既然是一个复杂的因果关系，就必然存在着相互影响、相互作用的双向因果关系。而本书主要截取了企业文化对企业持续竞争优势关系的作用及其发生作用机理这一方面进行了理论和实证研究；而对于持续竞争优势对企业能力、企业文化的反馈作用只是进行了简单的论述。

8.2.2 未来研究展望

企业文化对于企业持续竞争优势的影响，是一项具有很强理论及现实意义的研究，已成为组织理论和战略理论研究的一个热点。结合研究的局限以及作者在研究过程中的一些遗憾和感悟，提出几点可以进一步拓展和细化研究的课题：

1.关于企业持续竞争优势理论综合观的完善。企业持续竞争优势的主流理论在深化发展过程中因各自视角的不同，观点各异，似乎任何一种新的理论的出现，都是建立在批判其他理论观点的基础上诞生的。如此一来，不仅理论上“各自为政”，实践中更是无所适从。如果能够进行有效合理的整合，建立综合发展观，将会更加符合企业的实际。

2.关于企业文化特质理论的丰富。企业文化的内涵、表现、特性等等，到底哪一种表述更反映文化的本质，如何更全面准确地测量企业文化的特质且对企业的发展起到积极的影响作用，需要进一步科学探讨。同时，企业文化本身具有随环境而不断演进和变化的柔性特点，因此企业文化也会不断产生新的特质。虽然本书对企业文化的基本假设具有相对稳定的特质，但仍需要在以后的研究中进一步完善，以提高量表的可靠性和对企业文化本质特征的准确理解。

3.关于企业竞争能力的集合。既然企业是一个能力集合或能力体系，那么除了本书所探寻的驱动企业持续竞争优势的四种能力外，未来研究还应考虑企业文化和竞争优势之间是否还可能存在其他不同的中间变量。而不同中间变量的选取则会带来不同的企业文化与竞争优势之间关系的影响机理，因此全面思考和探讨驱动企业持续竞争优势的能力也成为今后的研究课题。同时，有关企业持续竞争优势对企业能力及企业文化的作用也可以在理论和实证方面做深入的探讨。

4.关于企业文化作用的区分研究。不同行业企业文化对持续竞争优势的作用是不同的，一般而言，越是知识密集型行业，企业文化的作用越大；越是难以直接监督的行业，作用越大；越是竞争激烈的行业，作用越大。因此，对不同行业、不同管理特点抑或企业不同发展阶段的企业文化的作用也可以进行区分研究。

5.从企业面临的外部环境来看，信息技术的迅速发展，使网络经济不断呈现出新的特点，随着移动互联网时代的到来，组织与组织、组织和人、人与人的的关系正在进行重构。从企业内部环境来看，知识型员工、年轻一代的员工越来越多，员工的需求呈现出复合特征，所有这些变化都对企业文化的转型和变革提出了新的要求，也形成了研究的新课题。

附　录

企业文化与企业持续竞争优势调查问卷

尊敬的女士、先生：

您好！首先感谢您阅读并填写本问卷。本问卷旨在从企业文化的视角探究企业的持续竞争优势，如能在本次研究过程中承蒙您的指点，我们将不胜感激。本次调查纯属学术研究，我们将对贵企业（组织）的数据保密。再致真诚的谢意！

一、贵企业基本信息

1. 企业名称______________________　您所在部门________________

2. 您在贵企业属于（　　）

A. 高层管理人员　B. 中层管理人员　C. 基层管理员

3. 贵企业产权性质（　　）

A. 国有或国有控股　B. 民营企业　C. 股份制

D. 中外合资企业　E. 外商独资企业　F. 其他

4. 贵企业主导业务所在行业领域属于（　　）

A. 电子信息通讯产业　B. 机械　C. 石油化工　D. 金融、保险业

E. 建筑、房地产　F. 商贸、餐饮业　G. 交通运输、仓储业

H. 电力与能源　I. 党政机关和社会团体　J. 其他行业

5. 贵公司企业规模（　　）

A. 10 人以下　B. 11～50 人　C. 51～100 人

D. 101～200 人　E. 201～500 人　F. 501～1000 人

G. 1001～2000 人　H. 2000 人以上

6. 贵企业年营业额（　　）

A. 500 万元以下　B. 500 万～1000 万元　C. 1000 万～3000 万元

D. 3000 万～1 亿元　E. 1 亿～5 亿元　F. 5 亿～50 亿元　G. 50 亿元以上

二、关于企业文化特质的判断与调查

(一)关于企业文化特质的判断 企业文化特质是指在特定环境下对企业所表现出来的一种特性。请您结合自己的经验和理解对以下表述作出评判。请根据符合的程度在相应的表格中打√		极不符合	不太符合	一般	比较符合	非常符合
序号	问题					
1	企业文化的核心是企业成员拥有一致的价值观，价值观的作用在于它的凝聚功能和导向功能					
2	企业员工在共同价值观的指导下，能够保持对企业目标一致性和行动的协调一致					
3	企业员工遵循企业的价值观，能够激发出工作中的积极性、主动性，尽心尽力为企业工作					
4	企业文化对企业绩效影响的过程实际上是企业文化影响员工价值和行为的过程，核心是企业价值与员工价值相互作用的过程					
5	企业文化是全体成员共享和秉持并在实践中一以贯之的价值理念，共享性是其特征之一					
6	企业文化的共享性能够影响个体知识向团体知识的转化					
7	企业文化能够协调和整合企业的各种能力要素，使企业的要素能力产生倍增和放大效应					
8	企业文化协调组织有效资源是通过诱导或改变组织成员的价值观念和行为方式来实现的					
9	有效的企业文化能够影响企业主动适应外部环境和内部环境而进行变革和调整的能力					

续表

序号	问题					
10	企业文化的内部整合是指能够指导员工日常工作关系，决定人们如何在组织内相互沟通、配合以及采取行动的取向					
11	企业文化的外部整合是指能够帮助组织如何达到和实现目标以及应对外部环境的动态变化					
12	企业文化是企业长期积累的无形资源，是其他企业难以模仿或者模仿成本很高的资源，因而具有异质性					
13	优秀企业文化是企业的稀缺性、价值性资源，能够为企业带来持续竞争优势					
14	企业的文化越具有个性和差异化，越能够给企业带来竞争性优势					
(二)关于贵企业(组织)企业文化现状的调查 以下对于贵企业(组织)的种种说法，请您结合企业的实际进行判断。请根据符合的程度在相应的表格中打√		极不符合	不太符合	一般	比较符合	非常符合
序号	问题					
15	贵企业具有明确、一致的价值观和经营哲学来指导企业的经营管理					
16	贵企业上到管理者下至普通员工都非常清楚企业的愿景和目标					
17	贵企业的员工和领导者每时每刻都受到企业文化的激励和指引					
18	贵企业有明确的使命并且该使命能够激励人心					
19	贵企业有明确的价值理念，而且不单是口号，更多是转化为一种行动					
20	贵企业部门与部门之间、员工与员工之间能够相互配合、支持，体现了团队合作精神					
21	贵企业员工只是因工作发生冲突，并不是个人之间的矛盾					

续表

22	贵企业将企业精神、发展宗旨、行为准则、规章制度等广为宣传，鼓励并支持全体员工遵守和贯彻执行，使之付诸工作和生活中					
23	贵企业有明确有序的岗位作业规范，执行严格					
24	贵企业的管理制度健全，并且都能得到执行					
25	贵企业整体内部工作流程合理，很有效率					
26	贵企业的管理制度和公司的发展相一致，管理制度科学合理					
27	贵企业目前的组织机构能够实现对企业的有效管理					
28	在贵企业中，企业管理人员经常谈论企业的发展战略和发展模式					
29	贵企业的企业文化能够贯穿和渗透到企业运营的各个环节当中，且员工能感受到强烈的文化氛围					
30	贵企业内部人际关系融洽，有着良好的工作氛围					
31	贵企业具有很强的向心力和凝聚力，领导和员工拥有克服困难的勇气和力量					
32	贵企业的员工行为规范能够对员工行为起到约束作用					
33	贵企业绝大多数员工感觉到在企业工作很有自豪感					
34	贵企业员工不需要时时受到监控，他们的自觉性都很高					
35	贵企业的薪酬制度能够反映出员工的实际能力					
36	贵企业内机制或程序能够确保内部成员与外部之间的信息交流顺畅，重要市场信息能够及时得到反馈					
37	贵企业内部信息广泛共享，每个人都能比较容易得到自己所需要的信息					
38	贵企业内部信息渠道畅通，领导可以知道基层所发生的事情，基层也很快能知道领导层的决策					
39	在贵企业内部，各级领导倾向于采用正向激励奖励员工					
40	贵企业非常重视企业的形象塑造和对外宣传					
41	贵企业注重与合作伙伴之间的关系，有很强的社会责任感					
42	贵企业十分重视人才的培养和使用					

续表

43	贵企业绩效评估能够反映出员工的真正成绩					
44	在贵企业下属如果有不同意见,可以与上级畅快沟通					
45	贵企业员工的合理化建议能够受到重视					
46	贵企业员工乐于向上级领导表达自己的想法					
47	贵企业强调集思广益,为员工出谋划策提供有效途径					

三、关于企业文化于企业持续竞争优势的判断与调查

(一)关于企业持续竞争优势根源的判断 学者们认为,企业的持续竞争优势是由企业的独特资源(战略性资源)、企业核心能力以及创新能力和学习能力来驱动的。请您结合自己的经验和理解对下列表述作出评判。 请根据符合的程度在相应的表格中打√		极不符合	不太符合	一般	比较符合	非常符合
序号	问题					
48	企业文化属于企业的异质性资源,能够带来企业的持续竞争优势					
49	一个企业的文化是企业长期积累和沉淀的精神财富,其他企业很难模仿或模仿成本很高					
50	正是企业文化的独特型和难以替代性,才使企业具有差异化和持续性的竞争优势					
51	企业核心能力是指企业拥有的关键技能和隐性知识,是企业拥有的一种智力资本,也是企业获得持续竞争优势的关键					
52	积累、开发、运用和提升核心能力以进行产品和服务创新是企业获取竞争优势的来源					
53	企业文化具有核心能力的价值性、难以替代性、稀缺性特征,所以企业文化就是企业的核心竞争力					

续表

54	企业文化的价值观取向决定着企业核心能力的管理和积累方向					
55	企业文化是形成核心能力的内在基础，是核心能力的源泉					
56	企业核心能力是多种因素的组合，是与企业的组织、文化、体制等结合在一起，深深地印上了企业特殊结构、特殊经历的烙印					
57	企业的创新是获得强势竞争地位和不断更新竞争优势的最佳方法					
58	创新可以帮助企业面对较低的竞争压力，可以获得较高的利润					
59	创新是在特定文化背景、组织结构中发生的，不同的文化类型和组织结构决定了技术创新的不同性质					
60	影响企业创新能力充分发挥的关键因素是企业文化					
61	创新不仅仅是创新工具、技术和过程，它是一种氛围和文化					
62	创新必须以企业观念创新为先导，以企业文化变革为前提					
63	学习能力是开拓企业新的竞争优势的根本，企业的知识管理能力和组织学习能力成为企业构筑竞争优势的关键					
64	组织学习是企业对竞争优势的保持和对企业创新能力的促进					
65	拥有核心能力的企业通过持续学习可以保持其核心能力相对于竞争对手的优势地位					
66	在企业学习的过程中，企业文化发挥着重要的作用					
67	企业文化为组织学习创造氛围，一个企业拥有支持学习的文化必然有利于调动员工学习的积极性，从而推动组织学习					

续表

<table>
<tr><td colspan="2">(二)关于贵企业能力和持续竞争优势的衡量
请仔细阅读并判断以下有关持续竞争优势的说法是否符合贵公司的实际情况，请根据符合的程度在相应的表格中打√</td><td>极不符合</td><td>不太符合</td><td>一般</td><td>比较符合</td><td>非常符合</td></tr>
<tr><td>序号</td><td>问题</td><td></td><td></td><td></td><td></td><td></td></tr>
<tr><td>68</td><td>我们企业非常注重品牌的创立和良好的企业形象塑造</td><td></td><td></td><td></td><td></td><td></td></tr>
<tr><td>69</td><td>我们企业的客户对企业的满意度和忠诚度很高</td><td></td><td></td><td></td><td></td><td></td></tr>
<tr><td>70</td><td>我们企业具有非常强的市场开拓能力</td><td></td><td></td><td></td><td></td><td></td></tr>
<tr><td>71</td><td>我们企业经常第一个进入市场提供新产品或服务</td><td></td><td></td><td></td><td></td><td></td></tr>
<tr><td>72</td><td>我们企业能够适应市场变化要求，根据顾客需求调整产品及生产</td><td></td><td></td><td></td><td></td><td></td></tr>
<tr><td>73</td><td>近三年来，我们向客户提供新产品的数量不断增加</td><td></td><td></td><td></td><td></td><td></td></tr>
<tr><td>74</td><td>我们拥有先进的技术研发设施，研发能力强</td><td></td><td></td><td></td><td></td><td></td></tr>
<tr><td>75</td><td>我们的企业拥有核心技术，产品和技术很难被别的厂家模仿</td><td></td><td></td><td></td><td></td><td></td></tr>
<tr><td>76</td><td>我们企业的创新不仅表现在技术和研发上，而且还表现在管理制度、市场等方面的整体创新上</td><td></td><td></td><td></td><td></td><td></td></tr>
<tr><td>77</td><td>我们企业员工在创新方面做出成绩，会得到表扬和奖励，企业激励力强</td><td></td><td></td><td></td><td></td><td></td></tr>
<tr><td>78</td><td>我们企业的一般员工对企业有很强的向心力</td><td></td><td></td><td></td><td></td><td></td></tr>
<tr><td>79</td><td>我们企业的员工队伍比较稳定，凝聚力强</td><td></td><td></td><td></td><td></td><td></td></tr>
<tr><td>80</td><td>我们企业部门之间很少出现扯皮或推诿情况，团队协作能力强</td><td></td><td></td><td></td><td></td><td></td></tr>
<tr><td>81</td><td>我们企业的学习氛围浓厚，员工经常得到培训</td><td></td><td></td><td></td><td></td><td></td></tr>
</table>

续表

82	我们企业员工的学习主动性、自觉性高,学习能力强					
83	我们企业员工善于汲取新知识,是学习型组织					
84	我们企业的管理人员业务素质较高,能够胜任管理工作					
85	我们企业的基础管理扎实,管理能力在行业内比竞争对手强					
86	我们企业的一般员工有熟练的操作技能					
87	我们企业的企业文化很有特色,对企业管理作用很大					
88	我们企业根据内外部环境变化而不断进行变革调整的能力强					
89	我们企业的战略规划和发展目标非常清晰					
90	我们企业的竞争力与行业内其他企业显著不同,其他企业很难模仿和超越					

四、公司组织绩效

以下问题是有关贵公司在过去三年与同行业其他公司相比较的情况描述,请就您比较过之后的符合程度,在对应的空格中打√		极不符合	不太符合	一般	比较符合	非常符合
序号	(一)市场绩效					
91	本公司的销售增长率比主要竞争对手增长快					
92	本公司相对的产品质量比主要竞争对手好					
93	本公司的顾客维持率比主要竞争对手好					
94	本公司的销售额水平比主要竞争对手高					
95	本公司的目标市场占有率比主要竞争对手高					

续表

序号	（二）财务绩效					
96	本公司的收入增长速度比主要竞争对手快					
97	本公司的成本减少速度比主要竞争对手快					
98	本公司的资产利用率比主要竞争对手高					
序号	（三）整体绩效					
99	本公司的净利率比主要竞争对手高					
100	综合考虑市场绩效与财务绩效，本公司的表现比竞争对手好					

五、最后请您就以下问题进行总结判断（可以多选）

（一）您认为所在企业目前最大的竞争优势是（　　）

A. 企业的创新能力强　　B. 企业学习能力强

C. 企业拥有核心竞争力　D. 企业整合资源能力强

E. 领导团队管理决策能力强　　F. 员工队伍素质高

（二）您认为当前进行企业文化建设的重点是（　　）

A. 构建具有特色和个性的企业文化

B. 形成企业的创新文化，推动企业持续创新

C. 形成企业的学习文化，打造学习型组织

D. 变革企业文化以适应环境的变化

E. 构建价值性文化，为企业和利益相关者创造价值

F. 加强企业制度文化建设，推进现代企业制度

G. 导入 CIS 战略，塑造企业形象

H. 倡导以人为本的理念，调动员工的工作积极性

主要参考文献

一、中文文献

(一)专著

陈维政等:《转型时期的中国企业文化研究》,大连理工大学出版社 2005 年版。

傅慧等:《基于知识和学习能力的企业竞争优势研究》,经济科学出版社 2009 年版。

田奋飞:《企业竞争力研究——基于企业价值观整合观点》,中国经济出版社 2005 年版。

范诵:《企业文化、技术创新与企业绩效匹配模式》,经济科学出版社 2006 年版。

蒋学伟:《持续竞争优势》,复旦大学出版社 2002 年版。

黄群慧:《决定企业持续成长的竞争优势源泉:多重理论视角分析及其内在一致性》,中国财政经济出版社 2008 年版。

霍春辉:《动态竞争优势》,经济管理出版社 2006 年版。

雷巧玲:《文化驱动力:基于企业文化的心理授权对知识型员工组织承诺影响的实证研究》,经济管理出版社 2008 年版。

李丽、宁凌:《企业发展的核心要素:文化资本》,中国经济出版社 2006 年版。

李品媛:《企业核心竞争力研究》,经济科学出版社 2003 年版。

李桂荣:《创新型企业文化》,经济管理出版社 2002 年版。

罗珉:《管理理论的新发展》,西南财经大学出版社 2003 年版。

石伟:《组织文化》,复旦大学出版社 2004 年版。

邵学全:《赢在企业文化——企业文化建设路径方法与操作实务》,清华大学出版社 2015 年版谭昆智:《组织文化管理》,北京大学出版社 2008 年版。

王德胜:《企业危机预警管理模式》,山东人民出版社 2001 年版。

王文臣:《基于企业竞争力的企业文化理论与实证研究》,经济科学出版社 2008 年版。

王金圣:《企业竞争力衰退及其治理》,上海财经大学出版社 2007 年版。

王丽娟:《文化解码中小企业成长》,科学出版社 2005 年版。

王水嫩:《企业文化理论与实务》,北京大学出版社 2009 年版。

吴文盛:《企业核心竞争力的文化根源》,中国经济出版社 2006 版。

吴声怡、谢向英:《企业文化学教程》,上海财经大学出版社 2008 年版。

夏若江、姚乐:《基业长青的灵魂——合作型企业文化》,华中科技大学出版社 2005 年版。

熊友君:《移动互联网思维:商业创新与重构》,机械工业出版社 2015 年版。

袁泽沛:《超竞争下组织学习与企业持久竞争优势研究》,科学出版社 2008 年版。

朱凌:《创新型企业文化的结构与重建》,浙江大学出版社 2008 年版。

周辉:《企业持续竞争优势源泉》,知识出版社 2008 年版。

赵国洁:《企业核心竞争力理论与实务》,机械工业出版社 2005 年版。

张德:《文化管理——对科学管理的超越》,清华大学出版社 2008 年版。

张德、潘文君:《企业文化》,清华大学出版社 2007 年版。

(二)译著

[美]阿伦·肯尼迪、特伦斯·迪尔:《公司文化》,孙耀君等译,三联书店 1989 年版。

[英]安德鲁·坎贝尔、凯瑟琳·萨姆斯·卢克斯:《战略协同》,任通海等译,机械工业出版社 2000 年版。

[美]彼得·圣吉:《第五项修炼——学习型组织的艺术与实务》,郭进隆译,上海三联书店 1998 年版。

[美]彼得·德鲁克:《知识管理》,杨开峰译,中国人民大学出版社 1999

年版。

[美]戴维·贝赞可、戴维·德雷诺夫、马克·尚利:《公司战略经济学》,吴亚军译,北京大学出版社 1999 年版。

[美]道格拉斯·C.诺斯:《制度、制度变迁与经济绩效》,杭行译,上海三联书店 1994 年版。

[英]罗伯特·高菲、盖瑞士·琼斯:《公司精神—决定成败的四种企业文化》,林洙如译,哈尔滨出版社 2003 年版。

[美]R. T. 莫兰、J. R. 里森伯格:《挑战全球》,洪瑞琳译,经济管理出版社 1998 年版。

[美]约翰·科特、詹姆斯·赫斯克特:《企业文化与经营业绩》,李晓涛等译,华夏出版社 2003 年版。

[奥]约瑟夫·熊彼特:《经济发展理论》,何畏等译,商务印书馆 1990 年版。

[美]希特等:《战略管理——竞争与全球化(概念)》,吕巍等译,机械工业出版社 2005 年版。

[美]约翰·弗劳尔:《网络经济:数字化商业时代的来临》,梁维娜译,内蒙古人民出版社 1997 年版。

(三)期刊、学位论文

白景坤:《机会逻辑下企业持续竞争优势的形成机理——动态能力多重观点的整合与拓展》,《经济管理》2014 年第 3 期。

卜毅然、姚超:《商业模式与可持续竞争优势关系分析》,《财经问题研究》2011 年第 11 期。

蔡莉、尹苗苗:《新创企业学习能力、资源整合方式对企业绩效的影响研究》,《管理世界》2009 年第 10 期。

程立茹:《互联网经济下企业价值网络创新研究》,《中国工业经济》2013 年第 9 期。

柴桦:《互联网新经济四度空间重构研究——基于经济增长动力视角》,《人民论坛·学术前沿》2017 年第 24 期。

陈丽琳:《企业文化建设与导入 CIS 的区别——兼论企业文化管理的含义与结构建设》,《西南民族大学学报》(人文社科版)2005 年第 10 期。

陈占夺等:《价值网络视角的复杂产品系统企业竞争优势研究——一个双案例的探索性研究》,《管理世界》2013 年第 10 期。

陈传明、张敏:《企业文化的刚性特征:分析与测度》,《管理世界》2005 年第 6 期。

蔡地等:《领导越谦卑,团队越有效?——地位冲突的中介作用》,《外国经济与管理》2018 年第 7 期。

董保宝、李全喜:《竞争优势研究脉络梳理与整合研究框架构建——基于资源与能力视角》,《外国经济与管理》2013 年第 3 期。

段志霞、李婉晨:《互联网经济下反客为主式营销模式研究》,《企业经济》2017 年第 1 期。

代兴军:《关于企业文化管理若干问题的思考》,《经济纵横》2013 年第 4 期。

范保群、王毅:《战略管理新趋势:基于商业生态系统的竞争战略》,《商业经济与管理》2006 年第 3 期。

范广垠:《企业文化的新界定与企业文化管理模型》,《华东经济管理》2009 年第 2 期。

冯泰文、孙林岩:《新产品开发过程中的外部参与对企业绩效的影响》,《管理科学》2013 年第 2 期。

冯敏等:《“落地生根”的企业文化才是真正的企业文化——以华为企业文化为例》,《生产力研究》2013 年第 9 期。

冯尧:《论企业品牌形象的塑造》,《企业管理》2008 年第 1 期。

傅贤治、杜丽燕:《企业管理创新能力评价的变革引擎模型研究》,《科技进步与对策》2012 年第 12 期。

郭润萍、蔡莉:《转型经济背景下战略试验、创业能力与新企业竞争优势关系的实证研究》,《外国经济与管理》2014 年第 12 期。

葛红岩:《制造业企业文化驱动技术创新的路径研究——基于长三角地

区制造业企业的实证》,《财经研究》2010 年第 7 期。

龚一萍:《基于企业动态能力构建的制度因素与长效机制探析》,《江汉论坛》2012 年第 1 期。

黄文波等:《Internet 产生的经济及社会效应》,《中国工业经济》2000 年第 11 期。

侯欣雨:《互联网经济对地方政府治理有何影响》,《人民论坛》2018 年第 3 期。

胡书:《如何开展知识型员工的柔性激励》,《当代经济》2012 年第 22 期。

韩树杰:《互联网时代企业文化的变与不变》,《中国人力资源开发》2014 年第 20 期。

焦凯:《复合基础观视角下中小企业竞争优势生成路径分析》,《经济论坛》2014 年第 11 期。

焦豪:《双元型组织竞争优势的构建路径:基于动态能力理论的实证研究》,《管理世界》2011 年第 11 期。

蒋天颖等:《基于市场导向的中小微企业竞争优势形成机理——以知识整合和组织创新为中介》,《科研管理》2013 年第 6 期。

蒋录全、邹志仁:《互联网经济的测度指标》,《情报理论与实践》2001 年第 1 期。

荆文君等:《互联网经济的统计困境与变革思路》,《统计与决策》2018 年第 16 期。

金杨华、谢瑶瑶:《伦理型领导对知识员工公正感和满意度的影响》,《科研管理》2015 年第 12 期。

金定海、顾海伦:《论互联网企业的定义与再定义问题》,《现代传播(中国传媒大学学报)》2016 年第 5 期。

刘泉宏、汪涛:《市场导向如何影响企业绩效:基于营销能力与环境不确定性的整合研究》,《华南理工大学学报》(社会科学版),2015 年第 3 期。

刘向东等:《中国零售企业竞争优势的构建路径——一个社会网络视角下的探索性案例》,《中国流通经济》2016 年第 8 期。

刘光明:《企业文化与核心竞争力》,《经济管理》2002 年第 17 期。

李晓明等:《供应链整合与企业绩效间的关系研究——基于中国制造企业的实证研究》,《当代经济科学》2013 年第 2 期。

李燕萍、施丹:《企业文化变革的新制度经济学透视》,《经济评论》2007 年第 4 期。

李俊明:《互联网经济时代企业组织结构与治理研究》,《中国集体经济》2015 年第 9 期。

李文明、吕福玉:《互联网经济的市场规律述要》,《广西社会科学》2015 年第 12 期。

李航、窦大海:《浅谈加强企业知识型人才管理》,《山东经济管理研究》2016 年第 1 期。

李燕萍、侯烜方:《新生代员工工作价值观结构及其对工作行为的影响机理》,《经济管理》2012 年第 5 期。

李倩等:《基于隐性知识共享的企业知识创新模型研究》,《情报理论与实践》2014 年第 6 期。

李海舰、聂辉华:《企业的竞争优势来源及其战略选择》,《中国工业经济》2002 年第 9 期。

李海舰等:《互联网思维与传统企业再造》,《中国工业经济》2014 年第 10 期。

李俊英:《论企业文化的文化特质和经济特性》,《河北学刊》2005 年第 3 期。

林海芬、苏敬勤:《中国企业管理创新理论研究视角与方法综述》,《研究与发展管理》2014 年第 2 期。

罗珉、李亮宇:《互联网时代的商业模式创新:价值创造视角》,《中国工业经济》2015 年第 1 期。

罗兴鹏、张向前:《知识型人才不确定性的模糊综合评价研究》,《科技管理研究》2015 年第 6 期。

龙跃:《知识创新研究综述与评析》,《情报杂志》2013 年第 2 期。

陆亚东、孙金云:《复合基础观的动因及其对竞争优势的影响研究》,《管理世界》2014 年第 7 期。

卢纪华等:《组织支持感、组织承诺与知识型员工敬业度的关系研究》,《科学学与科学技术管理》2013 年第 1 期。

马刚:《企业竞争优势的内涵界定及其相关理论评述》,《经济评论》2006 年第 1 期。

毛凌翔、何建华:《互联网经济下的虚拟企业信息资源交互与保障机制研究》,《现代情报》2018 年第 3 期。

潘安成等:《企业文化系统及其塑造研究》,《管理科学学报》2004 年第 4 期。

彭丽红:《大企业的国际竞争力还不行》,《管理科学文摘》2000 年第 10 期。

秦德智等:《企业文化、技术创新能力与企业成长——基于资源基础理论的视角》,《学术探索》2015 年第 7 期。

沈灏、魏泽龙:《不同创新组合情境下的组织学习与竞争优势》,《经济管理》2013 年第 3 期。

邵兴东、孟宪忠:《战略性社会责任行为与企业持续竞争优势来源的关系——企业资源基础论视角下的研究》,《经济管理》2015 年第 6 期。

宋鸿、刘伟:《市场定位、价值创新与微型企业的竞争优势探究——基于利基市场理论》,《内蒙古财经学院学报》2012 年第 5 期。

宋伟、潘力:《网络经济条件下企业文化的新发展》,《西南民族学院学报》(哲学社会科学版)2002 年第 1 期。

孙鸿飞等:《知识型员工心理资本与工作绩效关系实证研究》,《科研管理》2016 年第 5 期。

邵雪廷:《企业文化特质对企业战略的影响研究——以胜利油田为例》,《山东社会科学》2013 年第 4 期。

谭力文等:《现代企业战略调整的成本与效益——从核心能力跃迁和持续竞争优势动态演化的视角》,《经济管理》2007 年第 17 期。

唐春晖:《知识、动态能力与企业持续竞争优势》,《当代财经》2003 年第 10 期。

唐晓云:《中国高成长性企业的文化战略模式探析》,山东大学硕士学位论文,2009 年。

田奋飞:《企业竞争优势源泉新论:一个整合的观点》,《社会科学家》2005 年第 4 期。

王德胜:《企业文化、企业能力与持续竞争优势》,《东岳论丛》2012 年第 7 期。

王德胜等:《互联网企业的文化特质与演化逻辑——基于文化特质集的系统性与交互性分析》,《东岳论丛》2019 年第 7 期。

王立荣等:《供应商、客户集中度对企业绩效的影响——基于高端制造业上市公司的实证研究》,《南京财经大学学报》2017 年第 1 期。

王明华、王长征:《市场知识能力与企业竞争优势》,《中国软科学》2004 年第 10 期。

王俊:《互联网资本主义下劳动力商品化的发展趋势与就业效应》,《政治经济学评论》2016 年第 4 期。

王茹:《互联网经济规制的原则与多元规制体系的构建》,《行政管理改革》2018 年第 1 期。

汪群、王颖:《浅谈知识型员工及其有效激励机制构建》,《现代经济探讨》2001 年第 8 期。

王兆勇:《跨国公司知识型员工的柔性激励模式探讨》,《东北财经大学学报》2012 年第 1 期。

吴爱华、苏敬勤:《专用性视角下创新型文化、创新能力与绩效》,《科研管理》2014 年第 6 期。

王军:《基于团队管理组织特征的人力资源管理策略研究》,《深圳大学学报》(人文社会科学版)2011 年第 5 期。

王中亮:《高成长企业的形成条件及其风险防范》,《现代财经》(天津财经大学学报)2006 年第 7 期。

王成荣:《互联网冲击下的企业文化管理新视界》,《中外企业文化》2014年第4期。

王有力:《知识型员工高流失率对企业的影响》,《商场现代化》2008年第7期。

王聪颖、杨东涛:《期望差距对新生代知识型员工离职意向的影响研究》,《管理学报》2017年第12期。

韦华伟、周丽:《企业文化的量化评估与提升——企业文化7D评估改进模型描述》,《人力资源》2008年第9期。

万晓榆、代时敏:《基于内容分析法的互联网经济内涵研究》,《重庆邮电大学学报》(社会科学版)2018年第1期。

魏芳、魏纪林:《试析以知识产权文化为核心的企业制度创新》,《知识产权》2014年第8期。

吴绍波等:《知识创新链视角的战略性新兴产业协同创新研究》,《科技进步与对策》2014年第1期。

项保华:《企业战略管理若干问题试析》,《南开管理评论》1999年第4期。

肖远飞、张诚:《联盟网络与持续竞争优势:基于关系资源的视角》,《科技进步与对策》2011年第12期。

许德惠等:《供应商整合与企业绩效:IT能力的调节作用》,《工业工程与管理》2015年第1期。

潇秦:《互联网经济知多少?》,《经济管理》2000年第5期。

肖天明:《精柔型企业文化与企业技术创新的互动研究》,《科技进步与对策》2012年第19期。

谢梅:《网络下的组织结构创新》,《经济月刊》2002年第6期。

夏若江:《基于信任的企业学习和创新能力分析》,《科技管理研究》2005年第12期。

于思远等:《为了全局"随机应变":战略性即兴行为与竞争优势形成机制》,《外国经济与管理》2018年第3期。

杨波、张卫国:《新创企业持续竞争优势的 KCS 模式研究》,《重庆大学学报》(社会科学版)2012 年第 2 期。

袁宏伟:《基于互联网的“免费”商业模式创新研究》,《商业研究》2010 年第 12 期。

岳丽娟:《知识型员工的柔性激励管理策略》,《知识经济》2015 年第 6 期。

颜爱民、高超:《中国企业文化演化机制——来自制造业的跨案例研究》,《软科学》2010 年第 4 期。

余子鹏、王今朝:《我国企业技术创新选择影响因素的实证分析》,《科研管理》2015 年第 7 期。

虞群娥、蒙宇:《企业核心竞争力研究评述及展望》,《财经论丛》(浙江财经学院学报),2004 年第 4 期。

杨洁:《企业文化建设过程中心理契约违背的治理研究》,《中国市场》2008 年第 13 期。

张玉利、李乾文:《公司创业导向、双元能力与组织绩效》,《管理科学学报》2009 年第 12 期。

赵杰等:《制造业中小企业内生优势生成路径分析——一个典型案例透视》,《管理世界》2013 年第 4 期。

张颖等:《供应商合作与企业竞争优势的关系研究》,《管理学报》2014 年第 3 期。

赵道致、纪方:《创新型企业获取持续性竞争优势研究》,《天津师范大学学报》(社会科学版)2011 年第 1 期。

张艳丽等:《战略人力资本与企业持续竞争优势关系研究——外部环境的调节作用》,《天津大学学报》(社会科学版)2013 年第 4 期。

张佑林:《企业文化及其变革的评述——基于持续竞争优势的视角》,《经济问题》2013 年第 1 期。

张志鹏:《公司治理创新:从公司文化认同视角的分析》,《南京社会科学》2005 年第 7 期。

曾伟、王良:《基于成熟度模型(CMM)的创新型企业文化研究》,《科学学与科学技术管理》2007 年第 3 期。

赵立昌:《互联网经济与我国产业转型升级》,《当代经济管理》2015 年第 12 期。

赵振:《"互联网+"跨界经营:创造性破坏视角》,《中国工业经济》2015 年第 10 期。

郑新业:《从"互联网经济"的特征谈起》,《经济管理》2000 年第 5 期。

祝合良、王明雁:《消费思维转变驱动下的商业模式创新——基于互联网经济的分析》,《商业研究》2017 年第 9 期。

赵励宁、刘涤非:《知识型员工的激励研究》,《吉林省经济管理干部学院学报》2011 年第 4 期。

张建民:《国内知识型员工激励研究:现状及展望》,《云南财经大学学报》2009 年第 5 期。

张向前:《知识型人才交易研究》,《科学学研究》2006 年第 6 期。

张学和等:《组织环境对知识型员工个体创新绩效影响的实证研究》,《中国科技论坛》2012 年第 10 期。

钟耕深、陈衡、刘丽英:《企业发展与商业生态系统演进——基于奇虎 360 公司和腾讯公司纷争的案例分析》,《东岳论丛》2011 年第 10 期。

张娜娜等:《互联网企业创新子系统协同机制及关键成功因素》,《科学学与科学技术管理》2014 年第 3 期。

张燚等:《企业文化、价值承诺与品牌成长的路径和机制研究》,《管理学报》2013 年第 4 期。

周叔莲、王伟光:《中国企业如何提高核心竞争能力》,《.经济管理》2002 年第 21 期。

周晓东、项保华:《复杂动态环境、动态能力及战略与环境的匹配关系》,《经济管理》2003 年第 20 期。

朱凌、陈劲:《创新型企业子文化图谱——基于塑造自主创新环境的企业文化管理概念模型》,《科研管理》2008 年第 2 期。

邹国庆:《持续竞争优势:企业能力与环境的融合进化》,《吉林大学社会科学学报》2003 年第 5 期。

左建军:《浅谈企业核心竞争力》,《长江论坛》2000 年第 5 期。

艾亮:《企业文化建设研究》,天津大学博士学位论文,2012 年。

崔平丽:《L 公司知识型员工激励体系优化研究》,西安石油大学硕士学位论文,2018 年。

李琛:《基于双边市场理论的互联网企业基础平台加增值服务商业模式研究》,中国社会科学院研究生院硕士学位论文,2011 年。

林小纳:《柔性激励对知识型员工创新绩效的影响研究》,广西大学硕士学位论文,2018 年。

林钰阳:《企业团队建设中对文化差异的管理策略研究》,中国海洋大学硕士学位论文,2015 年。

王鹏:《互联网时代传统企业的转型》,东南大学硕士学位论文,2017 年。

王嵩:《互联网企业战略行为中竞争情报作用研究》,武汉大学博士学位论文,2016 年。

王虎成:《文化管理与战略管理互补研究》,华中师范大学博士学位论文,2013 年。

张旭:《企业文化对竞争优势的影响机理研究》,大连理工大学博士学位论文,2007 年。

赵方:《企业文化在组织战略的地位与作用的机制》,天津大学硕士学位论文,2015 年。

赵黎明:《当代国有企业文化建设研究》,吉林大学博士学位论文,2015 年。

二、外文文献

Alan L. Frohman, "Igniting organizational change from below: The power of personal," *Organizational Dynamics* , vol. 25, no. 3 (Winter 1997).

G. W. Allport, "What is a trait of personality?," *Journal of*

Abnormal & Social Psychology, vol. 25, no. 4 (January 1931).

D. Brian Janz, Pattarawan Prasarnphanich, "Understanding the Antecedents of Effective Knowledge Management: The Improtance of a knowledge-Centered Culture," *Decision Sciences*, vol. 34, no. 2 (September 2003).

J. Barney, "Resources and Sustained Competitive Advantage," *Journal of Management*, vol. 17, no. 1, 1991.

J. Barney, "Organizational Culture: Can It Be a Source of Sustainable Competitive Advantages," *Acadamy of Management Review*, vol. 11, no. 3, 1986.

K. A. Byun, D. Song, M. Kim, "The Dilution Effects of Media Strategy On Brands' Copromotion Efficiency: Identifying Best Practices For Copromotion Media Planning," *Journal of Advertising Research*, vol. 57, no. 2 (June 2017).

D. Centeno, J. J. Wang, "Celebrities as human brands: An inquiry on stakeholder-actor co-creation of brand identities," *Journal of business research*, vol. 74, no. 5 (May 2017).

C. halad, G. Hamel, "The core competence of the corporation," *Harvard Business Review*, vol. 68, no. 3, 1990.

D. J. Collis, Montgomery C. A., "Competing on Resource: Strategy in the 1990s," *Harvard Business Review*, vol. 73, no. 4, 1995.

R. G. Duarte, "Leveraging competitiveness upon national cultural traits: the management of people in Brazilian companies," *International Journal of Human Resource Management*, vol. 16, no. 12 (December 2005).

D. R. Dension, Mishra A. K., "Toward a Theory of Organizational Culture and Effevtiveness," *Organization Science*, vol. 6, no. 2, 1995.

D. R. Denison, A. K. Mishra, "Toward a Theory of Organizational

Culture and Effectiveness," *Organization Science*, vol. 6, no. 2 (April 1995).

J. R. Edwards, C. L. Cooper, "The Person-Environment Fit Approach to Stress: Recurring Problems and Some Suggested Solutions," *Journal of Organizational Behavior*, vol. 11, no. 4 (July 1990).

G. M. Fulgoni, "Are You Targeting Too Much? Effective Marketing Strategies for Brands," *Journal of Advertising Research*, vol. 58, no. 1 (January 2018).

Golnaz Sadri, Brian Lees. "Developing corporate culture as a competitive advantage," *Journal of Management Development*, vol. 20, no. 20, 2001.

R. M. Grant, "Toward a knowledge-based theory of the firm," *Strategic Management Journal* , vol. 17, no. S2, 1996.

R. C. Hoffman, W. H. Hegarty , "Top management influence on innovations: Effects of executive characteristics and social culture," *Journal of Management*, vol. 19, no. 3, 1993.

I. A. Honaka, "Dynamie Theory of Organization Knowlede Creation," *Organization Science*, vol. 5, no. 1, 1991.

S. D. Hunt, "The ethics of branding, customer—brand relationships, brand-equity strategy, and branding as a societal institution," *Journal of Business Research*, vol. 95, no. 2 (February 2019).

D. Leonard-Barton , "Core Capabilities and Core Rigidities: A Paradox in Managing New Product Development," *Strategic Management Journal*, vol. 13, no. S1, 1992.

M. Peteraf, "The cornerstone of competitive advantage: a resources-based view," *Strategic Management journal*, vol. 14, no. 3, 1993.

C. K. Prahalad, Hamel G. , "The Core Competence of the Corporation," *Harvard Business Review*, vol. 68, no. 3, 1990.

M. A. Peteraf, "The cornerstones of competitive advantage: a resource-based view," *Strategic Management Journal*, vol. 14, no. 3, 1993.

Pervaiz K. Ahmed, Ann Y. E. Loh, Mohamed ZaiYi, "Cultures for Continuous Improvement and Learning," Total Quality Management, vol. 10, no. 4-5 (November 1999).

A. Richard, D. Aveni, Hypercompetition: Managing the Dynamics of Strategic Maneuvering, New York: Free Press 1994.

R. P. Rumlt , "How much does industry matter?," *Strategic Management Journal*, vol. 2, no. 5, 1991.

R. P. Rumelt, "Diversification Strategy and Profitability," *Strategic Management Journal*, vol. 4, no. 3, 1982.

S. G. Scott, R. Bruce, "Determinants of innovative behavior: A path model of individual innovation in the workplace," *Academy of Management Journal*, vol. 37, no. 3, 1993.

S. F. Slater, J. C. Narver, "Market Orientation and the Learning Organization," *Journal of Marketing*, vol. 59, no. 3, 1995.

Y. Tsarenko, D. Tojib, "Consumers' forgiveness after brand transgression: the effect of the firm's corporate social responsibility and response," *Journal of Marketing Management*, vol. 31, no. 17-18 (July 2015).

B. Wernerfelt, "A resources-based view of the firm," *Strategic Management Journal*, vol. 5, no. 2, 1993.

W. Wilhelm, "Changing Corporate Culture: Or Corporate Behavior? How to Change Your Company," *The Executive*, vol. 6, no. 4 (November 1992).

O. E. Williamson, "Transaction-Cost Economics: The Governance of Contractual Relations," *Journal of Law & Economics*, vol. 22, no. 2 (October 1979).

后　记

有学者指出：随着组织环境和人的需求变化，企业的管理模式会沿着“经验管理—科学管理—文化管理”的轨迹演变。其实在当今的VUCA时代，即组织面临着“不稳定”(Volatile)、“不确定”(Uncertain)、“复杂”(Complex)和“模糊”(Ambiguous)的状态，总结归纳出达成共识的一种企业管理模式，的确是一件非常困难的事情。但毋庸置疑的是，正是因为有了变化，才愈加凸显出企业文化建设的现实性和必要性。

一是需求层次的提升与“人性”假设的困境，使企业文化的建设有了新的思考。管理学理论中的人性假设着眼于阐明人的活动目的是什么以及为达到目的而使用的手段是什么。它提示管理者应重视人在工作中的各种动机和需要，从而以此为依据采取相应的激励措施来调动员工的工作积极性。但不管是“经济人”“社会人”假设，还是“自我实现人”“复杂人”的假设，都是特定时代背景下的理论抽象。伴随着新经济时代的到来和新型员工群体的变化，人们对利益和动机的追求、工作积极性和主动性的诱因都发生了变化，从形象的意义上说，“知识人”“网络人”“文化人”的特征会更加明显。这就需要思考如何从文化的视角把握人性的特质，满足多样的需求。

二是知识型员工的增加与管理方式的匹配，使企业文化的建设进入了新的领域。随着企业内部知识型员工越来越多，知识进一步资本化，知识型员工的工作具有更强的自主性；他们不仅满足于追求物质利益，更关注自我价值的实现和组织给予的精神鼓励。这就需要将知识型员工的激励纳入企业人力资源管理的重点，着重从组织文化氛围的营造和价值观的考量，规划他们的职业生涯，提升自我效能感，从而充分发挥其创造性和创新潜力。

三是服务价值的凸现与绩效考核的局限，使企业文化建设面临着新的课题。当前各行各业日益重视对客户的差异化增值服务,包括制造业都在向服务化转型,服务要素在制造业的全部投入和产出中占据越来越重要的地位。然而,"服务"除了标准、规范、流程外,更是一种特殊的情绪化劳动,高质量的个性化服务必须用"心"、用"情"服务。因此如何评判员工是否用"心"、用"情"服务,简单的绩效考核会有很大的局限性。人们常说,有满意的员工才有满意的客户,而要使员工满意,就必须营造一种员工对企业的强烈归属感和坚定忠诚度,这就需要用企业的使命感和愿景进行牵引,用企业的价值观进行激励。

四是超竞争环境的变化与企业哲学的引领,使企业文化建设有了新的作为。当今企业所处的环境不再是传统意义上线性的、可连续性的,而是非线性、非连续性的,永远处在不确定性、不可预测性中。企业面临着更加动态、复杂和不确定的环境;信息时代的到来在为企业发展提供更大发展空间的同时,也为企业的发展带来了更加严峻的挑战与压力。企业在超竞争的动态环境下,想做什么,能做什么,如何去做,必须要有清晰的方向和对未来的理性判断。这就需要在企业哲学的引领下,进一步明确企业的使命、愿景和价值观,洞察所在行业的深刻变化和未来趋势,未雨绸缪,做好预判,凝聚人心,鼓舞士气。

五是组织架构的演化与价值观的凝聚作用,使企业文化的建设有了新的功能。网络经济的兴起和蓬勃发展,使互联网时代的企业更加网络化、智能化、协同化。大团队会划分为项目小组,集体式业务会分散为个体主导的业务,集中式办公会分散为线上办公,集权式管理会演变为民主式管理。企业经营管理的重心下沉使组织架构更加扁平化,也使整个组织的管理重心从管理员工的群体逐渐变成为管理者通过激励员工去实现客户梦想;领导的任务也相应地变成了通过共同遵循的价值观去凝聚员工,在实现组织目标的同时实现个人目标。企业的管理会更加重视发挥个体的创造精神和创新活力,更加强化以人为本的管理,更加注重吸收员工参与决策或赋予员工决策权,为员工发展提供更大的平台,使员工在为企业的奋斗中充分实现个人的自我价值。因此，互联网时代的企业文化建设就具有了赋能于员工的新的功能。

六是新经济时代的到来的与新型员工群体的诉求，使企业文化建设有了新的探讨。在移动互联网、大数据、区块链、人工智能等技术背景下，企业的内外部环境都发生了巨大的变化。企业外部的环境动态复杂，组织边界逐渐消失，共生共赢的生态环境正在形成，企业与客户、员工与客户的关系正在发生变化；在企业内部，知识型员工、年轻一代的员工越来越多，需求的多样化、复合化特征日益明显。如何构建新型的企业文化，以此激活组织、激活个体，增强企业的内外部适应性，成为企业文化建设新的课题和新的领域。

从企业文化建设的实践来看，我们发现越来越多的优秀企业已经意识到企业文化建设的重要性，通过企业文化的变革创新，解决企业在新的竞争环境下组织的“一致性”“动力性”和“活力性”问题。同时在企业文化的实践中，积极探索解决企业文化与企业经营管理存在的“两张皮”现象，使企业的核心价值观最终能够落地。比如深圳华为，包括新兴的互联网公司，如阿里巴巴等，都强调从绩效考核、选人用人、使命召唤、愿景引领、战略制定等方面把企业文化的核心价值观设计到制度体系中，渗透到经营管理的流程中，积极探寻企业文化的价值导向落地实施。

从学术探讨来看，企业文化研究往往是十分困难的，因为文化本身有许多隐形的、难以测量和几乎无法准确表述的内容。未来企业文化的研究和探讨还面临着一系列新的课题和领域，比如，企业转型变革的文化支撑机理，互联网背景下企业文化的创新与建构，企业文化建设与中华优秀传统文化的契合与融合，企业文化评价体系的科学性与指标选取的合理性，企业文化与企业经营业绩的内在关联与逻辑匹配，企业文化与企业战略和品牌战略的有效互动，企业文化的职能发挥与组织架构的合理设计，等等。

“物竞天择，适者生存”，竞争是大自然中生命存在的方式。企业作为社会组织在产业生命周期越来越短的趋势下，如何保持竞争优势，成为了比管理效率提升更难实现的目标。基于此，这本小册子，只是选取了企业文化对企业持续竞争优势作用机理的一个视角，相对于企业文化研究领域的整体性和系统性，不过是冰山一角。如上所述，企业文化领域还有许多值得探究的课题和领域，企业文化研究者和实际工作者任重而道远。

山东大学出版社的编辑老师为本书的出版付出了心血，在突如其来的新冠疫情期间坚持审阅书稿。我的博士研究生韩杰、祁晓丽、李婷婷，硕士研究生蔡佩芫、张宗敏、杨园园、杨志浩参与了本书部分章节的写作，并且在资料查阅、校对文字方面都对本书做出了贡献，在此一并致谢。

王德胜

2020 年 2 月 14 日于山东大学管理学院